MINERVA
人文・社会科学叢書
235

# 「自殺対策」の政策学
—個人の問題から政策課題へ—

## 小牧 奈津子 著

ミネルヴァ書房

# はしがき

　昨今は，新聞やテレビ等のメディアによる報道，国や自治体のウェブページや広報，鉄道の駅や車内に掲示されたポスターなど，日常のさまざまな場面において「自殺対策」という言葉を見聞きするようになった。本書を手に取られた方の中には，日本には，自殺問題の解決に向けて，国や自治体等が対策に取り組むことを定めた法律（自殺対策基本法という）があり，この法律にもとづいて国や自治体を中心にさまざまな対策が進められていることをご存じの方も多いかもしれない。国や自治体が自殺対策に取り組むことは，現在では一般的な光景になりつつある。

　しかし，筆者がこの問題に取り組み始めたわずか15年前の日本において，そのような光景はまったく考えられなかった。当時の日本では，自殺は一般的に個人の問題と捉えられ，国や自治体等が対策に取り組むべき課題とは見なされていなかった。自殺をした人は死にたくて死んでいる（だから放っておけばよい），そもそも自殺を防ぐことはできないなど，自殺にまつわるさまざまな誤解や偏見も，社会に根強く存在していた。

　これに対して昨今では，自殺の背後にはさまざまな社会的な問題が存在し，それゆえ社会的な対策を講じることにより，自殺の多くは防ぐことができると考えられるようになるなど，自殺に対する理解や認識は大きく変化した。自殺対策に取り組むことは，国や地方自治体の責務であることが法律でも定められており，政府による自殺対策の指針を示した「自殺総合対策大綱」では，自殺は「その多くが追い込まれた末の死」「社会の努力で避けることのできる死」であると規定されるまでになった。

　自殺問題を取り巻く社会の環境や認識，またこの問題に対する社会の対応は，このようにここ15年の間で大きく様変わりしてきた。では，そうした変化はそもそもなぜ生じたのか。この問いに対しては，1998年に自殺者の数が急増しそれ以降も高止まりしたことをきっかけに，自殺が深刻な問題として人々の間で

i

認識されるようになったと説明されてきた。実際，日本における年間の自殺者数は，1998年にそれまでの2万人台から一気に3万人台へと急増し，それ以降10年以上にわたって3万人を超えるという異常事態が続いた。そのため自殺者数の急増と高止まりに伴い，社会のそうした変化が生じたのだとする説明は，一見するともっともらしく思われた。

　当初は「自殺問題」に関心があり，自殺の発生を抑制するための要因について調査・研究をしていた筆者が，本書で扱う「自殺対策」をテーマに研究するようになったのは，自殺問題の研究を進める中で，上述したこれまでの説明，すなわち，自殺者数の急増と高止まりに伴い自殺に対する社会の変化が生じたとする説明に，だんだんと疑問を抱くようになったからである。日本では1998年以前にも自殺者数の増加が見られた時期があるのに，その時はなぜ自殺対策が成立しなかったのか。自殺を社会の問題とする見方はなぜ，またどのようにして生まれたのか。そもそも自殺が社会の問題であるといったとき，それは具体的にはどのような意味なのか。自殺対策が講じられるようになったことで，日本における自殺問題の状況はその後どのように変化したのか。調べれば調べるほど，さまざまな疑問がとめどなく浮かんできた。

　本書は，これらの素朴な問いかけを手がかりに，日本において自殺問題への社会の対応が変化してきた過程を，政策的な観点からとらえ直すことを通じて，自殺対策が公共政策として成立するに至った過程と，その要因とを明らかにするとともに，その成果と課題について考えるものである。

　本書の下地は，2017年に慶應義塾大学政策・メディア研究科に提出した博士学位論文である。提出より2年あまりの歳月が経過する中で，自殺対策をめぐる状況はさらなる変化を遂げてきた。2017年7月には，その前年に改正された「自殺対策基本法」に基づき「自殺総合対策大綱」の内容が大幅に改訂されたほか，2019年の6月には，自殺対策の体制整備・強化に向けて新たな調査研究機関の設置を定めた新法（正式名称は「自殺対策の総合的かつ効果的な実施に資するための調査研究及びその成果の活用等の推進に関する法律」）が可決・成立するなど，行政による対策の強化を図ろうという流れは，時を経るごとに加速しているように見える。

## はしがき

　自殺対策の現場でさまざまな活動に携わっていると，日本において自殺問題をめぐる状況は，この15年の間に行政による取組を通じて大幅な改善を見せてきたと実感する。しかしその一方で，行政による対策だけではどうにもならない問題領域もあるのだという思いが強くなった。行政による自殺対策の強化を目指すという流れの中にありながらも，いやむしろそうした流れの中だからこそ，行政による取組の中ではどうしても扱い難いそうした領域と，今後いかに向き合っていけばよいのか。この問いは，「自殺を生まない社会をつくっていくために，私たち一人ひとりは自殺の問題といかに向き合い，またなにをすべきなのか」という，本書の根底にある問いに通じるものである。博士論文を提出して以降も，自殺対策の現場に身を置きながらこの問いと向き合い続けているが，その中で議論を見直したり，修正をくわえたりした考えもあった。自殺対策の政策過程についてあらためて振り返る中で，新たに生じた疑問や，未だに明確な答えの出ない問いもある。

　いずれにしても自殺対策といったとき，国や自治体によるいずれの取組も含めて，そこにはさまざまな関係者，とりわけ市民の存在と関与が不可欠であった。自殺対策の政策過程を振り返る中から，そのことが見えてくるに従って，筆者はいまの社会に生きる一人の市民として，自殺を含めたさまざまな社会の問題と今後いかに向き合い，またそれらの問題の解決に向けてどのように取り組んでいけばよいのかを，あらためて問い直すようになった。

　自殺対策とはこのように，私たち一人ひとりの市民が，現代社会のさまざまな課題とどのように向き合い，その解決に向けていかに行動すべきなのかという，公共政策や市民社会のありようと深く関わるテーマである。本書を読み進めていくことで読者にもまた，自殺を含めたさまざまな現代社会の課題に目を向け，その解決に向けて自分にできることとは何かを，あらためて考えるきっかけとしてもらえるならば，自殺対策の研究と実務に携わる者として，これ以上の喜びはない。

「自殺対策」の政策学
――個人の問題から政策課題へ――

**目　次**

はしがき

序　章　「自殺対策」という政策課題……………………………………………1
　1　自殺という問題の背景………………………………………………1
　　　　自殺に対する社会の認識と対応　　自殺問題はなぜ政策課題となったのか
　2　自殺問題はどのように研究されてきたのか………………………3
　　　　自殺問題を捉える2つの視点　　これまでの研究の限界
　3　自殺対策の政策過程を検討するにあたって………………………10
　　　　政策過程を左右するもの　　自殺対策の政策過程に関するこれまでの議論
　　　　本書における検討の対象　　自殺対策の政策過程を捉える視点
　4　本書の目的……………………………………………………………18
　5　検討にあたっての手法………………………………………………19
　　　　NPO法人自殺対策支援センター ライフリンク　　東京都足立区役所
　　　　社会福祉法人いのちの電話（東京）
　6　本書の新規性と意義…………………………………………………21
　7　本書の構成……………………………………………………………22

第1章　自殺対策の夜明け前…………………………………………………29
　　　　──精神医療従事者たちの自殺に対する問題意識と対応──
　1　基本法制定以前の自殺問題…………………………………………29
　　　　自殺に寛容な社会　　自殺問題はなぜ放置されてきたのか
　2　自殺の捉え方の変遷…………………………………………………31
　　　　自殺は個人の権利　　自殺は自ら選択した結果
　　　　自殺は当人が責任を負うべき行為
　3　自殺予防に向けての障壁……………………………………………35
　　　　自殺予防研究のはじまり　　予防すべき自殺とそうではない自殺
　　　　自殺予防に消極的な精神科医たち　　自殺を容認する社会
　　　　自殺に対する偏見や誤解の背景
　4　自殺予防の進展と新たな課題の誕生………………………………44

　　　　自殺予防の進展　　自殺予防＝うつ病対策
　　　　精神医療従事者の態度はなぜ変化したのか
　5　「自殺予防」から「自殺対策」の時代へ………………………………49
　　　　うつ病対策による効果と弊害　　自殺問題をめぐるパラダイムシフト

## 第2章　社会問題としての自殺の誕生……………………………55
　　　　──自死遺児による語りが果たした役割──

　1　自殺対策成立の背景………………………………………………………55
　　　　自殺問題をめぐる変化　　自殺はなぜ社会の問題となったのか
　2　政策転換のメカニズム……………………………………………………57
　　　　言説が与える影響　　問題を捉えるフレーム
　　　　アイディアや言説はどのように形成されるのか
　3　声を上げた市民たち………………………………………………………61
　　　　自死遺児との出会い　　自死遺児たちの変化　　自殺対策の実現に向けて
　　　　自死遺族からの支え
　4　政策課題化を目指した国会議員…………………………………………66
　　　　山本議員と自殺問題との出会い　　うつ病対策を超えて
　　　　政府による取組の実現に向けて
　5　自殺対策基本法の制定へ…………………………………………………71
　　　　国の取組を継続させるために　　法案成立を阻む2つの障壁
　　　　署名運動を支えた遺族の力
　6　市民が変えた自殺対策のかたち…………………………………………74

## 第3章　自殺対策基本法制定後の政策過程……………………77
　　　　──ライフリンクによる政策提言が与えた影響とその源泉──

　1　基本法制定後の自殺対策…………………………………………………77
　　　　NPOによる政策提言の影響　　ライフリンクはなぜ舵取り役を担えたのか
　2　政策過程にNPOが与える影響……………………………………………79
　　　　NPOに期待される役割　　NPOの影響力の源泉
　　　　ライフリンクの影響力の源泉

### 3 政策提言に向けた取り組み……83
国による自殺対策への危機感　　自殺実態の把握に向けて
自殺実態調査を可能にしたもの

### 4 ライフリンクによる影響力の拡大……88
政府の対策指針に与えた影響　　自殺実態データの開示を求めて
戦略の転換——行政から政治へ　　政権交代がもたらしたもの

### 5 ライフリンクの影響力の源泉……94
国会議員との連携　　NPO の影響力の拡大に伴う懸念

## 第4章　地方自治体における自殺対策の成果と課題……99
——東京都足立区を事例に——

### 1 地方自治体の直面する課題……99
ガバナンス型の課題解決へ　　自治体の取組を阻むもの

### 2 自殺対策に着手した背景……101
足立区における自殺の状況　　自殺は"仕方ない"もの　　首長の変化

### 3 自殺対策の始動……105
事業頓挫の危機　　自殺対策は"生きる支援"

### 4 職員の意識と態度の変化に向けて……107
問題への当事者意識を持たせる　　行動の変化を促す
他の課題の解決にも寄与し得る

### 5 地域における自殺対策の成果と課題……113
自殺対策の推進を可能にしたもの
"生き心地のよい"地域社会をつくるには

## 第5章　自殺予防の意味と実践の変容……117
——社会福祉法人 いのちの電話（東京）を事例に——

### 1 自殺対策と民間団体……117
活動の再検討を迫られるいのちの電話　　いのちの電話の活動を捉える視点

### 2 いのちの電話の成り立ち……119
社会状況に対する憂い　　「よき隣人」として　　隣人の意味

## 目　次

　3　いのちの電話における自殺問題の位置づけ……………………………122
　　　自殺問題を重視する専門家たち　　いのちの電話における自殺予防の意味
　　　自殺予防をめぐる見解の相違
　4　自殺をめぐる社会状況の変化……………………………………………126
　　　社会からの期待の高まり　　「自殺予防いのちの電話」の始動
　5　自殺予防機関というイメージの定着……………………………………128
　　　相談員の認識　　相談員と組織との認識の齟齬
　6　民間団体として果たすべき役割とは……………………………………133
　　　国の動きに翻弄されるいのちの電話
　　　隣人としてのかかわりを実践していくために

## 第6章　自殺対策基本法の改正過程に見る言説の役割…………137
　　　　　──ナショナル・ミニマムとしての自殺対策へ──

　1　法改正の背景………………………………………………………………137
　　　対策の屋台骨の見直し　　なぜ基本法は改正されたのか
　2　法改正過程を検討するにあたって………………………………………139
　　　政策評価の影響と問題　　政策への支持獲得に用いられる言説
　　　法改正過程の検討にあたって
　3　自殺対策基本法はなぜ改正されたのか…………………………………143
　　　国と地方との役割分担の明確化に向けて　　恒久財源化をめぐる駆け引き
　　　法改正というアイディア　　「攻めの自殺対策」へ
　　　ナショナル・ミニマムの実現手段として
　4　地域の対策を推進するために……………………………………………150
　　　自治体による対策の支援に向けて　　支援体制の刷新へ
　5　自殺対策基本法の改正に伴う成果と課題………………………………153
　　　改正法はなぜ成立したのか　　改正法の施行に伴う危険性

## 第7章　自殺対策の限界性……………………………………………157
　　　　　──行政による取組から，一人ひとりの主体的な関与へ──

　1　自殺対策の政策過程を先導してきたもの………………………………157

　　　　　アクターの言説　　市民たちによる政策提言
　2　自殺対策に潜む3つの課題……………………………………………160
　　　　　議論の場の形骸化　　市民による政治参加の阻害　　政策が永続化する危険性
　3　自殺対策の限界性………………………………………………………168
　　　　　対策の対象となる自殺の制限　　「生きる」にまつわる問いの回避
　4　行政による対策を超えて………………………………………………175
　　　　　自殺を生まない社会を実現するには
　　　　　求められるのは，私たちの主体的な関与

補　章　イスラーム教徒の自殺抑制要因…………………………………181
　　　　　──シリア・アレッポ大学生へのアンケート調査から──
　1　自殺をしない人々……………………………………………………181
　　　　　日本における自殺の状況　　イスラーム教徒への着目
　　　　　なぜイスラーム教徒の自殺率は低いのか　　これまでの研究における課題
　　　　　ムスリムの自殺抑制要因の検討に向けて
　2　イスラーム教徒の自殺抑制要因を明らかにするには………………184
　　　　　イスラームの教えにおいて自殺はどのように語られてきたのか
　3　イスラーム教徒は自殺をどのように考えているのか………………189
　　　　　アレッポ大学に通うムスリム大学生を対象にした調査の実施
　　　　　ムスリム大学生に対する調査結果から明らかになったこと
　　　　　自殺念慮や将来における自殺の可能性を否定するムスリムの傾向
　　　　　ムスリムの自殺抑制要因のさらなる検討に向けて


注　　203
参考文献　　223
あとがき　　251
人名索引　　257
事項索引　　259

# 序　章
# 「自殺対策」という政策課題

## 1　自殺という問題の背景

**自殺に対する社会の認識と対応**

　日本において自殺に対する認識は，1998年に年間の自殺者数が初めて3万人を超えて以降，現在までの約20年の間に劇的な変化を遂げてきた。2006年に「自殺対策基本法」(以下，基本法)(1)が制定される以前まで，自殺は主に「個人の人生の選択の問題であり，自由な個人が自己決定する事柄」とされ，「行政という公的部門が関わるべき問題ではない」と見なされてきた(本橋 2006a：2.)。また日本の社会では，自殺が美化されたり賞賛されたりすることもあり，予防の必要性はほとんど認識されてこなかったともいわれる(張 2006：55-56)。しかし基本法において，自殺の背景には「様々な社会的な要因があ」り，それゆえ「社会的な取組として」対策を進める必要性が明示された。このことにより，それまで個人の問題と見なされてきた自殺は，「個人の自由な意思や選択の結果ではなく，様々な悩みにより心理的に『追い込まれた末の死』」，「社会の努力で避けることのできる死」(自殺総合対策大綱)(2)と規定された。

　このように近年，自殺が個人の問題ではなく社会の問題と認識されるようになったことに伴い，その対応もまた大きく変化した。かつて自殺の問題には，ごく一部の研究者や活動家が関心を向けるのみで(勝又 2016：16-17)(3)，厚生労働省(以下，厚労省)によるうつ病対策を除き，国レベルでの対応はほとんどとられてこなかった(本橋ほか 2006：74-75)。しかし基本法において，自殺対策を講じることが「国，地方公共団体等の責務」と定められたことにより，自殺の問題は，国や地方自治体が取り組むべき政策上の課題となった。その結果，

政府は2007年に「自殺総合対策大綱」を閣議決定し，さまざまな対策を講じるようになった（本橋 2006a：2-3）。2015年の段階では，すべての都道府県と政令指定都市にくわえて，多くの市区町村も対策に取り組んでいる（自殺予防総合対策センター 2015）。

　このように，自殺に対する認識が変化した結果，この問題が政策課題化されるとともに，その対応として対策が形成・実施されてきたといえる[4]。では，そもそもなぜそうした認識の変化が生じたのか。これまでの研究では，自殺者数の急増と高止まりにくわえて，自殺の背景に潜む問題構造の変化があったと指摘されてきた（竹島 2008；本橋編著 2007）。京都大学経済研究所附属先端政策分析研究センター（2006）の調査結果からも，1998年以降の自殺者数の増加は，社会経済的な問題を理由とする中高年男性において顕著だったことが明らかとなっている。そのため，自殺に対する問題認識の変化は，自殺者数の増加と日本における社会構造の変化という2つの変化が重なる中で，自殺が社会問題として認識され，行政によって対策が講じられるようになったと考えられてきた。

**自殺問題はなぜ政策課題となったのか**

　しかしそうした議論は，この問題への対応が変化してきた背景を，正確に捉えているとはいい難い。内閣府（2007）の示すデータによれば，1998年以前にも，1955年前後（1954～60年）と1985年前後（1983～87年）の2度にわたり，自殺者数の増加という事態に直面している。とくに1985年前後はオイルショックによる不況に見舞われたことで，社会経済的問題を理由とした中高年男性の自殺が多発するなど，その状況は1998年以降と酷似していた（川上 2003）。つまり，1998年以降に問題視された，社会経済的な問題を背景とした中高年男性による自殺の多発は，それ以前から確認されてきた現象であった。くわえて，そうした状況に対しては，吉川（1989）や，大原（1987），笠原（1987），石田（1985）ら複数の研究者によって，当時より問題提起もなされていた。しかしそれ以降，基本法が制定され国が実際に対策を講じるようになるまでには，ほぼ20年もの時間を要した。

　自殺の問題は，これまで主に精神医学と社会学の観点からさまざまな検討や

考察がなされ，自殺のリスク要因や予防因子，既遂者に共通する特徴等が明らかにされてきた。その一方で，自殺対策に焦点を当てた研究はこれまでほとんど行われてこなかった。そのため自殺の問題が，どのような経緯を経て，なぜ個人ではなく社会の問題として認識され，政策上の課題となるに至ったのか，またそうした問題認識の変化に伴い，自殺問題への対応はどのように変化し，その結果としていかなる対策が形成・実施されてきたのか，さらには，そうした対策が自殺の問題にいかなる影響を与えたのかといったことは，これまで体系的な検討や考察がなされてこなかった。

本書は，自殺対策の複数の現場における取組の実態を踏まえつつ，日本において自殺がいかに社会問題化され，対策が形成されてきたのか，その過程を描き出す中から自殺問題の認識と対応への変化を促した要因を導出するとともに，対策の検討を通じてその成果と課題を提示する。それらを踏まえたうえで，政策としての自殺対策の限界性を示唆するとともに，今後の自殺予防のあり方を考えるものである。

## 2 自殺問題はどのように研究されてきたのか

日本の自殺予防研究に多大な影響を与えた，現代の自殺研究の世界的大家であるシュナイドマンは，17世紀中頃までの西洋社会においては，自殺という概念がそもそもなく，それゆえ自殺という言葉自体も存在しなかったと指摘する（シュナイドマン 1985=1993：7-8）[5]。自殺の是非をめぐっては，道徳や宗教，哲学などの領域で「何世紀にもわたる思弁と迷信」（ウェクスタイン 1979=1981：2）が繰り広げられてきたとされ，自殺の問題が科学的な方法論に基づき研究されるようになったのは，デュルケームとフロイトにより研究が行われるようになった20世紀以降のことであった（シュナイドマン・ファーブロウ 1963=1968：13-15）。科学的な方法論に基づくそれらの研究は，自殺者個人に着目した精神医学的・心理学的視点に基づく研究と，自殺者を取り巻く社会に着目した社会学的視点に基づく研究の，主に2種に大別される。

## 自殺問題を捉える2つの視点

### (1)精神医学的・心理学的視点に基づく研究

　オーストリアの精神科医フロイトは，精神分析学を通じて自殺の発生過程や自殺行為の意味内容を解釈することで，自殺に至る各人の精神力動の解明を試みた。自己破壊行動に及ぶ者の治療を通じて，フロイトは，そうした行動の特徴やメカニズムの説明として，「死の欲動（本能）の仮説」（フロイト 1920=1996）[6]と「うつ病理論」（フロイト 1917=2008）を提唱した。死の欲動の仮説とは，人間には生来より死を求める欲動が備わっており，これが人間の行動原則として機能しているというもので，第一次世界大戦による外傷性神経症の患者に対する治療の経験をもとに構築・提唱された。一方で，うつ病理論とは，うつ病患者らの自己破壊行動を説明した理論であり，それによれば，うつ病患者には愛着対象の喪失という共通体験が見られ，彼らは喪失した対象への「復讐」（フロイト 1917=2008：117-118）として自らを苦しめ傷つけているとされる。

　こうしたフロイトの学説を，自殺予防の観点からは「日常の臨床においてほとんど役に立たな」かったと批判したのが，現代の自殺研究における世界的権威である米国の心理学者のシュナイドマンであった（シュナイドマン 1985=1993：72-73）。シュナイドマンは，大半の自殺が「精神痛（psychache）」（シュナイドマン 1996=2001：4）とでも呼びうる精神的な痛みから生じると述べ，自殺へ至った経緯や目的，意味等を理解するには，当人の心理的側面に焦点を当てて検討を行う必要があるとした（シュナイドマン 1993=2005：11）。そのために彼が開発したのが，心理学的剖検（psychological autopsy）という手法である。これは自殺者の心理を"解剖"することで，自殺直前の心理的状態を「再現」（シュナイドマン 1985=1993：60）しようとする手法である。この手法を通じて，それまでほとんど明らかにされてこなかった自殺直前の当人の様子や兆候，自殺者の心理状態等が正確に把握されるようになった（シュナイドマン 1996=2001：71）。

　日本の自殺研究は，このシュナイドマンの研究を基盤として形成・展開されてきた。その礎を築いたのは，1966～67年にロサンゼルス自殺予防センターの特別招聘研究員を務め，シュナイドマンに直接師事した精神科医の大原健士郎である（竹島 2011）。大原も，自殺既遂者や未遂者の心理的側面に着目し，シ

ュナイドマンの手法や理論を用いて日本における自殺の実態を分析することで，研究を進めていった。大原は，自殺発生の前段階にはまず正常機能が低下し，不安焦燥や孤独，被害妄想等が生じた後，現状に対する拒絶を経て，抑うつ感情の出現や希望の喪失等が生じることで追い詰められた精神状態となり，最終的に自殺が起こると論じた（大原 1960：1961）。

精神科医で現代の日本における自殺研究の第一人者である高橋祥友も，1987年から1988年にかけてカリフォルニア大学ロサンゼルス校（UCLA）に留学し，シュナイドマンから直接指導を受けた。高橋もまた，自殺者の心理的側面に焦点を当てて検討を行い，彼らが圧倒的な絶望感や無価値感，孤独感，自己嫌悪等に苛まれていることを指摘した（高橋 2006a）。自殺を考える者には，現在の窮状が永遠に続くという確信や，自殺以外に解決策が見当たらない，自殺だけなら今の自分にもできる，などの極端な考えが見られるという。こうした状態を，高橋は心理的視野狭窄と呼んだ。このように，日本の自殺研究はシュナイドマンの研究を基礎に成立・発展してきたこともあり，主に自殺企図者の心理的側面に焦点を当てた検討や考察がなされてきたといえる。

また近年は，自殺者の8〜9割が精神疾患に罹患しているとのWHO（1993）による指摘や，自殺とうつ病との強い関連性を示唆した精神科医の高橋邦明ら（1998）の調査研究等により，精神疾患と自殺との関わりに関する研究も多くなされるようになってきた。日本自殺予防学会の理事長を務める精神科医の張賢徳によれば，自殺直前の段階では90％近くの人が精神医学的に診断のつくような状態になっているという。そのため「自殺予防にとって精神医療の存在はきわめて重要」であり，「とりわけ『うつ病対策』が重要」（張 2010：190-192）だと指摘する。こうしたことから自殺予防対策の中核は，精神障害へのケアにあると強調した（張 2011：40）。一方で，精神科医の河西千秋は，精神疾患の既往が自殺の危険因子であることを認めつつ，精神疾患に罹患しているといわれる自殺者の8〜9割のうち，うつ病患者は3割程度に過ぎないとも警告する（河西 2009：114-115）。そのため，うつ病以外にも自殺の危険が高いとされるさまざまな精神疾患，たとえば統合失調症や物質依存症等の治療も，うつ病治療と同様に重要だと指摘している。

河西が指摘した，アルコールの多量摂取や薬物乱用等に代表されるような物質依存症に対する治療の重要性は，自殺予防総合対策センターの副センター長を務めた精神科医の松本俊彦も次のように論じている。松本は，薬物乱用に走る若者たちは「薬物にさまざまな弊害があることを知っていても――いや，知っているからこそ――一種の自傷として薬物に手を出す可能性がある」(松本 2014：147-148) と指摘し，彼らは「怒りや恥の感覚，あるいは恐怖といった不快な感情を意識から遠ざけ」(松本 2014：34-36) るため，また「誰に助けを求めることも誰かに相談することもなく，自分ひとりで身体に痛みを加えることで心の痛みを封印する」(松本 2011：iii) ために，自傷行為に及んでいると指摘した。しかし，そうした鎮痛効果は時間の経過とともに薄れていくため，より高い効果を求めて行為をエスカレートさせることとなり，最終的には自殺という現実の死を招く危険が高いと，松本は警告している（松本 2011：5)。
　このように，自殺をする個人に着目した研究では，個々の自殺企図者を対象に，彼らの心理的側面に焦点を当てた検討や考察がなされてきた。自殺の発生には，精神疾患や性格傾向，心理面における特徴等の個人的な要因による影響が大きいとされ，自殺は個人的な事象として捉えられてきたため，予防の方策もまた，個人を対象とする精神医学的治療が主となってきた。
　(2)社会学的視点に基づく研究
　一方で，自殺者を取り巻く社会に着目して研究を行ったのは，フランスの社会学者デュルケームである。統計データの検討を通じてデュルケームは，自殺を社会現象として捉えるとともに，それらを「自己本位的自殺」，「集団本位的自殺」，「アノミー的自殺」の3種に分類した（デュルケーム 1897=1985)。自己本位的自殺とは，社会の統合力が弱まり，社会の力よりも自我の力が大きくなるという"個人化"が進展した結果として生じる自殺のことを指し，反対に，社会の統合度が強すぎる場合に起こるタイプの自殺を集団本位的自殺と呼んだ。またアノミー的自殺とは，個人の活動が社会や周囲からの規制を受けなくなったことで，その規制を受ける当人が「苦悩を負わされ」た（デュルケーム 1897=1985：319-320) 結果として生じる自殺を指す。シュナイドマンは，デュルケームの著した『自殺論』を「パイオニア的書」（シュナイドマン 1996=2001：iii) と評価し

つつも，デュルケームの提示した自殺に関する3種の分類は，フロイトの学説と同様，自殺予防の観点から見て有効であったとはいい難いと批判している（シュナイドマン 1985=1993：33-34）。

日本では，自殺問題に対する関心がそもそも低かったことから，デュルケームのような社会学的観点に基づく研究はきわめて乏しかったが，その中で例外的に継続した調査研究を行っていたのが，東洋大学の田村健二を中心とするグループである。

田村らは，老人の自殺の多発地域であった新潟県東頸城郡を主なフィールドに，自殺者の個人的特徴と，彼を取り巻く家族と，さらにその家族を取り巻く地域といった3層構造から，自殺の実態や自殺発生の背景要因を検討・考察した。市区町村間での自殺率に関する比較調査を行い，自殺の多発地域の特徴の解明を試みた田村らは，東頸城郡において自殺が多発する背景には「自殺容認の文化」が存在し，これが「老人自殺の遠因（自殺傾向）として強く作用している」と指摘した（田村・高林 1977：13）。長年にわたるフィールド調査をもとに地域的・地理的特徴を解明し，それを踏まえて自殺事例を検討したことで，自殺発生の背景的要因の一端が解明されたといえる。田村らによる調査は，その後に行われた精神科医の高橋邦明らの，旧松之山町における調査研究と予防活動の基礎ともなった。

自殺が発生する社会の状況に着目した研究は，田村らによるものを除き日本では長らく行われてこなかったものの，昨今では，自殺を社会の病理現象と捉え，検討や考察を行う研究者も増えつつある。

社会学者の山元は，長時間勤務やリストラ，能力や成果主義等の蔓延による労働環境の変化と自殺との関連性を検討したうえで，1998年以降に自殺率が上昇した背景には，市場原理の徹底と，それに伴う労働・職場環境の崩壊があると指摘した（山元 2006）。また弁護士の川人は，労働者とその家族からの相談を踏まえて，1998年以降に急増した自殺の背景には，リストラや長時間勤務などの労働問題が存在し，とりわけ過労が大きく影響していると指摘した（川人 1998）。労働問題を原因とする自殺の横行は，日本の企業において，弱音を吐いたり無理だと言ったりできない雰囲気が根強いからだと川人は指摘し，そう

した環境の改善が求められると論じている。同じく弁護士の櫻井も，1998年以降の自殺には経済・生活問題，とりわけ負債を理由としたものが多く見られると指摘し，この背景要因として，地域や家族同士の結びつきの弱体化と消費者金融業界の拡大を挙げた（櫻井 2009）。

　社会経済的な問題と自殺との間に見られるこうした関連性は，岩手県における自殺の地域集積性を検討した，精神科医の高谷らの研究でも指摘されている（高谷ほか 2006）。高谷らは，岩手県において自殺が多発する地域の背景にある要因として，精神医療資源の乏しさ，地域の過疎化，失業による経済的問題の3点を挙げたうえで，自殺が地域社会の影響を強く受ける社会的な現象でもあると論じた。

　これらの研究で検討の対象とされているのは，自殺者を取り巻く社会の経済状況や雇用状況，社会制度等であり，そこでは社会状況の変化に影響を受けるという点から，自殺は社会的な病理現象として捉えられてきた。多くの自殺の背景に，不況や生活困窮，倒産や失業等の問題にくわえて，自然災害や地域における経済・福祉政策の影響など，さまざまな社会経済的要因が存在することは，澤田らに代表される近年の研究においても，実証的に明らかにされつつある（澤田ほか 2013）。

**これまでの研究の限界**

　このように自殺の問題は，これまで精神医学的・心理学的視点と社会学的視点から，主に調査研究がなされてきた。前者では，自殺の発生に関連する個人的な要因の解明とその予防に向けた取組が，個人を対象に検討・実施されてきた。一方，後者では，自殺は社会状況の変化による影響を受けて生じると考えられ，自殺の起きる社会に焦点を当てて検討や考察がなされてきた。前者はメディカル・モデル，後者はコミュニティ・モデルと呼ばれる（高橋 2006b：108）。両者は，問題を捉える観点こそ異なるものの，もっぱら自殺それ自体を検討の対象とし，その特徴や発生メカニズム等の解明を通じて自殺の予防に役立てようとしてきた点では共通している。

　自殺の予防にはいずれの知見をも用いた取組が必要であると，これまで幾度

となく指摘されてきた。たとえば世界保健機構（WHO）は，2014年に発表した『自殺を予防する　世界の優先課題』の中で，自殺の予防には「保健医療および保健医療以外の公的・私的部門等の社会の多部門による調整と連携が必要」であり，その取組は「包括的で統合的，かつ相乗的でなければならない」としている（WHO 2014=2014：11）。高橋も，メディカルとコミュニティという２つのモデルを緊密に連携させることで，自殺予防対策は初めて有効に機能し得ると論じる（高橋 2006b：108；高橋編 2009：26）。さらに，政府の対策指針を最初に示した07年版大綱でも，自殺の予防には，個人と社会の両面に対する働きかけが必要であると明記されていた。

　しかし近年，自殺が社会の問題として認識され，その認識に即して種々の対策が講じられる中で，２つのモデルの連携という，理想からは程遠い事態が生じている。公衆衛生学者の本橋は，メディカル・モデルによる対策を，病気の背景にある悩みの原因には言及せず，医学的な解決の方策に結びつけるものであり，このモデルに偏りすぎる対策は「全体を見渡せないもの」になると警告する（本橋編著 2007：93-95）。自殺が倒産や失業，それに伴う生活苦や多重債務等の社会経済的な問題と密接に関わる事象であることを踏まえると，個人への精神医学的治療のみならず，心理的な悩みの元凶であるそれらの社会的な問題に，国や地方公共団体等が適切に介入すべきとし，社会全体に向けた心の健康教育を行い，社会全体で自殺を予防するという"ヘルスプロモーション"の考え方に基づくアプローチの重要性を強調した（本橋 2003；本橋・渡邉 2005：27-34）。「NPO法人自殺対策支援センター　ライフリンク」（以下，ライフリンク）代表の清水もまた，自殺とは社会構造的な問題であると指摘したうえで，対策を通じてそうした社会の構造自体を変えていく必要があると主張する（清水 2009a）。

　しかしそうした主張に対しては，精神科医の側からさまざまな反論が出ている。張は，社会文化的な要因も踏まえて自殺対策を行おうとすれば，その焦点が拡散し，必要なパワーとコストが膨大なものとなってしまうため，医学モデルを核としつつ他のモデルを連携させるのが現実的だと論じる（張 2006：52-54）。山田・稲垣もまた，人的資源や予算等の限られる中で，公共政策として

対策を立案・実施するには，効果がエビデンスをもって保証されており，実現可能性の高い取組を講じるべきだと主張する（山田・稲垣 2010）。そうした取組として山田・稲垣は，「１）うつ病や統合失調症，物質関連障害をはじめとする精神疾患のケアの向上，２）その精神疾患やケアの質に影響するさまざまな要因（心理社会的な要因）への介入」を挙げ，この２つが「自殺予防対策の第一の候補となる」と強調した（山田・稲垣 2010：1391）。高橋も，昨今は自殺の問題をめぐって一部の人々による「安易な『精神科医療叩き』や『マスメディア叩き』」が起きていると述べ，「これではわが国の自殺予防対策は十分な成果が上がるとは期待できない」との苦言を呈している（高橋 2014：246）。

このように自殺問題の政策課題化に伴っては，いかなる知見を用いてどのような対策を講じていくべきかという対策のありようをめぐって，関係者の間では対立が発生し，それが徐々に深刻化してきている。自殺対策「ブーム」（高橋 2011：78）とも称される状況の中で，この問題は今や多数の関係者の利害が複雑に絡み合い，激しい対立を引き起こす，きわめて政治的な課題になったのである。昨今のそうした対立は，包括的・総合的な対策の形成と実施を妨げ，自殺問題の解決にも悪影響を及ぼしかねない。

## 3　自殺対策の政策過程を検討するにあたって

**政策過程を左右するもの**

自殺対策の現状を踏まえると，自殺予防の研究を通じて専門的な知見が導出・蓄積されていったとしても，それを通じて誰もが納得のいく政策が，自動的に導き出されたり形成されたりするわけでは決してないことがわかる。なぜならどのような政策案が提起され，そのうちどれが実際に採用されるかは，政策過程に誰がアクターとして参加しているのか，彼らがいかなる利害やアイディアを有しており，それらの相互関係はどのようになっているのか，また政策過程を規定する要因としていかなる制度が存在し，それによってアクターの行動や選択がいかに制約されるのかといった，政策過程を左右するさまざまな要因によって影響を受けるからである（秋吉ほか 2015：7-9）。

リンドによれば，大規模な戦争や恐慌等が発生し，世界全体が危機にさらされる中で，人々は，テクノロジーの欠陥よりも，それを扱う「人間的要素が手におえないという事態」を認識するようになってきたという。その結果として生じたのが，「人間的要素を扱っている」社会科学への期待であった。しかしリンドは，人々からそうした期待を寄せられながらも，社会科学は「最近の動向を画き記したり，分析したりすることで満足する傾向があった」と述べる。そうした社会科学の現状を，リンドは「船が沈没しつつあるのに，航海術について講義している」として，現実の危機に際しての有効な対処法につながる知をまったく提供できていないと痛烈に批判した。こうした事態は，諸科学の発展に伴って知があまりにも細分化・専門化されたことにより，それらの知が，現実の問題状況の改善に対してほとんど貢献できないものと化してしまった結果であった。それゆえリンドは，そうした社会科学のあり方に対して，「Knowledge for What？（なんのための知識か）」との根本的な問いを投げかけたのである（リンド 1939=1979：7-10）。

　そのような社会状況の中で，アメリカの政治学者であるラスウェルが志向したのが，よりよい政策を形成・決定するためにさまざまな知識を統合し活用していくことであった。そのためには，政策の対象となる問題についての専門的知識（これをラスウェルは「in の知識」と呼んだ）のみでは不十分であり，政策過程それ自体についての知識，すなわち「of の知識」が重要だと説いた[7]（Lasswell 1970）。

　ラスウェルの議論について宮川は，「政策プロセスをそれ自体適当な研究主題と認識し，主として意思決定の流れの合理性を改善しようという希望を持つもの」と説明し，それを「政策志向」と呼んだ（宮川 1994：19）。宮川によれば，そうした志向性は必然的に「政策に含意される価値目標の明確化を要求する」ため，科学者の間でこれまで忌避されてきたという（宮川 1994：23-26）。しかし宮川は，「科学的活動は価値中立的であるという主張は支持できない」とのラスウェルの議論を引証しつつ，政策とはそもそも価値志向的なものであり，政策を志向する科学的活動もまた，そうした価値との関わりを避けられないと論じた。それにもかかわらず，政策の形成や決定の過程からイデオロギー

をめぐる論争や政治性を排除し，科学的な知見だけに基づいて政策決定を合理的に行おうとすれば，そこにはさまざまな弊害が生じかねないとした（宮川 1995：42-43）。そうした弊害は，第二次世界大戦後のアメリカにおいて，政策形成や決定の過程から政治を排除するという試みが最終的には失敗に終わったことや，政策過程から政治性を排除しようとするあまり，政治的な決定があたかも科学的知見に基づく合理的判断であるかのように見せかけられるといった，トーガソンによる警告からもうかがえる（秋吉ほか 2015：9-17；宮川 1995：27-40）。秋吉らも，ラスウェルの議論を踏まえて，「ofの知識」を用いて政策過程の側面を明らかにすることが，「inの知識」の政策活用のあり方を考えるうえでも有用であるとし，「ofの知識」に目を向ける重要性を指摘している（秋吉ほか 2015：iii-iv, 7-9）。

### 自殺対策の政策過程に関するこれまでの議論

　政策科学に関するこうした議論を踏まえて自殺対策を捉え直してみると，「inの知識」の一部，すなわち自殺問題に関する専門的知見は，これまでの研究を通じてある程度の蓄積がなされてきた。しかしその一方で，「ofの知識」を用いて政策過程を明らかにしようという試みは，自殺対策に関しては圧倒的に不足してきたといってよい。

　自殺対策の政策過程に関する研究としては，勝田（2012），亀田（2007），岡本（2007），森山（2016）等が挙げられるが，それらはいずれも2006年の自殺対策基本法の制定過程を主題としており，政策過程のごく一部しか扱っていないという点が，問題として指摘できる。基本法とは対策の大まかな方向性を示したものに過ぎず，より具体的な対策案の形成や決定，実施等は，大綱の制定も含めて法制定後の課題とされていた。そうしたことを踏まえるならば，基本法の制定以降の政策過程に目を向けるとともに，取組の実態をも踏まえたうえで，自殺対策の有効性や妥当性について検討や考察を行う必要があろう。

　法制定後のそうした政策過程をも射程に含め，自殺対策について論じたものとして現状ではほぼ唯一といえるのが，森山（2018）による論考である。森山は，文献調査や対策関係者へのインタビュー調査にくわえて，内閣府の自殺対策推

進室における自身の勤務経験（2008～12年）をも踏まえつつ，自殺対策の政策過程について検討を行った。具体的には，自殺対策の歴史を次の4期，すなわち「自殺者数の急増判明後，自殺対策基本法・自殺総合対策大綱が策定された1999年7月から2007年6月までの第1期，地域に対する予算が策定されるようになる2007年7月から2009年8月までの第2期，自由民主党政権から民主党への政権交代が起きる2009年9月から2011年8月までの第3期，東日本大震災が発生してから自殺総合対策大綱が改正されるまでの2011年9月から2012年8月までの第4期」（森山 2018：3）に分類したうえで，各期においてどのようなアクターが，いかにして自殺対策を推進してきたのかを考察している。

基本法の制定以降に関する検討がこれまでほとんどなされてこなかった中で，こうした森山の論考は貴重である。とりわけ自殺対策推進室での勤務経験を元に，自殺対策の形成と推進に際して内閣府官僚のとった行動につき詳述するなど，政府がこの問題にいかに対応したのかについての貴重な情報を提供しており，資料的な価値は高いといえよう。しかし，森山が主に論じているのは，自殺対策の形成と推進に際して内閣府官僚の果たした役割である。そのため自殺対策の政策過程において，内閣府官僚以外にどのようなアクターが存在するのか，彼らはいかなる理由からどのような行動をとってきたのか，その結果としてどのような対策が形成・推進されてきたのか等については十分に検討がなされておらず，自殺対策の政策過程の全体像を明らかにするには至っていない。

また，第1期から第4期までの各期で論じている内容に関しても，次の3点が課題として指摘できる。

第1に，論考中で語られる内容の多くが事実の記載に留まっており，踏み込んだ考察がなされていない点である。たとえば第1章で森山は，NPOや国会議員，あしなが育英会等のさまざまなアクターの行動を分析する中から，自殺対策基本法が成立に至った背景を検討し，その要因として自殺が社会問題化されたことを指摘している。しかし，本書の第2章において詳述するように，それらのアクターは当初から自殺を社会問題として捉えていたわけでは決してなく，さまざまな過程を経てそのように問題認識を転換させていったのである。くわえて，自殺が社会問題であるといったとき，その意味内容についても各ア

クターで異なっていることが，筆者の考察を通じて明らかになった。しかし，森山の論考では，各アクターが自殺問題に対する認識を変化させたのはなぜなのか，また彼らの認識する社会問題とはどのような意味であるのか，そしてそのことが対策のありようとどのように関わるのかといった点は，まったく考慮されていない。

第2に，森山が考察の主たる対象としたのは2012年の自殺総合対策大綱の改正までであり，それ以降の政策過程についてはほとんど扱われていない点である。しかし，2016年には基本法の，2017年には大綱の改正がそれぞれ行われたことにより，国の自殺対策の枠組みに大きな変化が生じている。終章の第3節で森山は，基本法の改正以降の自殺対策に関して取り上げているものの，その内容はきわめて簡素である。そのため，そもそもなぜ基本法の改正が必要とされたのか，法改正の背景にはいかなるアクターの関与があったのか，さらに内閣府から厚労省への対策事業の移管に伴い，自殺対策がどのように変化したのか等については，ほとんど考察がなされていない。

第3に，国レベルでの自殺対策の形成と推進の過程についてはある程度論じられているものの，自殺対策において地方自治体や民間団体等の果たす役割や，それらのアクターによる取組についてはほとんど扱われていない点である。自殺の実態は地域によって異なる特徴が見られることから，12年版大綱でも，今後は地域レベルの実践的な取組を中心とする対策へと転換を図る必要性があることが明示された。また対策を進めるにあたっては，地方自治体や関係団体，民間団体等との連携・協力を推進する必要があるとも指摘されている。さらに改正基本法では，すべての地方自治体に自殺対策計画の策定が義務づけられるなど，自殺対策における自治体の重要性はますます高まっているといえる。こうした点に鑑みても，自殺対策という政策を検討するうえでは，国レベルでの政策過程を描き出すだけでは不十分であろう。それには国の形成してきた対策枠組みのもとで，地方自治体や民間団体等はいかなる対策を形成・実施してきたのか，その結果として生じた成果や課題はなにか，さらには国による対策の開始に伴い地方自治体や民間団体がいかなる影響を受けてきたのかを，地方自治体や民間団体による取組の検討を通じて考察する必要があるといえよう。

### 本書における検討の対象

そうしたことから本書では，自殺問題ではなく自殺対策に焦点を当て，その実施の実態をも含めたうえで政策過程に関する検討を行い，それをもとに現状の対策における成果と課題を考察することとした。自殺対策に対しては，2007年度より毎年100億円以上の予算が計上され，さまざまな施策が講じられてきた。しかし，その効果や課題等について，これまで十分な検討がなされてきたとはいい難い。内閣府（自殺対策の業務移管に伴い，2016年以降は厚労省に移管）は，施策の実施状況や目標の達成状況等を検証し，施策の効果を評価することを目的に，2013年より「自殺対策検証評価会議」を開催しているが，そこで主に評価の対象とされているのは，地域自殺対策緊急強化基金（後に交付金）を活用した事業であり，それ以外の事業等にはほとんど目が向けられていない。そうした中で政策の形成・決定に至る手続きや，政策の方向性や目標等をも含めて政策全体を見直し，その効果や課題について検討することは，自殺対策の今後の方向性やあり方を検討するうえでの新たな視座を提供し得ると考える。

### 自殺対策の政策過程を捉える視点

自殺対策の政策過程を捉えるうえで，とくに本書で着目したのが，自殺が，誰によって，いかなる問題として捉えられ，それが誰に対してどのように語られた結果，いかなる対策が形成・実施されてきたのかという，自殺問題やその政策案についてのアクターの言説である。

(1) 公共政策を規定する3つの要素：利益，制度，アイディア

公共政策を捉えるうえでの重要な視角として，これまで利益 (interests)，制度 (institutions)，アイディア (ideas) という「3つのi」が挙げられてきた（秋吉ほか 2015：151）。西岡によれば，そのうちこれまで有力とされてきたのは，「利益」や「制度」に着目し，その観点から政策過程を説明するアプローチであったという。前者では，アクターらが「自分たちの利益を最大化すべく相互に働きかけをする政治的力学の産物」として政策が捉えられ，後者では「政治制度や既存の政策構造といった制度のあり方」が大きな影響を与えた結果として，政策が形成・決定されると考えられてきた（西岡 2007a：143-144）。

しかし，それらのアプローチは，特定の利益や制度の内容や存在を所与の前提にしているとの批判が，次第に展開されるようになってきた。それとともに，これまで分析の客観性を重視するといった観点から「主観的要素」として軽視されてきたアイディアに再び注目が集まるようになり，そこから政策過程を説明する試みが近年盛んになっているという（近藤 2006）。小野は，これまでは制度やアクターの利益等が「社会的事実」として存在すると考えられ，分析の対象とされてきたものの，今後はそれらの所与性を解体し，政治現象を動態的に把握していく必要があると説く（小野 2009：はしがき，6-8）。それは西岡の論じるように，制度や利益の内容を所与の前提とせず，むしろそれらがアイディアや言説等の観念的要素によって構成されるものと見なし，政策過程を捉えようとする試みだといえよう（西岡 2011）。西岡は，利益や制度のみで政策過程のすべてを説明することは難しく，政治が「理想の実現を目指す営みでもあ」ることを踏まえれば，その理想が何たるかを示す理念やアイディアに着目する必要があると論じた（西岡 2007a：143-144）。昨今は秋吉（2006）や西岡（2007b）等のように，具体的事例の検討をもとに，政策過程を捉えるうえでアイディアに着目する意義や重要性を指摘した論考も見られる。

　そもそも足立によれば，公共政策の対象となる問題は客観的に存在するわけでは決してなく，誰かに問題として認知されることで初めて問題になるという[12]（足立 2009：4-5）。政策関与者への詳細な聞き取りをもとにアジェンダ・セッティングの過程を明らかにしたキングダンもまた，「状況が問題として定義されるのは，われわれが状況に対して何かするべきだと信じるに至ったときであ」り，それゆえ「問題は単なる状況や外部の出来事そのものではなく，知覚的要素や解釈的要素も含まれている」と述べている（キングダン 1984=2017：150）。そのためある事柄を問題と見なすか否か，仮に問題とするならばどのような問題として解釈・同定するのかといった，問題を捉える認識や解釈のあり方にくわえて，いかなる政策を最適解として提示するかは，個々人や集団のものの見方に左右されることとなる。

　自殺問題への対応の変化を見ても，自殺対策が成立し得たのは，自殺とは個人の問題に過ぎないというそれまでの認識が打破され，自殺は社会の問題であ

るという新たなアイディアが，広く支持を得たからであったといえる。その結果，国や自治体は，基本法の制定以降，実際に税金を投じてさまざまな施策を講じてきたのである。このようにアイディアは，自殺対策の政策過程においても重要な役割を果たしてきたと推察される。

(2)言説に着目することの意義

ただし，アイディアのみで自殺対策の政策過程を説明できるかといえば，それも困難であるように思われる。本書の「はじめに」で指摘したように，自殺が社会の問題として認識されるに至った要因として，これまでの研究の中で示唆されてきた，自殺者数の急増や自殺の背景に潜む問題の変化等の諸特徴は，1998年以前から確認されてきたものである。それにもかかわらず，なぜ2000年以降に至るまで，自殺は社会の問題だと認識されてこなかったのか。逆にいえば，なぜこのタイミングで自殺＝社会の問題というアイディアが形成されたのか。さらには，そのアイディアがなぜ，またいかにして周囲の支持を獲得し，政策の実現へと結びついたのか。そしてそのアイディアに基づいて，どのような対策が講じられ，それがいかなる結果をもたらしたのか。アイディアのみに着目していても，それらの問いに対する回答を導き出すことは難しい。

そこで本書では，アイディアの内容だけでなく，それが発せられた社会的・政治的状況や，他のアクターとの相互作用等も含めて，アイディアが政策過程に与えた影響を検討すべきだと考え，政策過程に関わるアクターの言説に着目し，分析を進めることとした。政策過程を捉えるうえで，言説に着目することの意義を説くシュミットは，言説とは，言語化されたアイディアのみならず，それを「誰が，何を，誰に対して，どこで，いつ，どのように，そしてなぜ言っているか（言説的な相互作用）」という文脈をも含んだものと説明する（シュミット 2009：77）。アイディアの内容だけでなく，「アイディアが伝達される相互作用プロセス」に重きを置き，政策過程を捉えるという点で，言説はアイディアよりも「多目的かつ包括的な概念」なのである（シュミット 2009：78-79，83-84）。マヨーネも，「公共政策は言葉からつくられている。（中略）政策を正統化しようとする人びとは公共の利益とかその事案の知的な価値に訴えなければならない」と述べ，政策過程を捉えるうえでは，表明されたアイディアのみなら

ず,アクター間でどのような議論が行われ,いかなる作用が生じたのかという点を分析する必要性を説いた(マヨーネ 1989=1998:3-4)。このように,言語化されたアイディアのみならず,それを用いたアクター間での相互作用を考慮しながら政策過程を検討することにより,自殺対策の成立と発展が,なぜ,またいかにして可能となったのかを明らかにし得ると考えた[13]。

本書では,自殺対策に関わるアクターらの言説に着目し,その政策過程を検討することで,現在の対策が,いかなる問題認識のもとで,誰の手により形成・決定されてきたのかを明らかにする。またそのうえで,対策現場における取組の実態を踏まえつつ,対策の開始が自殺問題にもたらした影響を検討・考察することで,対策の成果と限界を論じる。

## 4　本書の目的

本書の主たる目的は,次の3点である。

第1に,基本法制定以前の日本の社会や時代状況の変化を踏まえつつ,自殺問題に関与するアクターの言説を検討する中から,個人の問題とされてきた自殺が,なぜ行政の取り組むべき課題となるに至ったのか,その変容過程と変化の理由を明らかにすることである。この点は,主に第1章と第2章において議論を行う。

第2に,基本法が制定されて以降,具体的には,いかなる対策が,どのような過程を経て,誰により形成・実施されてきたのかを,大綱の制定過程やアクターらの取組の検討を通じて実証的に明らかにすることである。これは第3章から第5章において検討している。

第3に,第1と第2の点で明らかにされた内容を踏まえつつ,2016年に行われた基本法の改正過程とその内容を検討することで,自殺対策の抱える課題を提示するとともに,政策を通じた問題解決の限界性を論じる。

## 5　検討にあたっての手法

　筆者は考察を進めるうえで，自殺対策に関与するさまざまなアクターと接触し，それらの活動等に長期にわたって参加することで，日々の取組の観察や関係者への聴き取り，資料の収集等を行い，それらのデータを分析するという手法をとった。活動に参加したのは，「NPO法人自殺対策支援センター ライフリンク」「東京都足立区役所」「社会福祉法人いのちの電話（東京）」（以下，いのちの電話）の，主に3団体である。それぞれの団体での活動期間や活動上の身分，検討事例としてそれらの主体を選定した理由等は，以下の通りである。

### NPO法人自殺対策支援センター ライフリンク
　筆者は，2011年11月より2015年3月までの計3年4カ月にわたり，学生インターンとして活動に参加した。ライフリンクは，自殺とは個人の問題ではなく，社会の問題であるとの認識のもと，この問題への行政的関与の必要性を訴えることで基本法の制定過程に大きな役割を果たした，自殺問題に取り組む民間団体である。詳しくは後述するが，代表の清水康之氏は，団体の創設以前にNHKのディレクターを務めており，その際に自殺で親を亡くした子供たち（自死遺児）と出会ったことをきっかけにライフリンクを創設し，自殺問題と関わるようになった。基本法の制定後，代表の清水氏は，内閣府による自殺対策関連のさまざまな会議に委員として参加してきたほか，一時は内閣府本府参与に就任し，政府の一員として自殺対策の立案と実施に携わってきた。政府の自殺対策に対して当該団体の与える影響の大きさは，他の民間団体と比べても群を抜いており，現行の自殺対策について検討するうえで欠かすことのできないアクターといえる。

　ライフリンクの活動については，代表の清水氏の執筆した論文や，団体の発行するフリーペーパー（ライフリンク通信），各種シンポジウムでの配布資料等の収集と分析にくわえて，若者の自殺実態に関する調査の実施や，自殺対策関連のさまざまな会議運営の補助，「2013年版自殺実態白書」の作成補助等を通

じて，当該団体の自殺問題への認識や，対策の方針等を検討・考察した。

### 東京都足立区役所

筆者は，2012年4月～14年4月までの約2年間，「こころとからだの健康づくり課こころといのち支援係」の非常勤職員として，対策業務に従事した。12年版大綱には「～誰も自殺に追い込まれることのない社会の実現を目指して～」との副題が掲げられ，「地域レベルの実践的な取組を中心とする自殺対策への転換を図る必要性」が指摘された。また改正基本法では，全自治体に対して自殺対策の計画策定が義務づけられるなど，今後の対策における主要な担い手として自治体の果たす役割に期待が高まっている。

そうした中で足立区は，全国の自治体の中でも最初にライフリンクと協定を結び，自殺を社会の問題とする認識枠組みのもとで，具体的かつ総合的な対策に乗り出した自治体として知られる。足立区での取組を検討することにより，自殺は行政の業務の範疇外とする見方が根強かった中，対策担当者やライフリンクが，行政職員や住民に対し行政的関与の必要性をいかに説得したのか，またその際に，自殺を社会の問題とする認識がいかなる影響を与えたのかといったことを，他の自治体の動向による影響を排した形で検証し，明らかにし得る[16]と考えた。足立区の自殺対策業務全般に非常勤職員として従事することで，対策担当者や首長，他部局の職員などの庁内関係者にくわえて，庁外の関係団体が，この問題をどのように捉え，業務として取り組んでいるのか，区としての自殺問題への認識や取組の姿勢，政策形成・決定の過程と要因等を検討・考察した。

### 社会福祉法人いのちの電話（東京）

筆者は，当該団体での活動には，2011年9月から現在まで継続的に参加している。いのちの電話は，国による対策が開始されるよりはるか以前の1970年代から，自殺予防の活動を続けてきた民間のボランティア団体であり，この問題に取り組む民間団体のパイオニア的存在である。また設立間もない頃より，日本自殺予防学会の前身である自殺予防研究会と強い結びつきを有し，研究会に

参加する研究者や実務家の多くが，ボランティアとしていのちの電話の活動に参加してきた。こうしたことからいのちの電話は，かつての自殺予防の研究や活動の状況を知るうえで，きわめて重要な存在であるといえる。

　筆者は，いのちの電話では，団体が創設された直後の比較的早い時期から，この活動に携わってきた関係者や，現在活動に参加するボランティア相談員への聴き取り[17]にくわえて，過去の事業報告書や会計・寄付報告書等の資料を収集し，この団体が自殺の問題に取り組んできた目的や動機，自殺についての問題意識等を分析・考察した。団体の創設期を知る関係者への聴き取りを行うことで，自殺が一般的には問題と見なされない社会状況の中，自殺予防活動に取り組んできた背景要因を探るとともに，現行の自殺対策を捉え直すうえでの新たな視点を得られると考えた。また，現在の活動参加者への聴き取りを通じて，国による自殺対策が，民間団体の活動に対してどのような影響を与えたのかということの一端を解明することにも繋がると思われる。

## 6　本書の新規性と意義

　本書では，自殺の予防を目的とする既存の研究において主たる考察の対象とされてきた，自殺それ自体ではなく，これまでほとんど研究されてこなかった自殺対策に検討の焦点を当てている。シュナイドマンに端を発する，臨床的な予防を第1の目的に掲げるこれまでの研究では，自殺それ自体に焦点を当てて検討を行うことにより，自殺者の特徴や自殺発生のメカニズム等の，自殺予防の実践にとって有用と思われる知見の導出が目指されてきた。それはシュナイドマンも指摘したように，研究上の第1の目的を自殺の実際的な予防とするならば，そうした手法が研究における正道であり，それ以外は，予防という目的に照らせばほとんど役に立たないものと見なされてきたからである（シュナイドマン　1985＝1993：64)。

　これに対して，筆者はさまざまな活動への参与を通じて，そうした活動に従事する種々のアクターの自殺問題に関する言説や認識を検討・考察し，それを通じて自殺対策の政策過程の解明を試みた。こうした研究はきわめて数が少な

く，くわえてそのほとんどが，政策過程のうち，基本法の制定過程というごく一部の段階を切り取って検討や考察をくわえるに留まっている。しかし本書では，自殺対策の成立以前や基本法の改正過程をも検討の射程に含めるなど，自殺対策の政策過程を包括的・体系的に扱った。

このように，現場での長期にわたる活動経験を踏まえつつ対策を検討したことにより，本書を通じて，行政による自殺対策の成立と実施に伴う課題を浮き彫りにできたと考える。対策が講じられる中で，2012年以降は年間の自殺者数が3万人を切り，2015年には1998年の急増以前の水準に戻るなど，自殺対策は着実な成果を上げてきた。しかしその一方で，対策のあり方をめぐってアクター間に深刻な対立が発生するなど，新たな課題が生じていることは，ここまで述べてきた通りである。

しかし，自殺対策に関する既存の研究では，現場での取組の実態が踏まえられていないため，対策の成立に伴って発生し時を経る中で深刻化してきた，アクター間の対立といった現実的課題についてはまったく注意が払われてこなかった。本書では，こうした対立の背景にある問題を，アクターの問題認識や言説に着目しつつ，彼らの活動や相互作用の検討を通じて考察している。それにより，既存の研究では指摘されてこなかった自殺対策の抱える課題の一端を明らかにするとともに，政策を通じた問題解決の限界性を示唆し得たと考える。

## 7　本書の構成

本書は，序章を除く全7章から構成される。各章の概要は以下の通りである。

まず第1章では，自殺対策が国によって開始される以前から自殺の問題を主に扱ってきた精神医療従事者らに焦点を当て，彼らが自殺をどのような問題として捉え，その対応を決定してきたのかを，検討・考察している。第二次世界大戦後の日本では，当初，自殺は個人の自由の範疇に属する事柄と見なされ，予防の必要性は認識されていなかった。しかし1960年代に入り，シュナイドマンの研究に示唆を得る形で，精神科医らによって自殺予防のための研究が行われるようになった。ただし自殺は，当人が自らの意思に基づき，死ぬと分かっ

ていながら起こした行為，すなわち意図的な行動の結果と捉えられていたため，予防の対象は，死の意思と結果の予測性という2つの条件が満たされない，子供と精神疾患患者による自殺に限定された。くわえて精神疾患患者による自殺も，実際には，精神疾患への強い偏見や効果的な治療法・予防法の欠如等から，予防は困難な場合が多く，せいぜい隔離や拘禁がなされるのみであった。

しかし1990年代に入り，飛鳥井（1994）や高橋邦明ら（1998）の研究成果をもとに，ようやく自殺の危険因子として精神疾患の影響が認められるようになったことで，自殺はそうした病気を抱えた個人の問題と見なされるようになる。さらに，うつ病の治療法の開発が進み，自殺の予防におけるうつ病治療の有効性が理解されるようになったことで，自殺発生の原因がうつ病にあると考えられるようになり，予防のためにはうつ病対策を講じればよいといった具合に，自殺問題の認識と治療法とに関する一種の定式化が生じた。その結果，自殺予防の方策として，厚労省によりうつ病対策がとられるようになっていったのである。自殺を社会の問題とするその後の認識の背景には，こうした自殺問題の定式化への反動という側面があったことを，この章において指摘している。

続く第2章では，1998年に年間の自殺者数が急増し，それが高止まりを続けるようになって以降，行政による対策の重要性と必要性を説くようになったNPO法人のライフリンク，自死遺児（遺族），国会議員の三者に焦点を当て，彼らが自殺をどのような問題として認識し，問題の解決に向けていかなる行動をとってきたのかを検討・考察している。

国内の年間自殺者数が急増した1998年当時はまだ，自殺とは主に個人の問題であると捉えられていた。その中でそうした認識を変化させるきっかけとなったのは，親を自殺で亡くした子供たち（自死遺児）による，親の自殺についての語りであった。彼らが自殺問題の当事者としての自覚をもち，親の自殺を個人の問題ではなく社会の問題として語り始めたことで，自殺問題をめぐる状況は少しずつ変化し始めた。ライフリンクや国会議員らは，こうした遺児の語りをきっかけに，自殺とは，個人の問題ではなく，社会によって死に追い込まれた結果であり，社会的な対策が必要な社会問題であるとの確信を抱くようになったのである。

1998年以降に急増した自殺者の多くは，社会経済的な問題を背景とした中高年男性であったが，国としての取組は厚労省によるうつ病対策を柱としていたため，自殺問題の社会経済的な側面には，当初ほとんど光が当てられていなかった。しかし，遺児の声をきっかけに，国による対策の立案と実施が要請されるに至った。自殺とは社会的な対策の必要な社会問題であるとの主張の妥当性が，基本法の成立という形で公に認められたことで，その後の対策の枠組みが大きく変化したことを，この章では明らかにしている。また基本法が制定されて以降の，対策の形成・決定過程を検討するうえでも，遺族がライフリンクと共に，利益団体としてその後の対策の形成・決定過程でいかなる影響を与え，どのような役割を果たしたのかを，考察する必要性を指摘した。

　第3章では，基本法制定後の政策過程に焦点を当て，そこでのアクターのやり取りを検討する中から，大綱やそれに基づく各種対策の形成・決定・実施の過程で，影響力を行使したアクターの特定と，その背景とを考察している。

　基本法の制定・施行に伴い，自殺対策の大枠と方向性は提示されたものの，具体的な施策の柱や内容は定められておらず，その後の課題とされた。具体的な対策を立案するうえでとくに重要とされたのが，自殺実態の解明であり，この課題に取り組んだのが，ライフリンクと自殺予防総合対策センターであった。[18] この章では，両団体の自殺実態に関する調査研究を比較検討するとともに，社会状況の変化や他のアクターとの関係性を踏まえつつ，政府の政策形成に対して両団体の調査結果や政策提言が与えた影響を考察することで，それまでの精神医学的な治療に代わり，ライフリンクの提案する社会的対策が自殺対策の主流となっていった過程を描いている。

　この章における一連の考察を通じて浮かび上がってきたのは，自殺実態の情報をもとに政策提言を行うことで，有識者会議等をバイパスして，政策過程に直接強い影響力を行使するようになったライフリンクの姿であった。自殺対策が具体的に形成・展開される中で，自殺者数の減少等の成果へと結びついてきたが，その反面，対策の手続き的側面においては問題が生じつつあることを，この章では明らかにしている。

　第4章では，地方自治体における自殺対策として，東京都足立区の取組を事

例に検討を行った。基本法において，自殺対策の実施は地方自治体の責務と規定されたものの，多くの自治体の首長や職員の間では，自殺とは個人の問題であり，行政業務の対象外であるといった認識が根強く存在し，それが対策を推進するうえでの大きな障壁となっていた。この章では，そうした中で自治体の対策担当者が，どのように対策の必要性を根拠づけ，他の関係者を説得してきたのかという過程にくわえて，行政が自殺問題に関与することに難色を示してきた首長や職員らが，自殺対策への意識と行動を変容させるに至った背景を明らかにしている。

職員らが対策の必要性を認識するようになったのは，自殺を，個人ではなく社会の問題として理解するとともに，自殺対策が，区の抱える他の行政的課題の解決にも寄与すると考えるようになったからである。対策業務への従事経験や，区の担当者への聴き取り等を通じて，職員を対象とする研修会や，ライフリンクや区の担当職員が首長に向けて行った，自殺問題やその対策のあり方，さらには対策の効果に関する説明がきわめて効果的に作用し，彼らの認識と態度の変容を生みだしたことを示した。その一方で，ガバナンスの観点から本事業を捉えた際の課題として，施策に対する住民レベルでの関与が不足していることや，関係者間の連携体制や支援のスキームを，他の施策へいかに応用するかといった点を指摘した。

第5章では，国による対策が開始される以前より，民間団体として最初に自殺予防の活動に取り組み，これを継続的に進めてきた「いのちの電話」に着目し，この問題への取組において民間団体の果たす役割を考察した。具体的には，団体創設時の主要メンバーに対する聞き取りや，活動の成り立ちに関する各種資料の分析にくわえて，現在の相談員にも聴き取り等を行った。それらをもとにこの章では，相談員の認識や取組に対する姿勢とその背景とを検討することで，現在の国による自殺対策とこの活動との関係性を検討している。

検討の結果，団体が創設当初に目標としていた自殺問題への独自の関わり方，すなわちキリスト教思想を基盤によき隣人として相手に寄り添うという，他者との関わりのあり方が，社会問題としての自殺に対処するという政府の対策枠組みによって影響を受け，見失われつつある実態が浮かび上がってきた。国の

対策の発展に伴い，民間団体の活動が経費の授受等を通じてその枠組みに影響を受け，最終的には変容を遂げるなど，自殺対策の成立によって生じた課題の一端をこの章では明らかにしている。それとともに今後，民間団体として自殺予防を行っていく中では，一人ひとりのボランティアが，問題への関わり方を主体的に議論し，決定・実践していく必要性があることを論じた。

第6章では，2015〜16年にかけて行われた自殺対策基本法の改正過程とその内容について検討した。これまでの対策を通じて，中高年層の男性による自殺者数は大幅な減少を見せたほか，12年版大綱に掲げられた自殺率の目標値をクリアするなど，対策は順調な成果を上げてきた。しかし基本法の制定以降，対策を主導してきたライフリンクを中核とする政策連合は，地域での対策推進を今後の課題に掲げ，自殺対策の拡充を図った。その結果，具体的には基本法の改正を通じて，全自治体に対する自殺対策の計画策定の義務づけや，地域での対策予算の恒久財源化等の，さまざまな抜本的改革が断行された。それらの改革は，自治体関係者より地方分権の流れに反するとの批判も上がったが，ライフリンクらは自殺対策をナショナル・ミニマムと位置づけ，改革の必要性や意義を説得的に提示することで，さまざまな関係者から支持を得て改革を実現させたことを，この章では明らかにしている。

ただし一連の改革は，自殺対策による効果と課題を客観的に分析し，その結果を対策に反映させるという，評価会議での議論を経て行われたのではなく，自殺対策官民連携協働会議での有識者からの要望や，アクターの政治的な働きかけを通じて決定・実施されていった。この章では，対策の評価・検証に関する今後のあり方を課題として指摘するとともに，そこでは政策過程にも目を向け，その検証や評価を行っていくことが重要であると論じた。

第7章では，第6章までの内容を踏まえて，自殺が社会の問題として認識され，この問題への対策が始まり発展を遂げる過程において，言説の果たした役割の大きさを指摘するとともに，そうした政策過程の分析を通じて示唆された，自殺対策の限界性について論じた。本書における検討を通じて，自殺対策の成立と発展の背景には，この問題に関するアクターの言説が大きな影響を与えていたこと，さらにはそうした言説の担い手となることで，市民が政策過程に大

きな影響を及ぼしてきたことが明らかとなった。

　ただしそのことは，自殺対策における課題を浮かび上がらせる結果ともなった。自殺対策の政策過程においては，公の会議という場を無効化し，政策過程に強い影響力を発揮するNPOの姿が浮き彫りにされた。特定のアクターが強い影響力を握ることで，市民による政治への参加や政策に対する意見の表明が阻害されるとともに，政策の永続化が引き起こされる危険性もあることが示唆された。自殺という問題に対し，行政による対策のみで対応していくことには限界があり，別の問題解決のあり方を模索すべき時期に差し掛かっていることを，本書では指摘している。

　今後は，一人ひとりが生死のあり方やその価値を改めて問い直し，自殺を生まない社会をつくっていくためにはどうすればよいのかを考え，それを自ら実践していくことが肝要であろう。それには自殺が効果的に抑制されており，実際に自殺の発生件数の少ない社会に目を向け，そこから得られる知見をもとに，社会参加のありようを考えていく必要があると考える。

# 第1章
## 自殺対策の夜明け前
──精神医療従事者たちの自殺に対する問題認識と対応──

## 1　基本法制定以前の自殺問題

**自殺に寛容な社会**

　本章では，基本法と大綱の制定に伴い，国を挙げた対策が開始される以前の日本において，自殺と主に向き合ってきたアクターである精神医療従事者，とりわけ精神科の医師たちに着目し，彼らが自殺を，どのような根拠に基づき，いかなる問題として説明してきたのかを検討する。

　日本ではこんにち，自殺対策の「ブーム」（高橋 2011：78）とも呼ばれるほどに，自殺の問題に対して人々の注目が集まっている。しかし，1998年に年間の自殺者数が急増する前まで，この問題に関心を向ける者はほとんどおらず，予防の必要性も認められていなかった。この背景には次の2つの要因があったと，これまでの研究において指摘されている。

　1つ目は，自殺を個人の問題とする見方である。自殺多発地域の秋田県で自殺対策に長年取り組んできた公衆衛生学者の本橋は，自殺の問題に関する講演会を行うと，一般市民から「個人的な悩みをどう解決するかということなのだから，自殺は個人の問題ではないか」という意見が少なからず聞かれたと述べている。行政関係者の中からも，自殺予防の必要性に対しては戸惑いの声が多く上がったといい，それは関係者が「自殺は個人の人生の選択の問題であり，自由な個人が自己決定する事柄であるから，行政という公的部門が関わるべき問題ではない」と考えていたからであったという（本橋 2006a：2-3）。

　2つ目は，自殺に対する寛容さである。日本自殺予防学会の理事長を務める張によれば，日本文化は自殺に対して寛容であり，自殺が時に美化されたり賞

賛されたりしてきたという。張は，自殺を容認する態度が人々の間で強ければ，予防の意識は高まらないとし，1998年以前に自殺予防の必要性が認識されてこなかった背景には，こうした社会文化的な影響があると指摘した（張 2006：55）。

### 自殺問題はなぜ放置されてきたのか

このように日本では，自殺を個人の自由意思に基づく行為とする見方が社会において支配的であったため，精神科医らは，自殺問題の医療化に対して長年にわたり社会的な抵抗を受けてきたと北中は指摘する（北中 2014：25-66）。こうした抵抗を前に精神科医らが採用してきたのは，生物学的視点に基づき，病的な影響による自殺とそうではない自殺とを区別し，前者を精神医療における治療の対象にするというものであった。その背後には「自殺をバイオロジカルな問題とする主張」に対する，「文化的自殺観に根差した懐疑論があった」（北中 2014：44）という。ただし，こうした見方に基づく臨床のあり方は，1998年に年間の自殺者数が急増したことにより，再検討を余儀なくされていると論じている。

キタナカは，1998年以前に臨床実践にあたっていた精神科医らが，医療の対象となる自殺を，いかなる根拠をもとに，どのように判断してきたのかといった点について，多少の考察を行っている（Kitanaka 2008）。しかし，精神科医が個人として自殺にどのような考えや認識を抱いていたのか，またそうした認識をもとに，彼らが患者とどのように向き合っていたのかといった点については，詳しい議論がなされていない。高橋も述懐しているように，当時の精神科医の多くは自殺企図の事例と向き合うことにきわめて消極的であり，たとえ自殺が治療の対象とされていても，それが実践されていたとはいい難い状況にあったとされる（高橋 1992：はじめに）。しかし医師たちが，なぜそうした態度をとってきたのかといったことについては，これまで特段の検討や考察がなされてこなかった。自殺に関する過去の研究や活動については，石井（2003）や竹島（2011；2015）なども取り上げているが，そこでの言及はごく簡単なものに留まる。そのため年間の自殺者数が急増する以前の日本において，精神科医らが実際には自殺をどのような問題として捉えてきたのか，またその見方が，予

防のあり方にどのような意味や影響を与えてきたのか，さらにはそうした見方や対応が，何による影響を受けて形成されてきたのかといったことについては，これまで十分に議論がなされてこなかった。

そこで本章では，第二次世界大戦後から1998年までの日本における，自殺や精神疾患に関する研究や活動についての文献や資料の検討を踏まえて，自殺が精神科医の間でどのようなものとして捉えられてきたのかを概観する。この内容を踏まえたうえで，自殺の予防がなぜ，またいかに妨げられてきたのかを明らかにするとともに，自殺を社会的な問題とする現在の見方が，精神医学の視点に基づき構築されてきた，自殺問題の認識枠組みを打ち破るうえでの命題として作用してきたことを指摘する。

## 2　自殺の捉え方の変遷

### 自殺は個人の権利

日本における自殺の見方の特徴としてまず指摘しておきたいのは，日本では，政治的な目的を除いて自殺が道徳的・宗教的に禁止されたことは一度もなく，明治時代以前には，「自殺」という言葉すら存在しなかったということである（パンゲ 1984=1992：28, 47；上田 2002：335-336）。自殺という言葉は明治時代に入ってから西洋より輸入されたものであり，それ以前は自死や心中，情死，切腹などの呼ばれ方をしていた（上里編 1980：12）。これらの言葉を見ると，自殺が，どのような人間関係のもとで誰によって行われたのか，また死に至った方法や，その人が死を選択した理由等に基づき細かく分類されていたことが分かる。これらの言葉は，個人が死に至った理由や方法などを説明する「描写的」で「価値中立的」なものであり，そこには"自らを殺す"といった，自殺を罪悪とする見方は含まれていなかったとされる（ピッケン 1979=1979：20；上田 2002：335）。とくに第二次世界大戦以前まで，自殺は義務や名誉を回復するための手段と見なされ（ピッケン 1979=1979：144；パンゲ 1984=1992：120），極限状態においてはそれを強要されることもしばしばあった（堀口 2000：69-70）。このように，かつての日本では自殺が問題とは見なされておらず，それゆえ予

防のための研究や活動もほとんど行われてこなかった。

　しかし第二次世界大戦の終結とともに，自殺を義務や手段と規定してきた社会のあり方は大きく変化した。ピッケンは，戦前の日本で頻繁に用いられてきた義務という言葉が，戦後の皇軍の崩壊に伴い使用されなくなり，自殺は，民主国家の中で人々に与えられなければならない自由のひとつとして個人に認められるようになったと指摘した（ピッケン 1979=1979：152）。高原は，戦後の日本ではデュルケームのいう自己本位的自殺とアノミー的自殺が増加したと指摘するが（高原 2006：33-36），パンゲによれば，これは天皇制の崩壊によって精神的支柱が失われるとともに，自殺が個人の権利として認められるようになったためであると論じ，ピッケンと同様の見解を示している（パンゲ 1984=1992：586）。

　このように，自殺が個人の権利であり，与えられるべき自由と考えられるようになったことで，自殺の見方もまた劇的に変化した。それ以前は，自殺が時に周囲からの圧力によって生じる強制的な形の死であったのに対して，そうした社会的規範の存在しなくなった今，そこになんらかの強制力があったとは考えられなくなった（佐藤 1958）。自殺は，それを行う当人が，生を長らえるよりも自分にとって価値のある行為だとの判断を，自由意思で下したことによって生じた結果だと理解されるようになったのである（佐藤 1957）。

**自殺は自ら選択した結果**
　自殺に対するこうした見方は，精神科医たちの間で共有される自殺の定義にも端的に表れていた。
　精神科医の加藤は，自殺を明確に定義するためには，自らを殺す行為と説明するだけでは不十分であるとし，自殺とは「死を求める自らの意志」と「これを可能とするパーソナリティの統一」が認められたうえでの，「自己の生命を絶つことを目的とした行為」であると定義した（加藤 1954：4-5）。日本の自殺予防研究の礎を築いたとされる精神科医の大原もまた，自殺とは字義通りに捉えれば「自分自身を殺すこと」に他ならないが，実際に自殺と断定するには，ここに死のうという自らの意思が含まれなければならないと指摘した。そのた

め大原は，そうした点を鑑みて，自殺とは「自らを殺す行為であって，しかも，死にたいという意図が認められ，その結果を予測しえた死」であると定義づけた（大原 1965a：3-5）。また，現代の自殺予防研究の第一人者である精神科医の高橋も，自殺という言葉が日常生活の中できわめて曖昧に使用されていることを指摘し，「自殺を議論するうえで最初に生じる難問は，その定義についてである」と述べている。ある死を自殺であると断定するには，それを行った当人に「死の意図」と「結果予測性」が認められることが必要だと高橋は指摘しているが（高橋 2006a：15-17），この2点が自殺と断定するうえで重要なポイントとなることは，加藤や大原の議論からもうかがえる。

このように自殺とは，当人が自らの意思で死を求めてそれを実行した場合でなければならず，さらにその結果を予測し得たか否か，加藤の言葉を借りれば「パーソナリティの統一」が認められるか否かが，ある死を自殺と判断するうえでの分水嶺とされた。第二次世界大戦を経て，自殺は他者によって強制されるものではなく，自らの判断と意思によって選択されるものと考えられるようになったのである。

**自殺は当人が責任を負うべき行為**

自殺が，個人の自由意思に基づき当人の手で起こされた行為であるならば，その結果については当人が責任を負うべきであり，周囲がそれに介入したり，ましてや予防したりする必要はないと見なされた（大原 1963）。自殺は，時に非難や批判の対象にはされても，基本的に予防すべきものとは捉えられてこなかったのである（岡崎 1958）。

こうした意識は，第二次世界大戦直後の研究においてとくに顕著に見られる。1955年前後に15～24歳の青少年層において自殺が多発した際には，さまざまな分野の専門家が調査研究に取り組んでいるが（たとえば渡辺 1959），その大半が自殺の実態解明を目的としており，いかに自殺を予防するかといったことまでは，当時ほとんど考えられていなかったように思われる。たとえば統計学的観点から自殺に関する調査研究を行った，人口問題研究所（現在の国立社会保障・人口問題研究所）の佐藤（1958）と岡崎（1958；1959），さらに社会学者の近沢

(1954a；1954b；1955) の論考を見ると，それらはいずれも性や年代，婚姻状況，自殺の発生時期等の指標別に自殺者数を集計し，自殺を社会集団の現象として捉えることにより，自殺の現象に潜む規則性を解明することや，統計データの読み解き方を習得することを主たる目的としていた。自殺はそのための具体的な問題事例に過ぎず，これらの研究において，自殺はいわば個々人の人間的要素を除いた数値として扱われ，予防という発想が欠落していた。

　医学的視点に基づき研究を行った東京都の監察医の渡辺 (1959) や，公衆衛生を専門とする植松ほか (1959)，精神医学者の加藤・森 (1954) の論考でも，個々の症例について詳細な検討をくわえることにより，自殺者の心理や行動上の特徴を解明することに研究の主眼が置かれた。このように個々の症例が着目されたのは，自殺が比較的稀な現象であるため，自殺発生のメカニズムを考えるうえでは，当人の人格的側面を考慮に入れるべきだと考えられたからである (加藤・森 1954)。植松らは，社会環境だけが自殺の発生に影響を与えるわけではなく，個々人の中の「自殺素因」も影響を与えていると述べ，自殺とは，この自殺素因を有する者にある環境条件が作用することによって発生すると論じた。こうした自殺素因の考えからか，植松らは「自殺すべきものが自殺してしまえば，その集団の自殺は将来少なくなる」とも述べている（植松ほか 1959：95-97）。社会的強制力がなくなり，自殺が「個人の自由意志に基づく任意的な行為」や，「個人の自由意志による自己破壊行動」とされるようになった今，その責任は個人に帰されたのである（佐藤 1958；岡崎 1958）。

　このように，かつての調査研究では，自殺を集団的事象として捉えるか，もしくは個人的事象として捉えるかという視点の違いはあっても，いずれも予防の必要性はほとんど認識されておらず，効果的な予防法の開発も主たる目的とされていなかったことが，共通点として指摘できる。この時期の自殺研究は，自殺者数の急増という事態がまずあり，その実態を解明する必要に迫られて行われたという側面が強かったといえる。

## 3　自殺予防に向けての障壁

**自殺予防研究のはじまり**

　1950年代は青少年による自殺が多発したことに伴い，年間の自殺者数は2万人を超えていたが，それが1960年代に入り1万5000人近くへと急減したことで，自殺に対する社会の関心は急速に薄れていった。しかし，そうした傾向と相反するように，精神医学的観点に基づく自殺予防研究が国内で初めて行われるようになった。その端緒を開いたのが，精神科医の大原健士郎である。

　大原が，自殺予防の必要性と実現可能性を確信するに至ったのは，シュナイドマンの研究成果に触れたことが大きい。1966年から67年にかけて南カリフォルニア大学に招かれ，ロサンゼルス自殺予防センターの特別招聘研究員を務めた折，大原は，自殺学を創始したシュナイドマンに直接師事する機会を得た（勝又・竹島 2010）。シュナイドマンの研究に触れる中で，大原は，自殺者の多くが死を決意しているわけではなく，ふとした気持ちの揺らぎや心の隙間から実行に及んでいることや，死にたいという気持ちと同時に生きたいという願いを抱いていること，さらにはこうした自殺の思いや企てが，「精神医学的な，あるいは心理学的なアプローチで比較的早期に治しうるもの」だと知り，自殺を防ぐことの必要性を認識するに至ったのだと後に語っている（大原 1965b：910-915）。

　このように大原は，自殺予防の必要性と実現可能性を，医師と研究者としての経験を通じて体得してきたのであり，当初から自殺を予防する必要があると考えていたわけではなかった。むしろ大学入学直後の哲学の授業で自殺に関する論文を書かされた際には，「自殺は本人の意思で死を選ぶ行為であること，自分の生命は自分のものだから，どう生きようと，どんな死に方をしようと，それは本人の自由であることを論旨にして，『自殺はしてもよい』という自殺肯定論を展開して，最高得点をもらった」というエピソードを披露している（大原 1996：163）。そうした考えはシュナイドマンにも見られ，「私は他者が自殺することに反対するが，この選択肢を私自身には取っておきたいと考えてい

る」（シュナイドマン 1993=2005：26）と述べている。それらの発言からうかがえるのは，彼らが，自殺という行為自体は認めつつも，医師としての立場から予防の必要性を説いていたということである。そのため，自殺予防の議論においてその対象と見なされたのは，あくまで死の意思と結果の予測性という，自殺の定義に関わる2つの事項が満たされない場合の自殺であった。

**予防すべき自殺とそうではない自殺**

こうしたことから予防の対象として考えられたのは，主に子供による自殺と，精神疾患患者による自殺であった。

まず子供の自殺についてであるが，高橋は自殺を企図した小学2年生の男子の例を挙げ，子供の死を自殺と断定することがきわめて困難であると論じている。この男子生徒は，自分を仲間外れにした友人たちを悲しませるために死のうとしたこと，こうした体験をすれば，彼らは自らの行動を反省し，もう二度と自分を仲間外れにはしないだろうと考えたこと，次の日からは再び仲良く遊べるようになると想像していたことなどを語った。このことから高橋は，子供は大人のようには死の概念や死の不可逆性が理解できておらず，死を予測する能力にも乏しいことを指摘した。さらに高橋は，この男子生徒より年長の子供であっても，自殺を考えるほどまで追い詰められると死の概念がゆがんでしまい，死が不可逆的なものであるという事実が理解できなくなってしまうことも多々あると警告している（高橋 2007：74-76）。

このように子供の自殺の大半は，死の不可逆性を本質的に理解しその結果を予測したうえでの行動とは呼べず，大人と同程度の人格の成熟や統一性が備わったうえで，自らの意思で起こした行動と見なすことはできない。それゆえ大原は，「人格の未熟な児童の自殺においては，彼らにその責めを要求すべきではなく，彼らをとりまく環境因子が当然その責めを負うべき」（大原 1963：378-379）だと主張した。このように子供の場合は大人と異なり，当人の自由意思や人格の成熟を認めることはできず，環境の影響によるところも大きいことから，予防が必要と見なされたのである。

精神科医にとって頭の痛い問題だったのは，精神疾患患者による自殺企図の

捉え方であった。なぜなら精神疾患に罹患した状態においては，人格の統合性が失われ，理性的に思考したり判断を下したりする能力が損なわれていると想定されるものの，その度合いを客観的に判定することは，それほど容易ではなかったからである。

　精神科医の加藤は，第二次世界大戦中に他国の文化と接触した際の経験を踏まえ，精神の異常という概念はきわめて相対的なものであると指摘している（加藤 1976：まえがき）。加藤によれば，精神医学的観点から見てある人が病人とされるのは，「その人が何故，何時，誰によって事例とされたかという，『事例性』の故」（加藤 1976：まえがき）であり，それを規定する枠組みとなっているのが精神科医や当人，さらにはその周囲の人々を取り巻く文化や社会だという（加藤 1976：134）。つまりある個人が患者として医療の対象になるのは，それを規定する「社会体制，社会的役割，社会の態度」が存在するからである。そのため各国の精神疾患の診断基準には齟齬があって，客観的に統一の判断を下すことが難しいとされた（加藤 1976：103-104）。

　客観的判断を下すことの難しさは，精神科医の木村による次の議論からも同様に確認できる。身体的な変調は，検査結果を正常値と比較することによって病気か否かの診断を容易に下せるのに対し，精神活動は数字に置き換えることが難しく，さらに正常の範囲は個々人で異なり，その場の状況や気分によっても変化するものである。そのため木村は，精神医学的観点から見て正常と異常との境目はきわめて曖昧で，これを客観的に区別することが難しいと論じた[4]（木村 1994：2-7）。加藤や木村の議論を踏まえると，精神病者において人格の統合や理性等がどの程度まで障害されているのかを客観的に判断することは，想像以上に困難であるといえよう。

　精神病者の人格的統合性や理性的な思考・判断の能力を，客観的に判定することが困難となると，彼が自殺企図に及んだ際，人格の統合や理性的な思考・判断の能力が保たれた状態にあったのかを判別することも，当然ながら難しくなる。そうした事情もあって，医療の対象と見なされたのは，精神疾患に罹患し，その作用によって自殺企図に及んだことが明白な事例のみであった。それゆえ自殺企図に及んでも，仮に精神医学的な診断がつかなければ，何の治療も

施されずそのまま帰宅させられる場合も多々あったという（北中 2007：228-229）。

**自殺予防に消極的な精神科医たち**

　精神科医の多くが自殺の予防に対して消極的な態度をとった背景には，主に2つの要因があった。それは第1に，医師たち自身が自殺に対する偏見や誤解を抱いていたこと，第2に，そもそも自殺を予防するための有効かつ具体的な手段が乏しく，現実的にもそうした態度を取らざるを得なかったことである。

　まず第1の要因を見ていこう。精神科医の稲村によれば，多くの医師は，自らの受け持ち患者の自殺を予防することには腐心しても，「その患者に払う努力をより広範に広げるとか，自分の仕事として社会的責任を負うことに対してはきわめて消極的」であったとされる。受け持ち患者の自殺予防に対し，熱心に取り組むならばまだよいほうで，中にはそうした取り組みの必要性自体を認めない者も多かったという（稲村 1973：1136-1137）。

　たとえば大原は，シュナイドマンらによる取り組み（24時間体制で悩み事の相談を受ける機関の運営）を論文で紹介した際，「誰一人として賛成する人はおらず，私は全く嘲笑の的になった」と述懐している。さらに友人からは，「自分の生涯の大事を電話一本で相談するような人はわが国にはいない。君ももっと地道な研究をしないと，物笑いになるぞ」とアドバイスされたという（大原 1991：117-119）。高橋もまた研修医であった当時，複数の精神科医から「自殺は，精神科における病死のようなもの」とか，「結局，自殺をする人は，その人自身が悪い。医者が悪いのでも，家族が悪いのでもない。自殺した人自身に責任がある」などと言われたと明かしている。さらに医局では，先輩医師たちから「神経症だから自殺しない」「あの方法では死ねない。死ぬつもりなど元からなかった」「あの患者は自殺したからうつ病だった」などのさまざまな誤った考えを教えられたとも語っている（高橋 1992：はじめに）。自分が医師になった直後は，患者の自殺にどう対応すべきかといった事柄に特段の関心が払われることはなく，「精神科を専門とする者にとって，この種の経験をすることは当然のことであり，心の痛手から立ち直るのはむしろ通過儀礼であるといっ

たとらえられ方が一般的でさえあった」（高橋編 2009：190）と述懐する。

　精神科医らが自殺に対してそうした態度をとるのは，精神医療に携わる者自身が自殺に対する偏見を抱いており，自殺を一種のタブーにしてしまっているからではないかと高橋は指摘する。高橋によれば，ある程度の臨床経験を有する精神科医ならば，その8〜9割が患者に自殺された経験があるし，この体験は治療者にとっての深刻な心的外傷体験ともなり得るという。それにもかかわらず，治療者が正面からこの問題を取り上げようとしないのは，彼ら自身が自殺をタブー視しているからではないかと語る（高橋編 2009：190-192）。

　さらに高橋は，患者に自殺された経験のない1〜2割の医療従事者について，次のように指摘する。高橋によれば，それらの医療従事者らは，優秀であるがゆえに患者の自殺を未然に防げているのではなく，「患者の方が早めに治療者の能力を見限って，他の治療者に鞍替えし，自殺は元の治療者の知らない所で起きたに過ぎないというのが事実に近い」（高橋編 2009：192）という。アメリカの精神科医で，患者の自殺リスクへの対応について論じたシアもまた，治療者自身がしばしば自殺に対する偏見を抱いており，患者の自殺企図や念慮に接すると「不安，悲しみ，怒り，当惑，そして非難」などの負の反応を示しがちであることを指摘した。シアによれば，この点を治療者が認識することによって「初めて自殺傾向のある患者に対して心理的にも感情的にも接近できる」という（シア 1999=2012：17）。

　このように精神医療従事者の多くは，日常的に自殺の危険の高い患者と接しているにもかかわらず，実際には自殺についてきわめて低い知識や認識しか持っていなかったといえる。精神科医の河西もまた，自殺の実態や自殺予防に役立つ知識やスキルについて，医学生の時に教育を受ける機会が現在の医学教育のカリキュラムにおいてまったくないと述べ，このことを問題として指摘している。
(5)

　次に第2の要因であるが，当時の精神科医には自殺を予防の対象と見なす発想がそもそもなく，そのための有用な知見も乏しい日本では，自殺を試みる者は"厄介者"と捉えられ，その対処法としてはもっぱら拘禁や隔離といった方法がとられてきた。そのため稲村（1973）によれば，予防という概念が導入さ

れて以降も，実際にはシュナイドマンの研究成果がそのまま導入されたのみで，その対応には大きな変化が見られなかったという。

このような事情はその後もあまり変化しておらず，自殺の危険度を正しく評価し適切な介入を行うことは現在でも引き続き困難だと見なされている。自殺予防においてプライマリケア医の果たす役割の重要性を論じる中で，シアは，自殺の危険性を高い確率で予測することは非常に困難であり，これまでの研究からも「ほぼ不可能だという結果がでている」と述べている（シア 1999=2012：20-26）。高橋も「どれほど悲惨な状況に置かれても，あるいは重症の精神疾患にかかっていても，けっして自殺しない人がいる。一方，ごく普通の生活を送っている人にしてみれば『どうしてこんなことで自ら人生を終わらせてしまったのだろうか』と理解できないように思える人もいる」（高橋 2006b：76-77）と述べている。くわえて自殺の危険を評価するうえでは，偽陽性と偽陰性の問題が指摘できる。これは，自殺の危険が低いのにこれを高いと判断することでその尺度の信頼性が低くなること，逆に，自殺の危険が高いにもかかわらずその可能性が低いと判断することで，最悪の場合には当人の死亡という取返しのつかない結果が生じる危険が高いことを指す（高橋 2006a：56）。こうした問題もあり，自殺の危険性を正しく評価し適切な介入を行うことは，これまで不可能に近いと考えられてきたのである。

**自殺を容認する社会**

しかし，いくら精神科医が自殺の予防に消極的であったとしても，自殺は予防すべき重大な問題だと社会において見なされていたならば，医師らが消極的な態度を長くとり続けることはできなかっただろう。早川らは，ある事柄が当該社会において問題と認識されるまでにしばしば長い期間を要するのは，差別や偏見がその事柄を問題として顕在化させることを抑制しているからだと論じている（早川ほか 2004：43）。この指摘は，日本における自殺問題への対応にもある程度当てはまると考えられる。1998年以前の日本の社会で自殺に対するさまざまな誤解や偏見が強かったことを鑑みれば，そうした誤解や偏見が医師らに消極的態度をとり続けさせるとともに，社会の関心がこの問題に向くことを

妨げ，自殺の問題を長きにわたって放置させた温床として機能してきたと考えられるのである。

たとえば，新潟県東頸城郡で自殺の実態調査を行った社会学者の田村・高林は，この地域で老人の自殺が多発している背景には「自殺容認の文化」があるからだと指摘し，これが「老人自殺の遠因（自殺傾向）として強く作用している」と論じた（田村・高林 1977：13）。当該地域に暮らす人々の間で規範となっているのは，田村によれば「迷惑をかけてはいけない，世話になってはいけない」という意識であり，もし何かがあったとき，そうした意識は容易に「早く死ななければならない」という意識に転じると指摘している（田村 1985：125-128）。このように自殺が見慣れた光景となってしまっていたり，他者に迷惑をかけるくらいなら，自殺のほうが適切な選択ないし理性的な行為だと見なされていたりする場合には，それを予防すべきという認識も当然ながら生じ得ないこととなる。そればかりか，そのような状況下では，自殺をしないという判断がむしろ非合理的なものとなってしまい，不治の病を患う人間に対して死を暗に強制したり，当人を自殺に追い込んだりする怖れがあると，アメリカの精神科医のヘンディンは警告した（1995=2006：269-270）。

自殺に対するそうした偏見を変えていくことが，最終的に自殺の予防に繋がることは，河西（2009：160-161）や本橋・渡邉（2005：145）にくわえて，青森県における取り組みを通じて渡邉（2008：85-96）も指摘した通りである。シュナイドマンとファーブロウもまた，自殺企図者が一般的に「弱い，無価値な人間」と考えられていると指摘したうえで，そうした誤解を払拭し自殺を防止するために最も必要なのは，「おそらく一般市民の教育」だと論じている（シュナイドマン・ファーブロウ 1963=1968：304）。

しかし現実問題として，自殺予防の必要性を人々に認識・理解させることは非常に難しいといえる。自殺を，当人が死を意図して行為に及んだ結果と捉えるならば，「死にたい人間は死なせたほうがいい」「死にたい人間は弱い人間であって自然淘汰だ」等の意見が出ても，それを批判したり止めたりしようがないからである（稲村ほか 1981：233-234）。ウェクスタインの発言を借りるならば，「多くの人が存在を認めたがらないものを防ぐことは非常に困難」（ウェク

スタイン 1979=1981：158）なのである。とくに自殺が，自分にはまったく関わりのない，遠い世界の出来事だと見なされる場合はなおさらであった。

**自殺に対する偏見や誤解の背景**

自殺に対するこれらの偏見や誤解は，まことしやかな通説としてその後も人々の間に定着し続けた。こうした通説が長年にわたって存続してきたのは，人々の間に，自殺企図と密接に関わるとされた精神疾患それ自体に対する根強い偏見や誤解があり，その治療法も確立していなかったためであった。

そもそも，精神疾患はなぜ発症するのかというメカニズムや，病気がどのように経過するのかといった見通し，さらにはその原因などの点において未だに解明されていない部分が多いとされる（野村 2002：60-63）。現在は，症状を踏まえて標準的な病名がつくられ，それをもとに診断が下されているが，それが国や地域や時代によって異なることは上述した通りである。[7] 精神科医の加藤によれば，精神疾患を取り巻くそうした状況ゆえに，精神疾患は「本人の生れつきの傾向が主な原因」と見なされ，これにかかった者は「この病気が『なおら』なければいつまでも正常者として扱われない」という事態が生み出された。このことが，彼を病人という名のもとに社会から排除することに繋がっていたのだという（加藤 1976：289-290）。

社会が精神疾患患者を排除しようとするのは，人々の間に「精神の異常」に対する強い不安があるからだと精神科医の木村は論じる（1973：16-18）。ある社会が社会として成立し得るのは，そのあり方やそこでの人々の行動が合理的であり，了解や予測の可能なものであるという点において，人々の間で合意がとれているからである。しかし木村は，こうした判断は絶対的なものではなく，合理的法則性の支配をゆるぎないものにしようとする科学という「虚構」を人々が信じることで成立していると指摘した。木村によれば，精神疾患の患者はこの虚構性を白日の下に晒し，「『正常者』によって構成されている合理的常識性の世界の存立を根本から危うくする非合理を具現している」と見なされた。そのために，彼らは「日常性の世界から排除されなくてはならない」と考えられたのである（木村 1973：156-157）。

そのため，明治以降の日本においては「社会防衛」や「治安対策」等の旗印のもと，精神疾患患者への対応として，もっぱら隔離という方法がとられることとなった。とくに1900年に制定された「精神病者監護法」において，精神疾患患者の処遇として私宅または病院に監置すべしと規定されたことにより，そうした認識が人々の間で強固なものとなったという（浅井 1998）。私宅監置は1950年に制定された「精神衛生法」で禁じられたものの，結果的には，精神病者の隔離先を私宅から医療機関へと鞍替えさせただけであった（中村編著 2010：141；竹中 2008）。治安維持の観点から精神疾患患者の監置を進めようとする傾向は，1964年に発生したライシャワー米大使刺傷事件をきっかけに，措置入院制度に関する規定の強化等を盛り込んだ治安維持的性格の強い内容への法改正が1965年に行われたことで決定的なものになったと，浅井は指摘する（浅井 1998）。当時の精神科医療の状況について，高柳は，「熟練した精神科医も，コ・メディカルスタッフも不足している状況で，病院が乱立，ほとんどなんの哲学もないまま，病床拡大が実行され，多くの病院ではただ患者を収容し放置し，社会復帰させないという実態があった」と語っている（高柳 1998：18-19）。

このように精神疾患患者への対処法としては，自宅と医療機関という場所の違いはあっても，主に隔離という方法がとられてきた点では共通していた。それには薬物療法の効果が確認され始めた1970年代以前まで，精神疾患に対する効果的な治療法がほとんど確立されていなかったことも大きく影響していた（野村 2002）。

精神科医の山下は，かつての精神医療の実態について次のように述べている（山下 2004：1131）。

　精神科病院の朝はインシュリン・ショック療法で昏睡状態の患者を醒ますことから始まり，電気ショック療法を無事に終えると昼になった。通院患者は少なく，デイケアなどの治療手段には思い及ばなかった。覚醒剤中毒の入院患者も多く，病棟を平穏に保つことも大切な仕事であった。この状況の中では，医師の判断が何よりも優先するパターナリズム的医療が，当然のことと受け取られていた。

大原もまたかつての精神医療のあり方を振り返る中で，当時は「医師は物理的に患者をねじ伏せることしか考えていなかったように思う。精神障害者は犯罪者のように世間から白い眼で見られていたし，患者は医師を見ると，逃げるか，向かってくるかであった。開放病棟など，思いもかけないことだった」と語っている（大原 1991：8-10）。

　山下が挙げたような治療法は，患者に深刻な副作用を生じさせることや，いったんは効果が確認されても時間の経過とともに元の状態に戻ってしまうことなどが明らかとなり，そのほとんどが時代の中で消えていったとショーターは指摘する[8]（ショーター 1997=1999：234-288）。しかし，ボランティア団体や宗教団体によるコミュニティ活動が根づいている欧米とは異なり，精神疾患に対する偏見の強い日本では，「精神病院が障害者の生活の場として残らざるをえなかった」のである（野村 2002：182-187）。

　精神疾患の発症メカニズム，経過，原因等についての不確かさが，精神疾患に対するさまざまな偏見や誤解を生み出し，これを忌避し排除しようとする態度へと繋がっていった。そしてこうした態度が自殺に対する偏見や，予防に対する意識の低さにも繋がってきたといえよう。

## 4　自殺予防の進展と新たな課題の誕生

**自殺予防の進展**

　大原がシュナイドマンの研究を紹介して以降，日本にも自殺予防の概念がようやく導入されたものの，その対象とされたのは子供や精神疾患患者等のごく一部に留まった。自殺をめぐるその後の対応を確認すると，子供の自殺については，1980年前後にその数が増加した際に，総理府（当時）が有識者による懇話会を発足させ「子供の自殺防止対策について（提言）」を発表したほか，警察も子どもの自殺防止に関する論考（重松 1978a；重松 1978b）を発表している[9]。しかしその後は，事態が収束に向かったことで具体的な対策がとられることはなく，この問題に対する世間の関心も急速に失われていった。青少年の自殺が再び社会の注目を集めたのは，1986年にアイドル歌手と東京都の中学生の自殺

が相次いで発生し、それに影響を受けた青少年の模倣自殺が頻発してのことであった。ただしその際も、青少年の自殺防止に関する論考がいくつか発表された程度で、具体的な対策等がとられることはなかった。

子供の自殺には社会の注目もそれなりに集まったが、精神疾患患者の自殺に対しては、精神疾患に対する偏見や、治療者自身がそもそも予防に消極的だったことから、大きな関心を持たれることはなかった。1985年前後には、それまで2万人前後で推移していた年間の自殺者数が2万5000人超となるなど状況が深刻化していたものの、これを問題として提起する論考（吉川 1989；大原 1987；笠原 1987；石田 1985）に対し、社会の注目が特段集まることもなかった。

自殺の問題が放置されてきた背景要因の1つとして、予防にとっての具体的かつ有効な手段が欠如していたことを指摘したが、1990年代に入りようやくこの事態に変化の兆しが見え始めた。それは新潟県東頸城郡での調査と活動を通じて、地域における自殺予防のモデルを築いた高橋邦明らの研究によるところが大きい。高橋らは、高齢者の自殺が頻発していた東頸城郡の旧松之山町を対象地域とし、「心の健康づくり」事業の一環として自殺予防の活動に取り組み始めた。その結果、同町における高齢者の自殺者数は徐々に減少し、以前は年平均で3.3人だったのが1993～94年には0人になるなどの成果が上がった（高橋ほか 1998）。

松之山町で展開されたのは、集団と個人とを対象にした3種のアプローチである。最初に、当該地域に居住する65歳以上の高齢者全員を対象に、うつ病のスクリーニングテスト等による疫学調査を実施する。次にその結果から、自殺の危険が高い、もしくはうつ病への罹患が疑われた高齢者に対し、個別の面接調査を通じて詳細な判定が行われる。さらに、医療従事者や保健師等の医療関係者を含め、当該地域の住民全体を対象に、自殺やうつ病についての普及啓発教育が実施された。それら3種のアプローチを組み合わせることで、うつ病の早期発見と早期治療を足掛かりとした自殺予防活動が展開されたのである。常勤の精神科医が存在しない同町において、こうした精神医学的見地からの大規模調査と個別介入、さらに地域全体への普及啓発教育は初めての試みであった。

これまでの調査研究や活動との決定的な違いは、第1に、自殺の危険の高い

個人のみならず，地域に暮らす高齢者という集団全体を対象に予防活動を展開したこと，第2に，そうした活動を通じて実際に自殺率の低減という成果が上がったことである。

まず第1の点を見ていこう。これまでの精神医学的視点に基づく調査研究は，自殺未遂の後に病院へ運ばれ治療対象となった者や，精神疾患患者の症例に基づくものがほとんどで，集団に向けたアプローチは行われてこなかった。特定集団を対象にした研究としては，田村らによる一連の調査研究（田村 1985；田村ほか 1975；田村・大橋 1977等）が挙げられるが，彼らの研究結果は地域における自殺実態の解明に留まり，有効な予防策を講じるまでには至っていなかった。これに対して高橋らの取り組みが画期的だったのは，地域全体を対象にうつ病と自殺に関する普及啓発活動を行うとともに，うつ病が疑われ自殺の危険が高いと判断された者には個別介入を行うという2種のアプローチを，同時並行的に展開し，実際に自殺率の低下をもたらしたことであった。

高橋邦明と共に松之山町で調査研究を行った小泉は，調査を開始した当初，自殺の問題について触れたくないといった空気が当該地域には蔓延していたと告白する（小泉ほか 1990）。そうした空気が自殺の遠因として作用していたことは，1970年代に同地域で調査を行った社会学者の田村・大橋も指摘した通りである（田村・大橋 1977）。住民に教育を施すことで高橋らは，「一般住民のだれもが，『老人自殺』を，自分の問題として考えていない，あるいは考えたくない」（小泉ほか 1990：60）という，町を支配する空気それ自体の変革を試みたのである。このような地域全体を対象にした取組を，小泉は「システム論的アプローチ」と呼び，「自殺という『タブー』を公にし，『全員の問題』にしようとする1つの意識改革を迫るもの」だと説明した（小泉ほか 1990：60）。

旧松之山町におけるこうした取組は，後に「松之山方式」と呼ばれ，「地域自殺予防活動の礎」を築いたと賞賛された（勝又・竹島 2009：82-83）。自殺予防の研究と実践は，そのための具体的かつ効果的な方法が構築されたことにより，ようやく現実的に進展し始めたのである。

**自殺予防＝うつ病対策**

　高橋邦明らの研究が成果を上げたことで，その後はうつ病の問題に焦点を当てた研究や，予防のための取組が数多く行われるようになった。

　たとえば産業医の荒井は，製造業に従事する労働者の自殺予防対策を検討するうえで，うつ病に焦点を当てた考察を行っている。自殺事例について後方視的診断をくわえた結果，全体の約7割にうつ病が認められたといい，統合失調症（10.5％）やアルコール依存症（8.8％），神経症（7.0％）など他の精神疾患と比較しても，その値は群を抜いて高いことが分かる（荒井 1991）。また公衆衛生学者の本橋は，対策事業を行うモデルとなる市町村を選定したうえで，当該自治体では心の健康づくり調査を実施し，その結果よりうつ病への罹患が疑われた住民には個別相談を行うことで自殺を防ぐという，秋田県の取組を紹介している（本橋 2006a：79, 134-137）。本橋は，こうした取り組みを通じて自殺者数が減少した理由として，第1に，うつ病対策を中心とした事業を展開することでうつ病に対する住民の理解が深まり早期発見と治療に繋がったこと，第2に，自殺予防に関する健康教育や広報啓発活動などの一次予防策を展開したことを挙げている。このように秋田でも，うつ病対策を中核に置きつつ個人と集団のいずれにもアプローチするという，旧松之山町と同様の方法がとられていた。

　こうした取組は一定の効果をもたらしたものの，その反面で，次のような問題を生み出した。それは，自殺予防のためのアプローチと言えばすなわちうつ病対策といった，予防の方法論における一種の定式化が生じたことである。その結果，自殺の問題は精神医学上の課題へと矮小化されていくこととなった。

　このことは，1998年に年間の自殺者数が急増したことを受けて2000年より厚生省（当時）が開始した，自殺予防に向けた各種の取組にもよく表れている。2000年に発表した「健康日本21」において，厚生省は，自殺の問題に言及するとともに初めてその目標値を定めたが，そこでは多くの自殺の背景にうつ病が存在すると考えられるとの指摘がなされている。さらにその2年後には自殺防止対策有識者懇談会（以下，懇談会）を設置し，自殺予防に向けて今後取り組むべき対策を記した「自殺予防に向けての提言」（以下，提言）を，同年末に発表した。提言の「はじめに」では，自殺が「すべての国民にとって起こり得る

問題」とされ，当人や家族のみならず「社会全体にとっても大きな損失」であるため，「効果的な予防対策を実施することは緊急の課題」と位置づけられている。さらに，自殺の発生にはさまざまな社会的要因が影響していることを指摘し，予防対策の推進にあたっては「うつ病等対策などの精神医学的観点のみならず，心理学的観点，社会的，文化的，経済的観点等からの，多角的な検討と包括的な対策が必要」だと論じている。

　しかし提言の本論部分では，自殺は主に心の健康問題と関連づけて語られ，その対策として挙げられている内容もまた，精神医学的な視点に基づくものが大半であることが確認できる。たとえば自殺実態の把握に向けては国の研究機関を中心に，シュナイドマンらによる「心理学的剖検」の手法を用いつつ「精神保健福祉センター，保健所，救命救急センターを含む医療機関，事業場，医師会等との連携により多角的に進めていくことが必要」だと記されている。また，予防のためには自殺問題の普及啓発や教育が必要とされているが，提言では，その具体的な内容として，うつ病や心の健康に関する正しい理解や，適切な対処法の知識の獲得等が記されている。さらに自殺の危険の高い者への対応としては，「自殺死亡者にうつ病を患っている者が多いこと，うつ病の治療法が確立されていること，一部の地域では，うつ病等の問題を持つ者への対策により自殺予防に一定の効果をあげていることから，こうした事例も参考にしつつ，早急にうつ病等への対策の充実に取り組むべき」だとされ，うつ病対策を軸に自殺予防対策を進めるべきとの認識が明白に示されていた。

**精神医療従事者の態度はなぜ変化したのか**
　精神疾患患者による自殺の予防に対して医師らが少しずつ前向きな態度をとり始めたのは，効果的な予防法や治療法の発見にくわえて，死の意思と結果の予測性という，自殺を判断するうえでの2つの条件が多くの事例で満たされていないと理解されるようになったことも大きかった。
　精神科医の張は，昨今の社会的状況の中で，自殺とは社会的に追い詰められた結果であり痛ましい死であるため，防がねばならないという理屈が自殺対策の根拠になっていると指摘する。しかし，自殺が社会的に追い詰められた結果

だとしても，この理屈だけでは「最後は自分で決めたことだから」という容認論が起こり得るとし，自殺予防の根拠として不十分だと論じる。精神医学的観点から張は，自殺者の90％近くが死の直前にはなんらかの精神障害を抱えて心理的に視野狭窄の状態にあったため，正常な心理状態のもとで理性的な判断を下せる状態にあったとはいい難いと指摘したうえで，自殺とは，本人の理性的な決断であり自己責任の結果であるとの，それまで主張されてきた見方は誤っていると主張した。そのため自殺には，自らの意思で死を選んだのだという自己責任論も，それに基づく容認論も適用できないとして，このことが自殺を予防すべき最大の根拠だと論じている（張 2011：37-39）。

シアもまた，通常の状態であれば成熟した防衛機制を有しているはずの者も，うつ病に罹患し症状が悪化してくるに従って，そうした防衛機制による保護の壁が崩壊し，うつ病の強い力に流されてしまうと述べる。「うつ病患者がこの潮流に屈服すると，あらゆる物事に関する解釈が一変してしまう」とし，「他者，現在直面しているストレス，未来，過去，そして支援を受けることに関する解釈までが抑うつ的認知の黒い波の底に転落してしまう」のだとシアは警告した（シア 1999=2012：75-76）。

このように，それまで精神科医の間でも意見の分かれてきた精神疾患患者による自殺が，理性的な判断のもとでなされた行為の結果か否かという点は，精神科医自身の中からこれを否定する見解が提出されるようになってきた。こうした見解は，WHOの発表する各種のレポートでも繰り返し表明され[11]（World Health Organization 1993；2006），予防の必要性が論じられてきた。そうした結果，自殺の問題に対する精神医療従事者らの理解と態度が少しずつ変化してきたのである。

## 5　「自殺予防」から「自殺対策」の時代へ

### うつ病対策による効果と弊害

高橋らによる旧松之山町での調査と予防活動を通じて，うつ病への対策を講じることによる自殺予防上の効果が確認されたこと（高橋ほか 1998），くわえてさまざまな調査から，自殺企図者の約8～9割が，死の直前には精神医学的

な診断のつく状態にあったことなどが明らかにされた。その結果，これまで自殺予防に消極的反応を示してきた医療従事者の中にも，自殺の予防に積極的に取り組む者が出てきたのである。

　それまで医師らの多くが自殺の問題と向き合うことを避け，拘禁等の手段しかとれていなかったことを思えば，そうした事態は歓迎すべきものではあった。しかし，うつ病対策の効果が広く認知されたことで，自殺とは精神医学上の課題であり，自殺予防策＝うつ病対策といった定式化も一方で生じた。このことにより，自殺の問題は精神医学上の問題としてのみ捉えられ，それ以外の部分に目が向けられないという弊害が生じたといえる。たとえば本橋は，厚生省による2000年以降の対策を，うつ病対策と言い換えてもよい内容だと指摘したうえで，そうした対応がとられた結果，他の社会経済的文化的要因への対策がおろそかにされてきたと批判した（本橋 2006a：6-7；本橋ほか 2006：74-75）。

　このような批判は，精神科医の側からも同様になされている。たとえば松本は，「わが国には，長い間自殺対策をうつ病対策にすりかえてきた暗い歴史がある」（松本 2010：325）と指摘する。松本によれば，日本における精神科医療は，自殺対策におけるうつ病のような「医学モデルにはまりやすく，医療者が共感しやすい病態」を中心に発展してきたという。その一方でアルコールや薬物依存，境界性パーソナリティ障害などの「医療者として陰性感情を惹起される領域」は「精神科医療の苦手分野として放置されてきた」として，そうした精神科医療の現状を厳しく批判した（松本 2010：328）。

　河西もまた，うつ病対策が「自殺予防の中心的課題のひとつ」であることを認めつつも，医療の問題のみが強調されると，自殺の背景にある「さまざまな社会的な問題への対応がないがしろにされてしまう危険性がある」と警告する。さらに自殺者の8〜9割が精神疾患に罹患しているとはいっても，うつ病はそのうちの3割程度に留まると指摘し，それゆえうつ病対策だけに注力すればよいということにはならないと強調した（河西 2009：114-115）。自殺予防の活動に取り組んできた民間団体やNPO等からも，「自死遺族対策や自殺未遂者対策にもっと力を入れるべき」との意見が出されるなど，「単なるうつ病対策としての自殺対策ではなく，総合的・包括的な自殺対策の必要性が求められるよ

うに」なっていった（本橋編著 2007：24-26）。

## 自殺問題をめぐるパラダイムシフト

　このように，うつ病対策一辺倒とも呼べる厚生省の対応姿勢には，精神医療従事者も含めさまざまな方面から批判の声が上がった。そうした中で出てきたのが，自殺を社会的な問題として捉え，その対策を講じていく必要があるという議論である。こうした議論が登場したのは，自殺の背景にさまざまな社会問題のあることが徐々に明らかになってきたということも大きく寄与していた。弁護士の川人による，過重労働と自殺との関連性についての議論（川人 1998）などはその象徴例であろう。

　自殺はもはや個人の問題ではなく社会的な問題であるという見方は，自殺対策の必要性を訴えるNPO法人のライフリンクを中心に，さまざまな民間団体や遺族からメディア等を通じて拡散され，徐々に人々の支持を集めていった。このことにくわえて参議院議員であった民主党所属の山本孝史（当時）が，自殺を政策課題であると認識し参議院厚生労働委員会で自殺問題を取り上げたことが，自殺とは社会的な問題であるという見方を広めるうえでの重要な転換点となった。2005年7月には同委員会で「自殺に関する総合対策の緊急かつ効果的な推進を求める決議」が採択されたが，ここでは2002年当時の懇談会による提言で示された諸施策が「個人を対象とした対症療法的なものに偏っていた」と指摘され，今後は自殺の背後にさまざまな社会問題のあることを踏まえて「自殺を『自殺する個人』の問題だけに帰すことなく，『自殺する個人を取り巻く社会』に関わる問題として，自殺の予防その他総合的な対策に取り組む必要がある」と明記された。

　この決議は，翌年に成立した基本法の基盤ともなり，自殺の問題に対する国の関わり方を大きく転換させた（本橋編著 2007：24-26）。基本法の制定に伴い，自殺の見方や捉え方においてパラダイムシフトが起こったのである。この新たな見方がその後の自殺研究や対策に影響を与え，その方向性や内容等を規定する枠組みとなってきたといえる。

ここまで本章では，基本法の制定を機に国が対策を開始する以前まで，国内で自殺の問題と主に向き合ってきた精神医療従事者らが，自殺をどのような問題として捉え，いかなる対応をとってきたのかを検討・考察してきた。

　第二次世界大戦後の日本では，当初，自殺は個人の自由の範疇に属すると見なされ，予防の必要性は認識されていなかった。しかし1960年代に入りシュナイドマンの自殺予防研究に示唆を得る形で，一部の精神科医らにより自殺予防のための研究が行われるようになった。ただし自殺は，当人が自らの意思に基づき，死ぬと分かっていながら起こした行為と捉えられていたため，基本的にはそれを起こした当人がその結果に責任を負うべきであるとされ，予防の必要性は一般的には認められてこなかった。そうした中で辛うじて予防の対象とされたのは，死の意思と結果の予測性という自殺を判定するうえでの2つの条件が満たされない場合，すなわち子供と精神疾患患者による自殺に限定された。ただし精神疾患患者による自殺も，精神疾患への強い偏見や，効果的な治療法や予防法の欠如等の事情から，実際には適切な対応がなされない場合も多く，隔離や拘禁等の手段がとられるに留まってきた。このように自殺は，精神科医の間でも大きな関心を寄せられず，その予防も積極的になされないという時代が長らく続いてきた。

　しかし，1990年代頃から飛鳥井による研究や高橋邦明らの調査活動等によって，自殺者の多くが精神疾患を抱えており，その中でもうつ病の早期発見・早期治療が自殺を予防するうえできわめて効果的であることが客観的なデータを以て示されたことで，うつ病をはじめとする精神疾患と自殺企図との関係性が認識されるようになった。その結果，自殺はうつ病をはじめとした精神疾患の影響によるところが大きく，それを患う個人の治療が必要だと考えられるようになった。このことが，ひいては自殺の問題認識と治療法に対する一種の定式化を生じさせることとなった。

　自殺が近年までほとんど問題とは見なされず，予防の必要性も認識されてこなかったのは，当人が死を予測したうえで望んで起こした行動だと捉えられてきたからである。そのため自殺を予防しようといった試みはほとんど積極的になされてこなかった。自殺がうつ病と関連づけて議論されるようになってから

は，自殺予防のための取組としてうつ病対策がとられるようになった。しかしその結果，自殺を予防するうえでは精神疾患以外の要因がほとんど顧みられなくなったといえる。自殺は社会の問題であるとして国による対策を求める声は，自殺がそもそも問題として認識されてこなかったことや，近年に至っても精神医療上の課題として矮小化されてきたことなどへの反動として起こってきたという側面があるといえる。そこで次章では，基本法の制定過程を詳しく検討することで，それまで個人の問題としてしか扱われてこなかった自殺の捉え方や対応が，なぜ，またいかに変化したのかを考察する。

# 第2章
## 社会問題としての自殺の誕生
——自死遺児による語りが果たした役割——

## 1 自殺対策成立の背景

　この経験を通して，ぼくは社会に訴えたい。自殺は，けっして個人の問題ではないということを。(中略) 自殺を家族や個人の問題にしないでほしい。どうか見捨てないでほしい。自殺から目をそらさないで！
　　　　　　　　　　（1995年，当時12歳で父親を亡くした井上英喜（19歳）の言葉）[1]

**自殺問題をめぐる変化**

　2006年に自殺対策基本法が制定・施行されたことを機に，政府による自殺問題への対応は劇的に変化した。それまで自殺は「個人の人生の選択の問題であり，自由な個人が自己決定する事柄」（本橋 2006a：2）と言われ，当人がその責を負うべきと考えられてきた（大原 1963）。そのため近年でもうつ病等の精神疾患への対応を除き，対策の必要性がほとんど認められてこなかったことは，前章で確認した通りである。しかし基本法において，自殺は社会の問題であり，その対策は国や自治体の責務であると規定されたことにより，予防に向けたさまざまな対策が講じられるようになった（自殺予防総合対策センター 2015）。かつては「最高でも年間300万円程度」（吉川 2005：18）に過ぎなかった予算は，2015年度には780億円超に達している。[2]

　このように，個人ではなく社会で解決すべき問題と認識された問題，すなわち公共的課題の解決に向けた方向性と具体的な手段は，公共政策と呼ばれる（秋吉ほか 2015：26）。その対象となる課題や問題は，あらかじめ「客観的実在」として存在するのではなく，「現在の状態と望ましい（目指すべき）将来の状態

の間にギャップが存在するという状況を『問題』として認知する」という，アクターの「主観的なプロセス」を経て生み出される（足立 2009：28-29）。自殺対策が成立したのも，自殺を社会の問題として認識し，対策の必要性を国会やマスコミに向けて訴えた，国会議員や NPO 等の働きによるところが大きかったと指摘されてきた。キングダンの政策の窓モデルを援用しつつ，基本法の制定過程を検討した勝田は，政策起業家としての国会議員の働きの大きさを指摘する一方で，それが NPO の支えによって成立し得たものであるとし，立法過程において市民の果たす役割の重要性を強調した（勝田 2012）。NPO や議員の働きについては亀田（2007）も詳述しており，基本法の成立過程とそこで諸アクターの果たした役割は，これらの論考を通じてある程度は明らかにされてきたといえる。

**自殺はなぜ社会の問題となったのか**

ではそれらのアクターは，なぜそもそも自殺を社会の問題として認識するようになったのか。その変化は1998年の自殺者数の急増と，自殺実態の変化に伴い生じたと言われてきた（竹島 2008；本橋編著 2015：2）。たとえば岡本は，1998年以降に生じた自殺の多くが過労や多重債務等の社会問題を反映していたことから，社会的な対策の必要性が認識されたと論じている（岡本 2007）。こうした指摘は，当時の社会状況や自殺の原因・動機の変化に照らしてみると，[3]一見妥当に思える。しかし実際には両者の関連性はまったく検証されておらず，あくまで推測の域に留まると言わざるを得ない。さらに詳しくは後述するが，基本法の成立に尽力した諸アクターたちも，当初は自殺とは個人の死のあり方の問題であると考えていたことが，筆者の調査を通じて明らかとなった。もしも彼らがそうした認識のままであったならば，この問題が政策課題化され基本法が成立することもなかったであろう。問題の解釈や定義は，解のあり方を規定するとの指摘（足立 2009：4-5）もあるように，アクターが認識を転換させるに至った背景を明らかにすることは，なぜ自殺対策が公共政策として成立したのかを理解するうえでも不可欠といえる。「問題の定義には大きな政治的利害が関係する」とのキングダンの指摘（キングダン 1984=2017：151）を踏まえ

ても，自殺が社会的な対策の必要な問題であると規定されるに至った過程を明らかにすることは，法制定以降の政策過程を検討するうえでもきわめて重要であろう。しかし，基本法の制定過程について詳述した森山の論考でも，国会議員の問題認識の変化について簡単な言及がなされるのみで，政策課題化を主導したアクターの問題認識は基本的に所与のものとして扱われてきた（森山 2016）。そのため彼らがなぜそうした認識を抱くに至ったのかということは，これまで詳しく検討されてこなかった。

こうした問題意識に基づき，本章では，基本法の制定過程に関与した NPO や国会議員の言説やアイディア等を再検討することを通じて，彼らの問題認識の転換を促した要因を導出するとともに，それが基本法の制定に与えた影響を考察する。

## 2　政策転換のメカニズム

自殺対策の政策過程を検討する前に，構成主義の立場やフレームの概念を用いた政策過程に関する議論を概観し，政策の決定や転換のメカニズムを捉えるうえで，アクターのアイディアや言説に着目することの意義や重要性を整理しておきたい。

### 言説が与える影響

政策を規定する要因としては，これまでアクターの利益と，彼らの行動や政策過程への参加を制約する制度の存在とが指摘されており(4)，それらは静態的で安定的なものとされてきた。しかし近年は，それらを所与の前提とせず，社会的相互関係の中で構成されたものと捉えるべきとの指摘がなされるようになってきた。そこでは利益や制度を構成し，また政策を規定する要因として，アクターのアイディアや言説の存在が指摘され，それらの分析を通じて政策の形成や決定，転換に至るメカニズムを動態的に捉える必要性が強調されている（小野 2009；西岡 2007a）。

言説の重要性を説くシュミットは，言説とは言語化されたアイディアのみな

らず，それを「誰が，何を，誰に対して，どこで，いつ，どのように，そしてなぜ言っているか（言説的な相互作用）」（シュミット 2009：77）という，文脈をも含んだものであると説明する。この点がアイディアのみに着目する既存の理論と，自身の提唱する言説的制度論との決定的な違いだと説明し，言説を「アイデアよりも多目的かつ包括的な概念である」（シュミット 2009：83）と強調した。このようにシュミットは，言説にはアイディア的な次元と相互作用的な次元という2つの次元があることを提示し，各々の次元で言説の果たす機能を次のように説明している。

まず，アイディア的な次元において言説が果たす機能は，認識的と規範的の2つに分けられる。前者は「政治的行為の方法・ガイドライン・マップを提供し，利益を基礎とした論理や必要性を主張することによって，政策およびプログラムを正当化するのに役立つ」のに対し，後者は「政治的行為に価値を付与し，適切性に言及することによってプログラムにおける政策を正統化するのに役立つ」（シュミット 2009：81-82）という。

また，相互作用的な次元での機能も，調整的と伝達的の2つに分けられる。前者は「政策形成の中核に位置する個人および集団」により遂行され，その目的は「彼ら自身の間で政策アイデアに関する合意を調整すること」（シュミット 2009：84）にある。一方で後者は，調整の結果形成された政策アイデアやプログラムに対する理解と支持を一般市民から得ることを目的として，それらの情報を市民に伝達する役割を持つ政治アクターによって担われる。

西岡が，シュミットのいう言説を「ある政策プログラムを生み出し，正統化するための取り組みにおいて，政策アクターがアクター同士で話し合う，あるいは国民に向けて話すことのすべて」（西岡 2012：136-137）と捉えたように，その機能の主たる担い手として想定されているのは，政治家や官僚，専門家等の政策アクターである。それに対して一般市民は，シュミット自身も述べている通り，デモや選挙，世論調査等を通じた，伝達的機能の遂行を補完する存在として位置づけられているといえよう。

**問題を捉えるフレーム**

　言説的制度論に対してフレーム概念に着目した研究では，言説形成に至る前段階の，アクターの問題認識の枠組みに着目する。小野は，フレーム概念を「客体，状況，経験，そして自分の現在あるいは過去の環境内での一連の行為を選択的に区切り，コード化することを通じて，『外側の世界』を単純化し凝縮する解釈図式」であるとしたスノーとベンフォードの議論を踏まえたうえで，フレームを「現実認識のための枠組み」であるとし，この枠組みを通じて「行為者は世界における出来事を認識し，そしてその特徴を明確化する」と論じた（小野　2001：66-70）。

　フレームが政策過程において重要となるのは，問題構造化の段階であると秋吉らは指摘する（秋吉ほか　2015：67-84）。フレームは，政策の対象となる課題がいかなる問題であるかを規定するものであり，必然的に政策のあり方にも重要な影響を及ぼす。そのため利害の異なるアクター間では，同じ事柄であっても異なる政策課題として捉えられる，すなわちフレームに相違が生じることとなり，その解決に向けた公共政策のあり方をめぐって対立が起こる。城山は，各アクターが自らに有利な形で問題解釈の方向性を誘導しようとする結果，アクター同士の争いが起こると指摘し，「政策形成過程はフレームの形成，フレームの争い，フレームの再構築のプロセスとしてみるべき」（城山　2008：71）だと主張した。

　では，問題を規定するフレームの転換はいかなる場合に生じるのか。城山によれば，既存の政策システムによっては対応が困難な，新たな問題や環境の変化等が生じた場合に，政策システムの外部者によってもたらされることが多いという（城山　2008）。こうした場合には，政策システムの外部に存在するアクターであっても，新たな問題解決フレームを提示したりそのアイディアを提起したりすることにより，政策過程に参入して影響力を発揮できる可能性が生ずるのである。そうした変化をもたらすメカニズムを城山・前田は「メタ政策システム」と呼び，フレームがこのメタ政策としての性格を有するものだと論じた（城山・前田　2008：14-15）。

### アイディアや言説はどのように形成されるのか

ここまでの内容から，政策過程においてアクターのアイディアや言説，問題認識が，時に政策の転換をもたらすほどの重大な影響を与えることを確認した。アクターがそうしたアイディアや言説を形成するに至った背景には，問題に関する認識枠組みとしてのフレームの再構築が存在する。アクターは，このフレームに即して問題を捉え直すことにより，問題に対する新たな言説やアイディアを構築し，それをもとに問題解決に向けたさまざまな行動を展開する。このことを自殺の問題に当てはめてみれば，自殺は個人ではなく社会の問題であるというフレームが国会議員やNPO等の間で再構築されたことにより，彼らはこの問題についての新たな言説やアイディアを構築するに至った。それがさまざまな相互作用を経て広く支持を得ていった結果，最終的には政策転換が生じたものと理解できる。

では，それらのアクターは，自殺に関する知識や情報が主に精神医学的視点から提供されてきた中で，なぜそれまでの問題認識を大きく転換させ，新たなフレームを構築するに至ったのか。政策転換に関するこれまでの事例研究では，政策を転換へと導くアイディアを形成するアクターとして政治家や官僚，専門家等が挙げられるとともに，その形成にはさまざまな専門的知識が活用されると指摘されてきた。たとえば国鉄改革の過程を検討した大嶽は，経済学者の加藤寛が，自らの専門的知識にくわえて元官僚や経営者等の強力な助言者を得て，民営化というアイディアを形成するとともに，それに基づき政策転換を成し遂げたと論じている（大嶽 1993）。また，市町村合併政策や機関委任事務制度の存廃，地方財政制度改革を事例に地方制度改革の過程を検討した木寺は，アイディアが採用され政策転換に至る場合と，失敗に終わる場合との比較を通じて，成功の要因の導出を試みた。木寺によれば，アイディアに基づいた改革が実現するには，学者の提供する理論知によってアイディアが補強・正当化されるとともに，官僚らが専門的執務知識を活かして他のアクターからアイディアへの支持を獲得する必要があると論じる（木寺 2012）。

大嶽や木寺の指摘する政策転換をもたらすアクターは，政治家や官僚や専門家等の政治的エリートであり，その点はシュミットや西岡の議論とも合致する。

ただし，そこで扱われるのはアイディアが受容され政策転換が生じる過程であり，そのアイディアを提供するアクターの問題認識は所与のものとして想定されている。それに対して自殺問題のような事例では，アクターが時に問題認識の転換に至るのはなぜか，そうした知識や情報をどこからいかに獲得したのかという点を明らかにする必要がある。

　本章では，この点を考慮しつつ，基本法の制定過程に関与した国会議員やNPOなど主要アクターの自殺問題に関する言説を再検討することで，自殺問題を捉える認識フレームに転換が生じ，自殺対策をめぐる言説が形成されていった過程を捉え直す。これにより，既存の研究では見落とされてきた，彼らが自殺問題に対する認識を転換させ新たなフレームを構築するに至った過程と，そうした転換を促した要因を解明するとともに，それが政策過程に与えた影響を考察する。

## 3　声を上げた市民たち

**自死遺児との出会い**

　基本法の制定を主導したのは，2004年10月に設立された「NPO法人自殺対策支援センター　ライフリンク」（以下，ライフリンク）だったといわれる（河西 2009：65-66；津川 2009：14-20）。発起人は，NHKのディレクターとして自殺で親を亡くした子供（自死遺児）の番組を制作していた清水康之，あしなが育英会（以下，育英会）の職員として遺児の支援に取り組んだ西田正弘，サンマーク出版の編集者として遺児の取材にあたった鈴木七沖であった。

　このうち最初に問題に着目したのは西田であり，そのきっかけは2000年2月に開かれた「自死遺児ミーティング」への参加に遡る。親の死を語れずひた隠しにしてきた遺児らの姿を目の当たりにした西田ら職員は，ミーティング開催から2カ月後に支援の一環として，遺児の苦しい胸の内を綴った小冊子『自殺って言えない』を発行した（あしなが育英会 2002：221-222）。まもなく育英会には1500件もの問い合わせがあったほか，全国から資料の送付依頼が相次いだ。しかし，最も職員の負担となったのは，身内を自殺で失った遺族や自殺念慮者

からの深刻な相談電話であった。それまで「自分たちの声を届けようにも『宛先』がなかった」遺族たちが，その届け先として育英会に殺到したのである（あしなが育英会 2002：135-138）。

この小冊子はマスコミ関係者の間でも話題を呼んだが，清水もその１人だった。清水は早速，育英会を通じて遺児に取材を申し込み番組制作に取り掛かったが，その過程で衝撃を受けたのは，遺児が周囲の偏見や誤解におびえ，親の死を語ったり受け入れたりできずに苦しんでいることだったという（大阪ボランティア協会 2007；清水 2007）。清水は「死を語れない，語らせないように，社会が圧力をかけているという点で，自殺は社会的な問題だと思った」と語っている。[5]

自殺を社会的な問題として視聴者に受け止めてもらうために，清水は遺児に実名と顔を明かして取材に応じてもらえないかと依頼した。[6] 自殺に対する偏見の強い当時の社会状況からすれば，これはきわめて困難な依頼だったが，遺児の１人・久保井康典の了承を得て，番組は無事に完成の運びとなった。清水の制作したドキュメンタリー番組「お父さん死なないで」は，2001年10月にクローズアップ現代で全国放送され大きな反響を呼んだ。同年12月には遺児数名が小泉純一郎首相（当時）を訪問し，自殺問題に対する社会的対策の必要性を，顔と名前を明かして訴えた。[7] これとほぼ同時期にNHKでは，遺児のその後を追った「クローズアップ現代・スペシャル『"痛み"を見つめて』」が，さらに2002年11月には「おはよう日本」内で，清水制作の特集「支えあう"自死遺児"たち」が全国放送された。

当時，サンマーク出版に勤務していた鈴木も，同時期に小冊子の内容に衝撃を受けて遺児の取材を開始し，2002年の11月には書籍『自殺って言えなかった。』を出版している。鈴木はこの本を「編集者としてのテーマを決定づけてくれた作品」と評し，100冊以上の編集本の中でも最もエピソードの詰まった１冊だと語っている。[8]

このように，ライフリンクの発起人となった３名が自殺の問題に目を向けた背景には，遺児による語りが存在したことが分かる。彼らが自殺を社会の問題と認識したのは，自殺という死のあり方に社会が烙印を押すことで，遺児が不

当に苦しめられている姿を目の当たりにしたからである。そのため，彼らは当初，遺族に対する社会の偏見や批判の除去を目指して各々の活動を展開した。

**自死遺児たちの変化**

取材やシンポジウム，集いの場などで自らの体験を語るうちに，遺児にもある変化が芽生えていった。

父親を亡くした斉藤勇輝は，育英会の活動に参加するまで，父の死について考えることも，死因を誰かに知られることも恐ろしかったが，それは自分にも自殺への偏見があったからだと気づいたという。しかし活動を通じて気持ちを整理できた今は，借金を理由に自殺した父を批判する社会に疑問を投げかけたうえで，「どんなに苦しくても，悩みを抱えていても，誰かに相談できたり，何らかの方法で死ななくてもすむ社会をつくってほしい。いや，つくっていきたい」と語る（あしなが育英会 2002：36-45）。

同じく遺児の山口和浩も，当初は戸惑いながら実名を伏せて活動に参加していた。しかし，そのことが周囲に「ぼくらが表に出てはいけない立場だっていう暗黙のメッセージを社会に伝えることになってしまうんじゃないか」と考えるに至ったという。熟考の末に実名と顔を公表して以降は，自殺を「社会の問題として外に発信していくことが必要」だと語り，「もっと社会の具体的なサポート体制がないと，子どもの力だけで親を救うことはできない」と述べるまでに気持ちを変化させている（あしなが育英会 2002：203，214-215）。

小林秀行もまた，育英会の活動を通じて父の自殺を再考するまでは，「自殺は恥ずべきもの」「弱い人がするもの」という差別や偏見を持っていたが，それでは問題の解決に繋がらないと思うようになったという。解決のためには「その人がなぜ弱い立場に立たされなくてはならなかったのか，なぜうつ病になったのか，あるいは，なぜ社会は弱い立場に立たされた人々を救うことができないのか，と考えることが重要」だと語る（あしなが育英会 2002：1-9）。また井上英喜も，「もしも苦しんでいる人を受け入れてくれるような社会だったら，お父さんは死なずにすんだかもしれません。お父さんが自殺した原因のひとつに，今の社会状況があるのではないかと思いはじめた」と述べ，それぞれ

に社会的支援の必要性を訴えた（あしなが育英会 2002：65-75）。

　遺児らに共通するのは，当初は個人の問題と捉えていた身内の自殺を，活動の中で社会の問題と捉え直し，社会的対策の必要性を訴えるようになったことである。そこでの社会問題の意味は，清水や西田らとは異なり，社会的な施策や支援の欠如によって，自殺が抑止できていないという意味であった。だからこそ遺児たちは，当初行ってきた親世代への訴えだけでは不十分だと考え，社会的支援や対策の必要性を，政治家やメディアに向けて訴えるようになったのである。その変化を西田は次のように説明する（大阪ボランティア協会 2007：11）。

　　人前で話すことで，彼らは自らの体験を社会的視野の中で考えられるようになってきました。自殺問題を考える『当事者』が，誕生したのです。問題に対する当事者がいないと，問題に関わる周りのスタンスが定まりません。周りが独走しすぎると，真の問題からずれていくことも少なくありません。特に自死の問題では当事者自身の意識の変化を待たねばなりませんでした。

　遺児の首相訪問は新聞等で大きく報じられ，2002年2月の「自殺防止対策有識者懇談会」の設置に繋がった[9]。また鳩山由紀夫・民主党代表（当時）は，2002年11月の「国家基本政策委員会合同審査会」で，番組「"痛み"を見つめて」と書籍『自殺って言えなかった。』に言及し，小泉首相に対応を迫った[10]。このように，政府の間でも自殺問題への対応が少しずつとられるようになっていった。遺児たちが，自殺は個人ではなく社会的な問題であると認識を改め，そのフレームに即して社会的対策の必要性を訴えるようになったことで，それまでは存在すら認められなかった自殺の問題が，徐々に人々の関心を集めるようになったのである。

**自殺対策の実現に向けて**
　遺児の官邸訪問から約1年後には，懇談会より「自殺予防に向けての提言」が発表された。提言では，対策推進には「自殺を取り巻く問題を考慮し，うつ

病等対策などの精神医学的観点のみならず，心理学的観点，社会的，文化的，経済的観点等からの，多角的な検討と包括的な対策が必要」だと謳われた。

　しかし，提言には法的な強制力はなく，対策が実行に移されることもなかった。清水は，知人の弁護士や精神科医等に対し，対策の実現に向けて行動を起こすよう懸命に働きかけたものの，時だけが無情に過ぎていったという。その状況にしびれを切らした清水は，番組制作を通じてではなく，専門家や民間団体らの間を取り持つことで，自らが対策実現の旗振り役になろうと考え，NHKを退職するという決断を下したと語っている（清水 2007；大阪ボランティア協会 2007）。2004年5月，対策の実現には関係者相互の連携構築が不可欠との認識を確認し合った西田・清水・鈴木の3名は，同年10月にライフリンクを設立した。団体の代表には清水が，副代表には西田と鈴木が就任し，対策の実現に向けて行動を開始することになった。

**自死遺族からの支え**

　ライフリンクの設立経緯を振り返ると，そのきっかけは遺児の声だったことが分かる。発起人3名はそれぞれ，遺児と二人三脚で自殺の問題を社会に訴えてきており，その過程で遺族との間に顔の見える信頼関係を築き上げてきたが，このことはライフリンクが法制化を働きかけるうえでの強力な支えとなった。

　自死遺族はそれまで，周囲からの偏見や誤解を恐れ，身内の自殺を隠してきた場合が多く，それゆえ社会的には自殺問題は存在しないものとして扱われてきた。たとえば父親を亡くしたナオユキは，父の自殺の事実やその死に対する自責の念を，育英会の仲間以外の誰にも言えずにいるといい，「それだけ自殺ということをまわりに言うことが恐ろしいのだと思う」と省察している（あしなが育英会 2002：10-20）。うつ病の父を失ったケンジも，父の死までは「精神病の患者が家族のなかにいることを恥ずかしいと思っていました」と語り，それゆえ「毎日，父の病気から目をそむけていた」と，苦しい胸の内を吐露している（あしなが育英会 2002：21-29）。

　遺族自身がそうした負の感情を抱いているうちは，周囲に支援を求めることもできない。自殺の問題を社会に訴えていくうえでの最初の課題は，こうした

遺族の声の掘り起こしであったが，それには遺族自身が身内の死と向き合い，社会の問題としてそれを捉え直すという認識の転換，すなわちフレームの再構築が不可欠であった。その過程において大きな役割を果たしたのが，ライフリンクと関係のあった遺族である。ライフリンクは，団体設立後に初めて開催した遺族支援をテーマとするシンポジウム「自死遺族支援に向けて　遺族会のつながりを！」において，遺族支援の必要性を遺族自身が提起し，他の遺族の再考を促すという「これまではプライバシーの問題などがあり，実現しなかったはじめての試み」が実現したとPRした。[11]

このシンポジウムの様子は，全国紙で報じられるなど問題の普及啓発に貢献したが，[12]ライフリンクにとっての最大の収穫は，当時，国会議員の山本孝史の秘書がシンポジウムに参加していたことであった。ここで政策的側面からこの問題の解決を図ろうとする山本と，現場から対策の実現を目指す清水との間に接点が生じ，両者間に協働関係が構築されることとなる。シンポジウムからわずか3カ月後の5月末には，国会議員とともに第2回のシンポジウム「自殺を防ぐために　いま私たちにできることとは」を開催し，これが参議院の厚生労働委員会（以下，厚労委員会）での「自殺に関する総合対策の緊急かつ効果的な推進を求める決議」（以下，決議）の採択へと繋がっていった。

## 4　政策課題化を目指した国会議員

**山本議員と自殺問題との出会い**

厚労委員会で決議の採択を主導したのは，当時，同委員会の理事を務めていた山本孝史・参議院議員（民主党所属）であった。彼が自殺対策の必要性を認識するに至ったのは，当時，育英会の会長であった玉井義臣の発言が影響している。

山本と玉井が問題について初めて議論を交わしたのは，遺児の増加が育英会の中で問題となり始めていた2001年夏のことである。幼少時に兄を交通事故で亡くした山本は，立命館大学在学中より秋田大学の学生とともに交通遺児のための募金活動（後の『あしなが運動』）を展開するなど，交通遺児支援に熱心に

取り組んでいた。育英会の創始者で当時専務理事を務めていた玉井とは，1970年に開かれた，募金活動を通じて集まった資金の贈呈式で初めて対面したという。玉井から「一緒に活動しないか」と声をかけられた山本は，その後『大阪交通遺児を励ます会』を設立，さらに大学卒業後は育英会に入局するなど，かねてより玉井と非常に深い親交があった（山本ゆき 2010：27-42）。玉井は山本に，育英会で自死遺児の数が増加傾向にあること，彼らは心に背負うものが非常に大きく，その対応に職員も苦慮していること等を打ち明けた。山本は当初，自殺の問題には厚労省がうつ病対策として取り組んでいると説明するが，玉井は「そこが違う」と否定し，「自殺は社会問題として取り組まないと，絶対解決せえへん」と主張したという（本橋編著 2007：73）。

　自殺は，山本が育英会の職員を務めていた当時より心に引っかかっていた問題でもあった。それは交通遺児育英会の奨学金を申請する学生の中に，しばしば自殺で親を亡くした子供が含まれていたためである。奨学金の申請には交通事故証明書が必要であるが，証明書が添付されていないケースも多かった。そのため，山本が母親にその理由を尋ねると，「夫は自殺で亡くなっている。子どもたちには父親は病気で亡くなったと説明してきた」と返答され，自殺という死は子供に言えないものなのかと胸を痛めたという。『自殺って言えない』の小冊子が発行されたのを機に，山本は，育英会の自死遺児たちを民主党の鳩山由紀夫代表に会わせるなど，この問題の解決に向けて国会議員としてできることを模索し始めていた（山本ゆき 2010：111-114）。

　そうした中で発せられた玉井からの訴えを受けて，山本はあらためて自殺問題の解決に向けた方策を模索し始めた。2001年に行われた選挙を経て参議院議員として国政に復帰した山本は，早速，同年11月6日に開かれた内閣委員会において，『自殺って言えない』の冊子を手に質問に立った。村井仁国家公安委員長（当時）に対し，自殺問題に関する有識者懇談会の早期発足を要望するとともに，自殺を防止するには官民を超えたさまざまな関係者間の連携が必要だと訴えた。さらにその約3週間後の11月28日に開かれた参議院本会議では，小泉首相（当時）に対し，省庁横断的に自殺対策に取り組むよう求めた（山本ゆき 2010：114-117）。

その後も山本は，民主党内に「自殺対策ワーキングチーム」を立ち上げるなどして自殺問題に関する情報収集を進めていったが，その時点ではあくまで党内の自主勉強会に過ぎなかった。厚労委員会で自殺の問題が取り上げられることもあったが，それは厚生労働省（以下，厚労省）の既存の取組に関する検討が主であり，自殺はまだ社会問題として本格的に議論されていたわけではなかった。

### うつ病対策を超えて

　厚労委員会で自殺が社会問題として議論されるようになったのは，玉井の発言から約3年半後の2005年2月であるが，そのきっかけをつくったのは，当時，同委員会の与党筆頭理事を務めていた武見敬三・参議院議員（自民党所属）であった。その頃，衆議院は予算委員会中で時間があり，「もったいないから何かやろう」と持ちかける武見に対して，山本は自殺問題を取り上げることを提案したという（本橋編著 2007：73）。武見はこの提案にすぐ同意し，参考人質疑を開催する運びとなった。この時の様子を，山本は後に「武見先生が自民党の筆頭理事であったことが幸運だった。野党の自分一人ではどうにもならなかった」と回顧している（山本ゆき 2010：119）。

　山本の提案を受けて2005年2月に開かれた厚労委員会では，早速「社会保障及び労働問題等に関する調査」の名目で，専門家3名（高橋祥友，中村純，本橋豊）に対する意見聴取が行われた。意見聴取後に山本は，心の健康対策やうつ病対応の重要性を認めつつも，そこが強調され過ぎると「うつ対策だけをやればいいんだという形になってしまう」とし，厚労省による従来の対応への懸念を表明した。そのうえで「やはり個人的な問題ではありませんし，社会的な問題ですし，総合的，複合的な要因が絡み合っている問題ですので，そういった視点で対応を考えていかなければいけない」と自らの見解を述べた。山本は，「国民全体が自殺という問題を自分たちの社会の問題だと受け止めて考えていくということは非常に重要」だと論じ，柳澤光美・参議院議員（民主党所属）と共に，国として総合的な対策に取り組む必要性を強調した。

　山本と柳澤の発言を受けて高橋は，それまで自殺問題は，与野党間での政争

の具とされてきた感が否めなかったが，今は現実的に対応すべき問題として取り上げられたことを心強く感じると述べ，長期にわたりこの問題を取り上げていってほしいと要望した。その後の厚労委員会でも，柳澤と山本より，自殺の総合対策を超党派で実現させたいといった要望や[16]，国家的なプロジェクトとして対策の実施体制をとるべきといった指摘がなされるなど[17]，対策の実現に向けた気運が委員会内で高まっていった。

### 政府による取組の実現に向けて

参考人質疑にはライフリンク代表の清水も傍聴に訪れていたが，それは当時，山本孝史の政策秘書であった東加奈子による働きかけによるものであった。質疑の開催4日前に開かれたライフリンク主催のシンポジウムを訪れた東は，参考人質疑の案内のメールを清水に送り，傍聴後に山本と清水とを引き合わせることに成功した。その結果，山本と清水は意気投合し，以後，2人は自殺対策の実現に向けて協働していくことになった（山本ゆき 2010：119-121）。

2005年5月にはライフリンクとの共催で，シンポジウム「自殺を防ぐためにいま私たちにできることとは」を開いたが，そこでその後の自殺対策に関する議論の方向性を決定づける出来事が生じることとなった。参議院議員会館で開かれた同シンポジウムには衆参両院から11名が出席したが，そこには厚生労働大臣（当時）の尾辻秀久・参議院議員（自民党所属）も参加した。当時のライフリンクは設立直後のさしたる実績のない団体であり，そのシンポジウムに現役大臣が出席するのは異例であったが，それはひとえに山本による熱心な働きかけの賜物だった。当時の様子を，尾辻は「5分でいいからシンポジウムに来てくれと山本先生に説得され，5分だけならと行ったら，結局ほとんど最後まで参加することになった」と述懐している[18]。

シンポジウムでは，遺族や自殺企図者の体験談のほか，国による対策の重要性についても言及がなされた。それらの話に真剣な表情で聴き入っていた尾辻は，秘書が閣議の予定を気にして何度か退席を促したが，なかなか動こうとしなかったという。ようやく席を立とうとしたとき，清水はこのチャンスを逃すまいと，尾辻に「尾辻先生，民間の現場も，自治体の現場も，もう限界なんで

す。あとは国が自殺対策に取り組む意志を示して，実際に行動するかどうかなのです」と呼びかけ，国として対策に取り組むよう訴えた。清水がそうした行動に出たのは，山本による助言が大きかった。シンポジウムの準備をする中で，山本は，大臣である尾辻のシンポジウムへの出席が可能になったと清水に報告したうえで，「シンポジウムの中でタイミングを見計らって大臣に直訴した方がいいよ。『対策に取り組みます』と大臣に宣言してもらわなきゃだめだよ。大臣に直談判できるチャンスはもうないと思ってよ」と強調していた。清水の発言を受けて，山本も「清水さんが言おうとしているのは，閣議などでも自殺対策に取り組むべきだと大臣にも強く言ってほしい，関係省庁にも自殺対策に取り組むよう働きかけてほしい，ということです」と続け，尾辻の返答を待った（山本ゆき 2010：121-124）。

　それらの話を受けて尾辻より，大臣として「胸が詰まる思いでお話を聞いた。気持ち分かりましたでは，ことはすまない。真剣に何がやれるかを考え，できることをすぐやらせてもらいます」との発言があったとライフリンクは報じた[19]。現役大臣が国として対策に取り組むと発言した影響は大きく，翌々月の厚労委員会では，早速「自殺に関する総合対策の緊急かつ効果的な推進を求める決議」が採択された[20]。その後も関係省庁連絡会の設置や対策案の提出，国立精神・神経センター精神保健研究所内への「自殺予防総合対策センター（仮称）」の設置決定など，具体的な事柄が次々と決定・実行されていった。

　このように，厚労委員会の議員らが中心となり自殺問題の政策課題化を進めてきたが，ここまで議員を動かしたのは，他ならぬ遺族であった。そもそも山本は，当初から自殺を社会問題と認識していたわけではなく，厚労省によるうつ病対策で事足れりと考えていた。それにもかかわらず対策の必要性を訴えるに至ったのは，玉井からあらためて遺児の話を聞いたことで，問題への認識が変化したからである。ライフリンクや議員らが，自殺を社会的な対策の必要な問題だと認識したのは，身内の自殺に関する遺族，とりわけ遺児の語りを耳にしたことで，この問題を捉える彼らのフレームが再構築されたからである。このことによって，ライフリンクや議員らは，対策の実現を目指して活動を展開するに至ったといえよう。

## 5 自殺対策基本法の制定へ

**国の取組を継続させるために**

　決議採択の翌年には，超党派の「自殺防止対策を考える議員有志の会」(以下，議員有志の会) が結成され，国が主体となって対策に取り組むべきとの考えが広まっていく。2006年3月の参議院・内閣委員会では，当時，内閣官房長官だった安倍晋三・衆議院議員（自民党所属）が「政府として総合的な対策を推進してまいりたい」と答えるなど，政府が取り組み姿勢を明確に打ち出すようになっていく[21]。同月末には「自殺予防に向けての政府の総合的な対策について(案)」が公表され，対策の基本方針については一定の方向性が示された。

　しかし，行政や民間団体の役割の明確化，連携枠組みの構築等は課題として残されたままであり，また厚労委員会での決議は法的拘束力を持たないため，それらの実現可能性も不透明だった[22]。1980年代より国家戦略を立てて自殺対策を進めてきたフィンランドでも，その実施を義務づける法律の不在により政策担当者の苦労が絶えないことが，日本の研究者の間でも知られていた（本橋編著 2007：71-74）。そうした轍を踏まないためにも法制化が必要との意見が議員の間で強まっていく中，山本は，2006年初頭より法制化実現に向け本格的に動き始めた。ライフリンクの事務所に秘書を訪問させ法制化の計画を打診するとともに，3月には早くも法案を作成し，清水に送った。その際，山本は「今国会で法制化できるかは分からない」と前置きしたうえで，「でも目指す価値はある」と訴えた。それには清水も「ぜひやりましょう。私たちにできることはすべてやります」と返したという[23]。こうして両者は，自殺対策の法制化という目標の達成に向けて，再び協働することとなった。

**法案成立を阻む2つの障壁**

　自殺対策基本法は，2006年6月8日開催の参議院・内閣委員会で超党派の議員立法として提出・可決された後，同月15日の第164回国会・衆議院本会議にて全会一致で可決・成立した[24]。成立までわずか3カ月という異例の早さであり，

法制化はきわめて順調に進んだかのように見えるが，実際にはその過程で2つの壁に直面した。

第1の障壁は，与野党間の政治的対立をいかに回避し，基本法を成立させるかである。対策の必要性を認めれば，与党・自民党には自殺問題への批判が国民より生じかねず，法案の可決は危険の伴う決断であった。また同法案は議員有志の会より提出されたものの，素案を作成したのは野党・民主党の山本だったため，与党の反対に遭い廃案となる可能性も高かった。実際，法案の提出に際しては，党としての独自性を出して与党と戦うべきではないかとの意見が民主党内部にはあったという（山本ゆき 2010：180-181）。それでも法案が成立し得たのは，まず山本の，他の議員に対する熱心な働きかけによるところが大きかった。山本とともにさまざまな議員の事務所をまわり，法制化への協力を訴えた清水によれば，末期がんで死期の近かった山本は，難色を示す議員に対し「これ（法制化）は私の置き土産だから」と協力を迫ったという。(25)山本の鬼気迫る様子を見て，「そこまで山本さんが言うのなら」と，最終的にはすべての議員が法案に賛同した（山本ゆき 2010：180-181）。

また法案の作成・提出に際しては，超党派による議員立法という形を重視し，民主党独自の功績とはしなかったことも大きかった。法制化に至る直前の2006年5月10日，新聞記者から法案に関する取材を受けた山本は，明朝にも記事にして報道したいと話す記者を，「今は記事にするのをやめてくれ」と必死に説得したという。それは報道を通じて，自殺対策基本法は民主党の主導した法案であるというイメージが流布すると，他の党から反発を受け同僚議員からの協力を得られなくなることを危惧したからであった。そのため山本は，「あなたが記事にすると廃案になる可能性もありますよ」と何度も繰り返したという（山本ゆき 2010：181-183）。そうした努力の結果，武見をはじめとする与党議員の協力を得られたことで，最終的には「自殺の増加は政治の失敗という政治的批判を乗り越え」ることができたのである（本橋編著 2007：24-26）。

ただし議員立法は，閣法と比べて廃案になるか，よくても継続審議の対象として先送りされることが多い（河野 2010）。この第2の障壁を乗り越え，今国会で法案を成立させるには，自殺がいかに喫緊の課題であるかを周知徹底し，

広く法案への賛同を得る必要があった。それには当事者，すなわち遺族の声が必要だと考えた山本は，遺族と強い繋がりを有し現場をよく知る清水に白羽の矢を立てた。
(26)

　山本の提案を受けた清水は，まず，対策の法制化を求める民間団体の声をまとめた「要望書」を2006年5月15日に議員有志の会に提出したが，それは一般市民の声を代弁したものとはいい難かった。清水は「『自殺は社会の問題』と訴えるわけだから，関係団体だけでなく，社会全体をも巻き込んでいけないか」と考え，最終的に「自殺対策の法制化を求める3万人署名」運動に踏み切った。これまで個別に発せられてきた声をとりまとめ先導するという，既存の民間団体が果たせなかった役割を果たし得る有力なアクターとして，ライフリンクはこの問題領域に立ち現れてきたのである。
(27)

### 署名運動を支えた遺族の力

　遺児の告白にも見られたように，遺族はこれまで偏見や誤解を恐れて声を上げられずにいた。自殺が社会問題だと考える者はほとんどおらず，「『自殺対策は誰も望んでいない』とさえ言える状況だった」（大阪ボランティア協会 2007：12）。その中で法制化を実現するには，それが国民の意向でもあると示す必要があった。そのために清水は，民間団体や遺族との繋がりを活かし，全国7カ所を拠点に4月半ばより署名運動を開始した。1カ月あまりで3万人分もの署名を集めるという提案には関係者も愕然としたようで，「1日ぐらいぴたっと誰からも返事がなかった（笑）」と後に清水は語っているが（清水 2007：15），それでも最終的にはその3倍を超える10万人超もの署名が集まった。

　この背景には，各界の著名人の賛同やメディア報道にくわえて，全国の街頭に立ち対策の実現を呼びかけた遺族の訴えがあった。遺族の南部は，近所の友人・知人が自発的に署名集めに奔走してくれたと明かしているし，遺児の高木は，新宿での活動の際に高校生くらいの女の子から「署名します」と声をかけられたという。署名活動の期間中，事務局には1000通を超える激励の手紙が届くなど，遺族と市民とが一体となって対策の実現を目指した。
(28)　(29)

(30)

　そうして集められた署名は，2006年6月7日の参議院本会議後，扇千景・参

議院議長（当時）に提出された。短期間で大量の署名が集まったことには，扇はもちろん「議員有志の会」の議員たちも大いに驚いていたという。自殺対策の法制化を求める動きはついに1週間後の6月15日，「自殺対策基本法」の成立によって実を結んだ。岸田文雄・内閣府特命担当大臣（当時）が述べたように，10万人の署名は，自殺対策を国民が希求していることの証左として基本法の成立を強力に後押ししたのである。

## 6　市民が変えた自殺対策のかたち

　ここまで基本法の制定過程を振り返る中から，なぜ自殺が個人ではなく社会の問題として捉えられ，公共政策として対策が開始されるに至ったのかを考察してきた。その結果，ライフリンクや国会議員の問題認識のフレーム転換を促した要因として，自死遺族，とくに遺児の語りの存在が明らかとなった。彼らは遺児（遺族）の声を受けとめる中で，問題認識のフレームを再構築していったのである。

　このことは遺児自身のフレームの再構築と，その結果としての言説の変化がなければ実現し得なかった。遺児たちは，初めから自殺を社会の問題と認識していたわけではなく，親を亡くすという個人的体験をもとに，当初は親世代に対して子供としての立場から自殺を思いとどまるよう訴えるだけだった。しかし活動を通じて，次第に親の死を，社会的に強制されたもの，社会に追い詰められた結果と捉えるようになったことで，遺児たちは，自殺を防ぐためには社会的対策が不可欠と思い至り，政治家やメディアに働きかけるようになったのである。

　遺児の語りに登場する働き盛りの父親の自殺は，1998年以降に急増した中高年男性の自殺に関する語りでもあった。自殺問題への対応は，当初，専門家等の提供する知識に基づきうつ病対策として行われてきた。それが社会的対策として行われるようになったのは，ライフリンクや議員らが遺児や遺族の声に耳を傾ける中で，自殺を社会の問題として認識し，社会的な対策の必要性を訴えるようになったからである。清水らは当初，遺族が不当に苦しめられているこ

とを以て自殺を社会問題と認識し，支援の重要性をシンポジウム等で訴えてきた。しかし後に，自殺という死のあり方自体が社会問題だと考えるようになり，最終的には議員らと協働して対策の法制化を実現させた。このように自殺問題を捉えるフレームが再構築されたことで，この問題への対処をめぐる言説もまた変化を遂げたのである。

既存の研究では，専門的知識を活用して政策転換を導くアイディアの形成主体として，政治家や官僚，専門家等の政治的エリートが挙げられていた。自殺対策の法制化過程でアイディアの形成主体となったのも，確かにそうしたアクターであったが，その前提には彼らのフレーム転換が不可欠であり，それを促したのが遺児（遺族）という市民であったことが，本章を通じて明らかとなった。このことは，既存の政策システムでは対応が困難な場合に，システムの外部者によって新たなフレームがもたらされ政策転換に至る，という城山の指摘（城山 2008）にも合致する。政策転換を促した要因を明らかにするためには，アクターの言説のみならず，問題認識のフレームまでを射程に含めて政策過程を捉え直してみる必要があることが，基本法の制定過程の検討を通じて示唆された。

基本法の制定後，ライフリンクとつながりのある遺族は「NPO法人全国自死遺族総合支援センター」を設立した。同センター代表の杉本は，内閣府の「自殺対策推進会議」（2008年2月〜2012年8月開催）や「自殺対策官民連携協働会議」（2013年9月〜2019年3月開催）等に委員として参加し，大綱の改正や対策内容の策定・見直しに関与している。また，これとは別の遺族団体に「全国自死遺族連絡会」があるが，同会代表の田中も「自殺対策官民連携協働会議」に参加し，遺族支援の拡充や自殺の呼称変更等を訴えている。[34] このように，遺族はいまやライフリンクとともに，自殺対策に対して少なからぬ影響を与えるようになったが，その内容については，対策の経過とあわせて次章以降で検討する。

本章では，基本法の制定過程におけるライフリンクや国会議員等の言説を再検討する中から，彼らの問題認識のフレームの転換を促した要因として，自死

遺族，とくに遺児の語りの存在が明らかとなった。既存の研究では，表舞台で活動してきたライフリンクや議員等の役割が注目され，遺児の存在は見落とされてきたが，実際にはこの新たなアクターが他のアクターのフレームを転換させるなど，対策の実現にあたり大きな役割を担っていたことが明らかとなった。

　ただし，遺児たちも，最初から自殺を社会問題と認識していたわけではない。彼ら自身もまた，活動を通じて自らの問題認識のフレームを転換させたことで，社会的対策の必要性を認識し，それをマスコミや議員に対して訴えるようになった。基本法が制定に至ったのは，遺児らの訴えをもとに他のアクターが問題の構造化を進め，最終的には社会的対策の必要性が広く認識されるに至ったからである。彼らがその後の対策に与えた影響については，対策の経過とあわせて次章以降で論じる。

# 第3章
## 自殺対策基本法制定後の政策過程
——ライフリンクによる政策提言が与えた影響とその源泉——

## 1 基本法制定後の自殺対策

### NPOによる政策提言の影響

　基本法の制定に伴い，自殺は，個人が対応すべき問題から国が対策を講じるべき社会の問題へと大きく変化した。その背景には，身内の自死について公の場で語ることにより，自殺の問題を社会に提起した遺児をはじめ，彼らの声を受ける形で対策の実現へと奔走したライフリンクの存在があった。このように昨今では，公共政策の形成に多くの民間団体や個人が関与するようになってきており，それが政治家や行政等によって専有的になされる時代は終焉を迎えつつある（足立 2009：24；坂本・辻中 2012）。1998年に特定非営利活動促進法（NPO法）が制定された当初，ライフリンクのようなNPO団体は主に政策実施主体と認識され，その観点から団体の存在意義や政府との関係性等が論じられてきた（田中 2006；若尾 2003）。しかし昨今では，NPOが政策過程でも少なからぬ影響を与えているとの認識が進み，さまざまな検討がくわえられるようになっている（辻中ほか編著 2012；柏木 2008）。

　NPOによる政策提言が政策過程に影響を与えていることは，NPO法と寄付税制の制定過程（初谷 2001；小島 2003）に始まり，環境政策（藤村 2009）や精神医療政策（竹端 2011），さらには前章で取り上げた自殺対策基本法の制定過程を通じても確認された通りである。2000年代初頭まで，主に「個人の人生の選択の問題」（本橋 2006a：2）とされてきた自殺が，基本法の制定を通じて国が対策を講じるべき社会の問題へと変化するに至った背景には，ライフリンクの存在が確認できた。同団体による政治家への働きかけや法制化を求める署名

運動，マスコミを通じた社会への問題提起等が，国会での議論に影響を与え，法制化の実現に大きく貢献したのである（大阪ボランティア協会 2007；坂本 2012b）。

ただし自殺対策基本法は，その法的性格から抽象的・観念的な内容だったた<sup>(1)</sup>め，具体的な対策の立案はむしろ法制定後の課題とされた。その舵取り役を期待されたのが，政府による対策の支援機関として国立精神・神経センター精神保健研究所（以下，国立精研）内に設置された「自殺予防総合対策センター」（以下，CSP）である。CSP は，2005年7月の参議院厚労委員会の「自殺に関する総合対策の緊急かつ効果的な推進を求める決議」（決議）に基づき設置された公的機関であり，国立精研内では，それまでも厚労省の科研費を用いて，自殺に関するさまざまな調査研究を進めてきた。そのため，組織の成り立ちや人材，知見，資金等の資源の質量に鑑みても，CSP が舵取り役を担うことはほぼ既定路線であった。

### ライフリンクはなぜ舵取り役を担えたのか

しかし，政策過程で実際の舵取り役を担ったのは，CSP ではなくライフリンクであった。彼らはさまざまな関係者に積極的な働きかけを行い，2009年には，それまで秘匿されてきた警察庁の自殺統計原票に基づく自殺データの公開を実現させた<sup>(2)</sup>。さらに同団体の代表を務める清水康之は，その後の内閣府参与への就任を機に，政策の立案や実施に直接関与するまでに至ったのである。

なぜ一民間団体に過ぎなかったライフリンクが，そうした強い影響力を行使できたのか。NPO の政策過程への参画には，政策が失敗した場合の責任の取り方や正統性の担保といった点から，これまでも懸念の声があった（森脇 2010：184；浅野 2007）。そのことからも，なぜライフリンクがCSPを凌駕するほどの強い影響力を発揮できたのかという疑問が浮かぶ。自殺対策の法制化過程に関しては，勝田（2012）や亀田（2007），岡本（2007），坂本（2012b）等の研究を通じてある程度明らかにされてきたものの，それ以降の政策過程は，内閣府官僚の果たした役割を検討した森山（2018）の論考を除いては，詳しく論じられてこなかった。

そこで本章では，基本法制定以降の自殺対策の政策過程について検討をくわえることで，ライフリンクが同過程において与えた影響とその源泉の解明を試みる。具体的には，ライフリンク代表の清水氏へのインタビューにくわえて，対策を検討する場として内閣府に設置された「自殺総合対策の在り方検討会」（2006年11月～2007年4月開催。以下，検討会）[3]と「自殺対策推進会議」（2008年2月～2012年8月開催。以下，推進会議）[4]での議論を参照し，その結果を分析する。それらを踏まえて本章では，ライフリンクの政策提言が与えた影響を明らかにするとともに，彼らの影響力の源泉を考察する。

## 2　政策過程にNPOが与える影響

　ここでは既存の議論をもとに，NPOに期待される役割とその遂行に際して抱える課題や，NPOの政策提言が実際の政策に与える影響等について検討・整理し，政策過程におけるNPOの影響力について検討するうえでの論点を提示しておきたい。

### NPOに期待される役割
　NPOが長い活動の歴史を有するアメリカでは，政府との関係性を基軸に，NPOの役割についてこれまでさまざまな考察がなされてきた。そこでは当初，NPOと政府とは，本来的に相容れず対立関係にあるものとして描かれてきたが，実際にはさまざまなレベルで緊密な連携関係を構築・発展させてきたことが，サラモンやボリスとスターリによって明らかにされている。すなわち，福祉サービス事業の実施にあたって，政府が多くの資金を提供する中でNPOが発展し（サラモン 1995=2007：39），最終的には両者間に「政府が資金を出しNPOがサービス提供するというパートナーシップ・モデル」（ボリス・スターリ 1999=2007：46）が構築されていったという。

　そうした関係性が成立した背景には，NPOが抱える深刻な問題，すなわち活動資金の不足が存在する。サラモンによれば，NPOの最大の課題とは「先進産業社会における人的サービス関連の諸問題に対処するだけに十分かつ確か

な財源を，自ら生みだすことができないという点」(サラモン 1995=2007：52)にあり，そのため財源の安定的確保を求めて政府の資金に関心を向けるようになるという。田中もまた，民間からの寄付や支援の少なさに触れつつ，そうした資金基盤の脆弱性からNPOの多くが政府の資金獲得に走りがちだと指摘する(田中 2006：80-81)。

政府から活動資金を得ることには，NPOの自主性や自立性といった観点から，しばしば懸念の声が上がってきた。ボリスとスターリによれば，NPOは元来，政府に対して自らの問題意識を提示するとともに，その解決に向けた「アドボカシー活動」[5]を展開してきた。彼らは市民の関心や要望を取りまとめ，それを政府に伝えることで「コモン・グッド（共益）に対する彼ら自身の考えが，より広いパブリック・インタレスト（公共的利益）やパブリック・グッド（公共財）の規範に組み込まれていくように働きかけて」きたという（ボリス・スターリ 1999=2007：264-266)。このことは，公的な決定に市民が直接参加する機会となり，民主主義の確保に寄与してきたとされる（Jenkins 2006：308-309)。20世紀初頭まで多くのNPOが公的資金の受け取りに否定的であったのは，そうした機能が失われることへの懸念からであった（ボリス・スターリ 1999=2007：165-169)。

しかし現在は，多くのNPOが政府の資金を主要な財源とするなど，組織のあり方を大きく変化させてきている。その結果，NPOが本来の目的や使命から遠ざかるという皮肉な結果が生まれているとされる（ボリス・スターリ 1999：185-186)。アメリカ・インディアナ州のNPOを対象としたチャイルドとグロンバーグの調査からも，政府の資金提供額が団体の資金総額の過半数を超えた場合には，政策提言がやや消極的になるという負の影響が示唆されている（Child and Gronbjerg 2007)。[6]

### NPOの影響力の源泉

ただしこうした見方は一面的に過ぎるとの指摘もある。たとえば坂本は，政府の財政的支援に一定の弊害を認める一方で，政府資金の流入は，NPOの政治的な働きかけをむしろ活性化させる場合もあるとする。日本のNPOへの調査結果をもとに坂本は，政府との間にある程度の相互依存関係が存在すること

は，むしろ「アドボカシー機能の担い手としての役割を十全に果たしていくために」必要ではないかと論じた（坂本 2012a：136-141）。実際，多くの NPO が政府から資金面の支援を受けつつ，政策提言を通じて政策過程に一定の影響を与えていることは，クラッチフィールドとグラント（2007=2012）やヴァーシューレとコルテ（Verschuere and Corte 2015），ヴォーガンとアーズノー（Vaughan and Arsneault 2008）等の調査からも確認されている。さらに政府から資金提供を受けず，寄付で運営費を賄う場合にも，寄付者の意向によって団体の方針や活動内容が左右されることもある。そのため，そうした懸念は，資金の提供元がどこであるかにかかわらず，常につきまとう問題ともいえる（サラモン 1995=2007：53）。

政府による資金提供が NPO の活動に与える影響に関しては，このように，それが NPO の政策提言機能を弱めるといった指摘がある一方で，むしろ政策過程への参入を促進させその影響力を強めるともいわれるなど，見解が割れている。ここからいえるのは，資金の獲得は少なくとも NPO の活動を成立させるうえでの必要条件であるものの，政策過程での影響力を左右する要因とまではいい難いということである。

では，政策提言を通じて政策過程に大きな影響を与える NPO には，一体どのような特徴があるのか。クラッチフィールドとグラントは，そうした団体に共通して見られる特徴として，政策提言とサービス提供の両方を実践してきた点を挙げる（クラッチフィールド・グラント 2007=2012：48）。NPO が効果的な政策提言を行うには，その形成に際して必要となる情報を，現場での活動をもとに収集しなければならない。それを通じて，机上の空論ではない社会変革につながる政策を提案し得るとクラッチフィールドとグラントは論じた（クラッチフィールド・グラント 2007=2012：50-53）。ジェンキンスもまた，施策の実施のみならず政策形成に資する知恵や情報を提供することで，NPO は旧来の利益団体を上回る強い影響力を発揮してきたとする（Jenkins 2006：321-324）。

これらの議論を踏まえると，現場での活動を通じて NPO の獲得する情報が，彼らの影響力を高める源泉として機能していることが分かる。自殺対策の法制化過程でも，ライフリンクの収集した「自殺実態に関するデータ」が，「政府

の積極的な対応を引き出したり，国会の法制化審議を進展させたりするための重大な契機となった」と言われるなど，政策転換を起こすうえでの要となったことが指摘されている（坂本 2012b：151-153）。

**ライフリンクの影響力の源泉**

　ここまでの内容から，政策過程における NPO の影響力を検討する際の論点として，資金と情報という2点が確認された。NPO には政策提言と政策実施という2つの役割が期待されるものの，そのための資金をいかに確保するかという課題を多くの団体が抱えている。そのため，まずは資金を確保し活動の基盤を整えることで，NPO は現場での活動に従事することが可能となる。その活動を通じて有益な情報を収集することで，彼らは自らの政策提言の有効性を高めることが可能となるのである。

　基本法制定以降の自殺対策の形成過程を見ても，この資金と情報という2点は非常に重要なポイントであった。まず資金面であるが，自殺対策に取り組む民間団体の多くは，活動資金や人材の慢性的な不足に悩まされてきたとされる（本橋編著 2007：156-157）。とりわけ財政的な問題は深刻であり，会員の大半が無給のボランティアとして活動を続け，日々の活動の遂行に支障をきたす場合も少なくないという。それに対して CSP は，国からの交付金によって運営される公的機関であり，その点を見てもライフリンクは不利であった。

　次に情報であるが，日本では自殺に対する社会の強い偏見から，遺族が身内の死を隠す傾向にあり，調査の許可も得難いなど，その収集はきわめて困難とされてきた（張 2006：56-63）。そのため対策の立案には，まずそうした情報の収集から始める必要があった。CSP はその役割を任されており，国立精研での諸研究を引き継ぐ形で自殺に関する実態調査（「自殺予防と遺族支援のための基礎調査」。以下，基礎調査）を行い，それを通じてデータの収集と分析，さらには対策立案を進める予定であった。つまり情報を収集し，それを政策過程へと届けるための回路は，法制定後の政策過程で CSP へと繋ぎ変えられており，そこに参入できる余地は少なかった。

　このようにライフリンクは，CSP と比較して資金と情報の両面で圧倒的に

不利な立場にあった。それにもかかわらず，彼らの政策提言が政策過程でCSPを上回る影響を与えたのはなぜなのか。以降では，ライフリンクが資金と情報の両面における困難を克服しつつ，どのような政策提言を行い，実際の政策過程にいかなる影響を与えていったのかを，CSPとの比較を通じて検討し，それを踏まえてライフリンクの影響力の源泉を考察する。

## 3 政策提言に向けた取り組み

### 国による自殺対策への危機感

ライフリンクは，自死遺児の声を受けて2004年10月に設立されたNPOであり，その目的は自殺に対する社会的対策の形成・実施を通じて，最終的には"生き心地のよい社会"を構築することにある。団体の発起人は，NHKのディレクターであった清水康之，あしなが育英会職員の西田正弘，サンマーク出版編集者の鈴木七沖の3名であった。各々の仕事を通じて遺族，とくに遺児との個人的な繋がりを有していた3名は，遺児らとの関わりから，自殺とは社会の問題であるとの認識を抱くようになり，社会的対策の実現を目指して団体を設立した（大阪ボランティア協会 2007）。

ライフリンクは，当初から法制定後の政策過程への全面的な関与を考えていたわけではなかった。むしろ代表の清水は，基本法の制定に伴い対策が国の責務とされたことから，以降の取り組みは関係省庁が連携し，行政の業務として進めていくものと考えていた。しかし，自殺対策推進室（内閣府）の担当者と接するうちに，行政側がこの問題についてよく理解していないことに気づき，「このまま自分たちがフェードアウトしたら，どこに対策が転がっていくかわからない」「放っておけば，法律をせっかく作ったにもかかわらず，（中略）お飾り法でよくできました，で終わってしまう」との危機感を強めたと語る。そうした事態を回避するために設置されたのがCSPであったが，CSPの基礎調査に対する助言を行う中で，清水は次第にCSPの調査の方針や姿勢に疑問を覚え，そうした役割は任せられないと感じたという[8]。

CSPの基礎調査では心理学的剖検が手法として用いられたが，これは「自

殺者と生前に関係のあった周囲の人（家族，友人，知人，同僚，主治医など）から，故人の生前の様子を詳細に聞き取って自殺の背景要因を明らかにする調査手法」（勝又・竹島 2010）を指す。対象者の選定にあたっては，まずCSPより全国の都道府県と政令指定都市に調査協力の依頼がなされる。この依頼に応じた自治体のうち，調査員の要件（遺族の支援や対応等が可能であること）を満たす職員のいる自治体が調査対象地域となる。ここで調査対象者となるのは，各々の地域で公的機関の行う健康相談を利用した経験があり，調査への同意と理解の得られた遺族である。[9] 2005～06年に実施された2つの事前調査を経て，2007年より本調査が開始されたが，その項目は，事前調査を通じて得られたさまざまな所見，すなわちうつ病による影響の大きさや自殺の重要なサイン，危険因子等を踏まえて設計・実施されている。[10] このようにCSPの調査は，その設計から対象者の選定，質問項目に至るまで精神医療的な側面に重きが置かれ，社会問題との関連性に注意が払われていなかったため，「これはダメだ，じゃあ自分たちでやろう」と考えたのだと清水は語っている。[11]

そうしてライフリンクが計画・実施したのが「声なき声に耳を傾ける 自殺実態1000人調査」（以下，1000人調査）であった。清水は第3回の検討会でこの構想を示し，官民合同での実施を呼びかけたが，[12] これは困難だったようで，最終的には東京大学と連携し調査を実施した。結果の分析はライフリンクと東大を中心としたプロジェクトチームで行われ，結果は『自殺実態白書2008』として公表された。[13] 実態白書では，自殺発生に至る"危機経路"や自殺の地域的特徴，自殺者数や自殺率とさまざまな社会経済的指標との関連性，自死遺族の置かれた現状等について検討が行われた。

### 自殺実態の把握に向けて

CSPとライフリンクによる調査の最大の違いは，自殺の問題をどのような観点から捉えてその実態を把握するかという，問題の捉え方や分析の視点であった。

CSPの調査結果は，当時CSPの副センター長を務めていた精神科医の松本俊彦らにより，2種の分析に基づく考察が行われている。[14] 第1の分析は，自殺

既遂事例のみを対象とするものであり，自殺者全般と，職業を有する中高年男性と，青少年層とに見られる特徴が，それぞれ精神医学的観点から検討・考察されている。分析の結果，自殺行動の背景には精神疾患の既往やアルコール等の物質乱用を認めるケースが多く，治療薬の適正使用のためのシステムや治療体制を確立するとともに，精神保健的側面から継続的な支援を行う必要性が説かれた。続く第2の分析は，自殺既遂事例と一般生存事例とを比較分析するものであり，自殺のサインや自殺リスクと密接に関わる危険因子の内容等が検討されている。具体的には，睡眠障害やアルコール問題，精神疾患の既往等が挙げられ，それらの問題への家族や専門家等の知識・理解の向上や，支援・連携体制構築の必要性が指摘された（松本ほか 2014）。

次に，ライフリンクの1000人調査の結果を，『自殺実態白書2008』に基づき見ていこう。実態白書は全4章から成る。まず第1章では，自殺発生の「危機経路」が検討され，背景に複数の問題が存在することや，自殺者の社会的属性に応じて危機経路に類似性が見られること，自殺者の7割超が生前なんらかの相談機関を訪れていたこと等が示されている。続く第2章では，当時，東大の准教授でCSPの客員研究員であった澤田により，警察庁からCSPに提供されたデータの分析が行われ，自殺の特性に地域的差異のあることが明らかにされた。第3章では，自殺者数や自殺率とさまざまな社会経済的指標との分析をもとに，経済環境の変動が自殺者数や自殺率の変動に影響を与えていることや，多くの者が自殺直前に精神疾患を発症していることから，その背景には彼らをうつ病に追い込む「社会経済的構造」があるとの見解が示された[15]。最後に第4章では，自死遺族の現状の検討とともに，遺族を取り巻く社会への問題提起が行われている。巻末においては，現代の日本社会では社会的支援を必要とする人が支援を受けられず，結果的に「自殺へと追い込まれやすい社会構造になっている」として，そうした社会構造への対策が喫緊の課題と指摘されている。

### 自殺実態調査を可能にしたもの

1000人調査は全国の遺族を対象にした大規模なものであり，その遂行にはさまざまな資源が必要であった。人材や団体収入等の諸資源に乏しく，CSPと

比べて明らかに不利だったライフリンクの調査がなぜ成立したのかを，ここで検討する。

(1) 2種の人材の確保

まず調査の遂行には，調査員と調査対象者という2種の人材確保が不可欠だった。とくに自殺実態の調査では，遺族のケアや支援が必要な場面も多く，その対応が可能な者を調査員とする必要があるほか，自殺への偏見等から対象者の確保が困難なことも予想された。CSPでは，それらの点を考慮して調査の手続きを厳格に定めたのに対し，ライフリンクは調査員として遺族を採用した。代表の清水は，1000人調査では調査員と協力者，また遺族とそれ以外との垣根を超えて，すべての参加者が「効果的な自殺対策の立案を共にめざす『仲間』」だと強調した。[16]

ライフリンクがこの「仲間」を集める場としたのが，2007年7月より全都道府県で開催したシンポジウム（正式名称は「自死遺族支援全国キャラバン」。以下，キャラバン）である。[17] 清水によれば，遺族支援をテーマにしたシンポジウムを開くと，参加者の4分の1程度は遺族だという。[18] しかし彼らは身内の死を隠したがる場合が多く，調査に応じてもらうことも困難である。[19] そこでキャラバンでは，まずライフリンクの遺族スタッフが自らの体験を語ることで，参加した遺族が自殺を語りやすくなるよう配慮した。それに対してCSPの調査は遺族支援の視点に欠け，疑問や不満を抱く遺族も少なくなかったと，清水は検討会で批判している。[20]

(2) 調査資金の調達

CSPの基礎調査には，運営費交付金とは別に，厚労省の科研費から2007～08年度の2年間に4000万円ずつが計上された。[21] 一方のライフリンクは，2006年まで資金不足に苦しんでいたものの，調査開始の2007年には収入額が約9000万円と大幅に増加し，以降はCSPの運営費交付金額を一貫して上回っていることが分かる（図3-1）。[22]

ライフリンクの重要な資金源となったのが民間財団の助成金であり，とくに1000人調査を開始した2007～09年度までの3年間は，収入全体の9割近くを占めている（図3-2）。[23] また経費の支出先を見ると，2007年度はキャラバン事業

第 3 章　自殺対策基本法制定後の政策過程

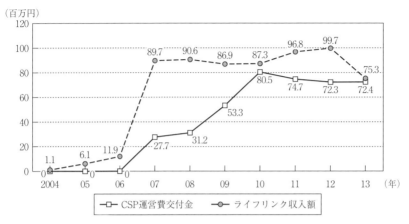

図 3-1　CSP とライフリンクの運営費の推移（2004～13年年度）
出所：CSP の運営費交付金は，内閣府の自殺対策関係予算案（2007～09年度）と国立精研の財務諸表（2010～13年度）を，ライフリンクの収入額は，各年度の事業報告書をもとに筆者作成。

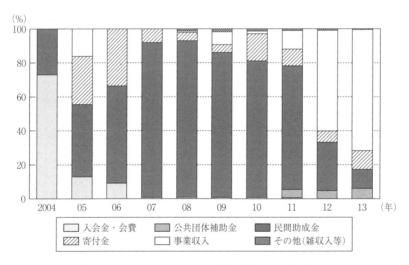

図 3-2　ライフリンクの収入内訳（2004～13年度年度）
出所：ライフリンクの各年度の事業報告書をもとに筆者作成。

87

に約4500万円，1000人調査に約600万円など，当該年度の支出総額（約6000万円）の大半が実態調査の関連事業に費やされていた。

このように，ライフリンクの調査が成立した理由としては，人材と資金という2つの課題が解決されたことが大きかった。調査協力者数は，CSPが2013年9月の時点でも100未満であったのに対し，ライフリンクは2008年の中間報告の時点ですでに300を超えていた。CSPは調査の手続きを厳格に規定するあまり，実施のハードルやコストが上がり，対象者や調査員の確保が困難となった。一方のライフリンクは，そうした厳密なステップを踏む代わりに遺族と連携することで，調査実施上の課題を克服したのである。自殺実態に関する情報という有力な資源を獲得したライフリンクは，複数議員の仲介によりそれを内閣府特命担当大臣の岸田文雄（当時）のもとへ届けることに成功した。データを受け取った岸田は，「政府の自殺対策にもぜひ活かしていきたい」と発言するなど，政策過程でのライフリンクのプレゼンスは大きく向上した。

## 4　ライフリンクによる影響力の拡大

**政府の対策指針に与えた影響**

ここからは，検討会と推進会議での議論をもとに，ライフリンクが影響力を行使するに至った経緯とその背景を考察する。政府は2007年6月に，対策指針を定めた「自殺総合対策大綱」（07年版大綱）を閣議決定し，それ以降はこの内容に基づき対策が進められることとなった。この大綱案の策定時に参照されたのが，検討会の提出した「総合的な自殺対策の推進に関する提言」（以下，提言）である。提言の内容は，その後の対策内容や方針を左右するものであったため，ライフリンクとCSPはその内容をめぐって対立を激化させた。

たとえば第6回の検討会で配布された提言の骨子案では，これまでの対策が十分な効果を上げていない理由として，「自殺問題の捕らえ方（原文ママ）を見誤り，個人の問題として疾病対策に重点が置かれ，総合的な自殺対策の視点が乏しかったこと（後略）」と記されている。そうした表現を用いたのは清水だったが，CSPの取り組みを評価する精神科医の高橋祥友は「ここまで断定は

できない」「疾病対策に重点を置くというのは，自殺予防の1つの大きな柱」と批判した。また，対策方針として「研究よりも実務重視でいくんだという，（中略）姿勢をもっと明確に出すべきでは」との清水の発言には，国立精研の代表である樋口が「これはやっていいけれども，これはやっちゃいけないとか，これよりもこれの方がいいんだという，比較級を使い始めると，中が分裂してきます。これは絶対にやめるべき」と苦言を呈している。[25]

　最終版の提言では，「問題の捕らえ方（原文ママ）を見誤り」という表現こそ削除されたものの，「これまでに講じられた施策は，総合的な視点に乏しく個人を対象とした疾病対策に偏りがちであった」という表現は残された。また，社会的要因に対する積極的取組の重要性にくわえて，社会的制度や慣行等の見直しの必要性等も強調されるなど，提言は，おおむねライフリンクの意向に沿う方向性でまとめられた。精神医療への批判は明確に示されなかったものの，ライフリンクが強調してきた，個人と社会の両面からの働きかけの重要性が謳われるなど，実態白書の提出を通じて，彼らの政策提言の影響力は次第に強まりつつあった。

### 自殺実態データの開示を求めて

　大綱に基づき各省庁は取組を開始したが，それらの検証・評価を行い，施策の見直しや改善等に反映させることを目的に，2008年2月より開始したのが推進会議である。そこで主たる争点となったのは，警察庁の自殺統計原票の扱いであった。日本の自殺実態を把握するには，厚労省の「人口動態統計」と警察庁の「自殺の概要資料」（以下，概要資料）の2種のデータが存在する。[26] 警察庁が庁内の通達に基づき，捜査の過程で自殺と判断した死亡事例につき作成するのが原票であり，これをまとめたのが概要資料である。[27] 警察庁は個人情報保護の観点から，原票の項目を取捨選択し，統計処理等を施したうえで資料を作成していたため，地域の自殺の実態や特性をここから把握するのは不可能だった。[28] 清水は1000人調査の経験から，自殺実態は地域で異なるため，その詳細を把握し対策の立案・実施に活かせるような形でデータを収集・開示するよう，警察庁に繰り返し要望していた。[29]

警察庁の原票データは，個人情報保護の観点から長らく秘匿されてきたものの，2004〜06年分に限り，対策への活用という名目でCSPに一部が提供され，集計・分析が進められていた。そのため，清水が第1回の推進会議で，自殺実態の把握にあたり解析チームを立ち上げるので情報を提供してほしいと依頼した際，厚労省はCSPで分析を進めていると回答している。清水は第2回の推進会議でも再び情報の公開を求めたが，これに対して警察庁も，プライバシー保護の観点から「何もかも提供するということはできない」と述べ，個別に検討・対応したいと発言した。そこで清水は，後日担当者に面会し交渉を試みたが，やはり結果は芳しくなく，「こんな縦割りでやっていても，うまくいくはずない」と痛感したという。

　2008年9月の第5回推進会議で，個人情報保護の観点から情報の提供に難色を示す警察庁に対し，清水は「統計原票というのは，(中略)自殺で亡くなった方たちが最後に残した足跡なわけですから，どういうふうにして亡くなっていったのかということを，もっと地域・社会が学ぶためにも，(中略)国民の財産として，自殺対策に資するような形で積極的に出していく必要があるのではないか」と語り，プライバシーに配慮しつつも対策に最大限活用できる形を考えていくべきだと主張した。くわえてデータの分析も，CSPではなく，実務家やNPO，遺族等から成るプロジェクトチームが担うべきだと内閣府に要望した。これに対し松田敏明・内閣府自殺対策推進室長（当時）は，協力体制や現場の対応等には一定の限界があるとしたうえで，調整役として「できること，できないこと，率直に議論しながら，私の方が預からせていただきたい」と回答した。この発言は，内閣府としてデータの必要性は認めるが，要望への対応は難しいことを暗に示していた。しかし清水は，実態白書の内容を対策に活かすとの岸田前大臣の発言を引証しつつ，自らの要求が実現するよう迫った。これに警察庁が応じるならば，実態白書の知見が政策立案にとって有用であると行政側が認めたに等しかったが，松田の発言を聞く限り，その可能性は低いと思われた。

**戦略の転換——行政から政治へ**

　行政への働きかけのみではこうした事態の打開が難しいと悟った清水は，それまでの戦略を転換することにした。政治の側から行政を動かそうと考えたのである。

　　参事官からは，そんなことを要望されても無理ですよ，とよく言われたから。こちらとしては，そこを調整してもらわないと困るけれど，参事官の権限では無理だろうというのも理解できる。(中略)そこで方針として，国会と組まないとまずいなと。(中略)官僚に要望するだけでは単に衝突して終わってしまいかねないなと。[34]

　そこで，基本法の制定過程では国会審議を先導するなど重要な役割を果たしつつも，基本法の制定以降は長らく休眠状態にあった「自殺防止対策を考える議員有志の会」(2006年1月結成)に再開を働きかけるなどして，政治の側からも対策を監視できる仕組みを整えた。[35]同会には，かつて厚労大臣を務めた尾辻秀久・参議院議員(自民党所属)や，武見敬三・参議院議員(自民党所属)，柳澤光美・参議院議員(民主党所属，当時)等が参加しており，清水は基本法の制定以降も，彼らと個人的に接触し関係性を深めてきた。1000人調査やキャラバン等の事業を通じて，自殺の実態に関する情報を収集するなどの成果を出す中で，それらの議員から徐々に活動への理解と協力を得られるようになったと清水は語る。[36]実態白書を大臣の岸田に届けることができたのも，議員有志の会が仲介役を買って出てくれたからこそであった。

　そうした中で2008年9月にはリーマン・ブラザーズの破綻が生じ，日本でも雇用環境の悪化から失業者急増への懸念が高まった。このことは，急激な経済・雇用状況の悪化によって失業や倒産・廃業が相次ぎ，中高年男性を中心に自殺者数が急増した1998年の悪夢の再来を関係者に想起させた。議員有志の会の事務局長であった柳澤は，第170回国会の参議院・内閣委員会(2008年11月20日開催)にて，ライフリンクの実態白書をもとに警察庁のデータの有用性を強調し，原票の分析を内閣府で行うよう提案した。[37]情報の開示に難色を示す行政

サイドに対しては，議員有志の会の会長である尾辻が「『責任は私が取る』と身体を張ってくれた」(清水 2015：41) という。さらに議員有志の会としては，野田聖子・自殺対策担当大臣（当時）に対し，2008年12月に「自殺緊急対策に関する要望書」を提出するなど，この事態を前に迅速かつ積極的に動いた。要望書では，現在の状況が自殺者数の急増した1998年以上に危機的な状況にあるとしたうえで，ライフリンクの実態白書に触れつつ，緊急的な対策を講じるべきだと論じている。

　政治サイドからの働きかけを前に，行政側も対応の転換を余儀なくされた。2008年10月末の自殺総合対策会議（以下，対策会議）のアジェンダには，清水の要求が盛り込まれ，その後の「自殺対策加速化プラン」にも反映された。ここでは警察庁と厚労省の統計データの提供と利活用にくわえて，原票への項目追加を検討する必要性が記された。2009年1月からは項目を追加した警察庁の新原票の運用が開始され，その約半年後にはデータの集計・分析作業の担当がCSPから内閣府自殺対策推進室に変更された。内閣府は，これを「自殺者の年齢，職業，原因・動機等の地域特性を整理した『自殺実態白書2008』が公表されたことを踏まえ」た決定とした。ライフリンクの提言が政策転換へと結実した瞬間だった。

**政権交代がもたらしたもの**

　2009年8月の政権交代を機に，ライフリンクは政策形成過程での影響力をますます強めていった。当時，首相となった民主党の鳩山由紀夫は，「人の命を大切にし，国民の生活を守る政治」を掲げ，第173回国会本会議（2009年10月26日）での所信表明演説では，歴代首相として初めて自殺問題に触れたほか，就任当初より政治主導の重要性を強調してきた。自殺問題に関心を持ち，政治主導を謳う民主党が政権の座に就いたことで，自殺対策を「政治の責務」（清水 2009b）と訴えるライフリンクは，政策過程により深く関与できるようになったのである。

　鳩山内閣では，社民党の福島瑞穂が担当大臣に就任し，自殺対策緊急戦略チームを内閣府内に立ち上げるとともに，内閣府本府参与として清水を任命し

た。清水は，政府の内側から対策を動かせる立場に就いたことで，縦割り行政の壁を打破し，緊急戦略チームでの「自殺対策100日プラン」[47]の作成やハローワークでのワンストップサービス[48]など，さまざまな取組を次々に実現させていった。

2010年6月の菅内閣発足以降も，清水は参与として政策に関与したが，その足場となったのが，対策会議内に設置された「自殺対策タスクフォース」（2010年9月7日の対策会議にて決定）[49]である。この事務局長代理に内閣府参与が充てられたことで，清水は政策形成・決定の場に参画して対策を直に動かすことができた。この決定は，自身の要望で実現したものだと清水は明かす[50]。それは鳩山内閣で参与を務めた経験から得た教訓に基づいていた。

 自殺対策の担当大臣は，複数の施策を兼務するなどきわめて多忙。鳩山内閣では辺野古問題への対応方針が政府内で割れるという事態が生じ，福島大臣はその対応に追われるようになった。そのため大臣に直接お会いして，対策に関するレクをすることが難しくなり，福島大臣から官僚に指示を出してもらうことができなくなった。そこで仕方なく自分が直接官僚と話をすると，今度は衝突する。（中略）そうした経験があったので，菅政権から再び参与就任の依頼がきた際，条件として，内閣府の特命担当大臣と厚生労働大臣と，国家公安委員会委員長を共同座長とする自殺対策のタスクフォースを創設してもらうと共に，そこに自分が事務局長代理として入れるようにしてもらった。そうすれば内閣府の担当大臣が忙しくても，他の大臣から指示を出してもらうことが可能になる。[51]

そうした異例ともいえる厚遇は，政治家の清水に対する厚い信頼の表れでもあった。インタビューで清水は，「他者からの信頼を得ることが物事を進めるうえでのすべて」と強調し，ライフリンクがそうした信頼を得られたのは，日々の取り組みを通じて着実に成果を積み上げ，問題解決を前進させてきたからではないかと語る。

それは当然，自分たちだけの力ではなく，色々な人を巻き込んだ結果だけど，巻き込まれた人も，提案された通りにやって実現したとなれば，あいつの言うことは間違いないと信頼してくれる。小規模のNPOなのに色々な人に助けてもらい，対策を自分たちの進めるべきと思う方向に進めてこられた一番の原動力はそれだと思う。あとは，こちらが行動すると相手がそれに応えてくれるという相乗効果がさまざまな場面で生じ，信頼関係の構築・強化へと結びついてきた。そのような関係が，結果として物事を進める力になってきたのだと思う。[52]

　清水はこのように，政府の内側から対策を立案する一方，2008年末以降はライフリンクとして足立区と協定を結び，対策の実施に取り組むなど，団体としても成果を出していくよう努めた。[53]このように政策過程に関わるさまざまなアクターから協力を得ながら，政府の内外に地歩を築くことで，ライフリンクは政策過程において多大な影響力を行使できたのである。

## 5　ライフリンクの影響力の源泉

### 国会議員との連携

　本章では，ライフリンク代表の清水へのインタビューと，検討会と推進会議という2つの諮問機関での議論に着目し，その内容を検討する中から，基本法制定以降の政策過程においてライフリンクが強い影響力を行使できた背景を検討してきた。既存の研究では，NPOが現場での活動を通じて得る貴重な情報が，彼らの政策提言力を高める源泉になっていると指摘されてきた。本章で扱った自殺対策の形成過程を見ても，ライフリンクが資金面での課題を克服しつつ，1000人調査を通じて得た自殺実態の情報が，政策転換を促す要因として機能した様子がうかがえる。

　ただし，ライフリンクが自殺実態に関する情報を取得し，それを政策へと反映させるには，他のアクターとの連携が不可欠であった。1000人調査では，自死遺族と連携したことで，CSPを上回る多くのデータを収集することが可能

となった。また政府への実態白書の提供や，警察庁の原票データの諸変更，ワンストップサービスの提供等は，いずれも政治家との連携関係があったからこそ実現し得たものであろう。このように政治家からの理解と協力を得ることで，ライフリンク代表の清水は，対策に対して消極的であった行政を動かし，自らの提言した政策を実現させていった。さらに2009年に起こった政権交代により，代表の清水が参与に就任したことで，ライフリンクは自らの提言した政策案を自らの手で実現できるようになった。つまりライフリンクは，資金面での課題を克服し，貴重な情報を獲得できただけでなく，それを政策過程へと届けるうえでの然るべき回路，すなわち国会議員との繋がりを構築するとともに，それを強化できたからこそ，政策過程に強い影響を与えることができたのである。

これまでの研究では，NPO が政策過程において与える影響は限定的なものに留まるとされ（竹端 2011；藤村 2009），とくに「国政レベルの利益団体政治に十分参入できていない」と指摘されてきた（坂本 2012a：126-128）。しかし基本法制定以降の政策過程を検討する中で，そうした状況には一定の変化が生じていることが確認された。[54]

自殺対策が進む中で，1998年以降に急増し問題視されてきた中高年男性の自殺は，近年大幅に減少してきた。そこでは警察庁のデータ開示に伴い地域での対策が進展したことや，ワンストップサービスの実現等，ライフリンクの政策提言に基づき行われた諸施策が一定の寄与を果たしてきたといえる。[55]

### NPO の影響力の拡大に伴う懸念

ただし NPO が政策過程においてそうした大きな影響を及ぼすことには，かねてより弊害や危険性を指摘する声も少なくない。たとえば浅野は，選挙という形で民意を受けた国会議員とは異なり，NPO が政策過程に参画する際の「政治学的正統性」をいかに担保するかという点は難しい課題だと指摘する（浅野 2007）。そうした"正統性"をめぐる議論は，NPO の行う政策提言が，そもそも市民の意見や利益を広く代表しているといえるのかという点に関して，議論の余地があるとの指摘に通じるものである（ボリス・スターリ 1999=2007：266-267）。実際，NPO による政策提言が民主主義を刷新する力として機能して

いるとの指摘がある一方，社会運動や改革へのNPOの関与がそれらの専門化・ビジネス化を引き起こし，社会問題とその改革から一般市民を遠ざけているとの批判もある（Jenkins 2006：324-326）。ヨシオカもまた，NPOの中には，市民からの支持を盾に自らの要求の実現を試みる団体もいるなど，むしろ民主主義を破壊する危険もあると警告する（Yoshioka 2014）。自殺対策の政策過程に関する分析を通じても，有識者会議をバイパスし，ライフリンクが政策過程に直接強い影響を与えるなど，民主主義の破壊に繋がりかねない事態が生じていることが確認された。

　審議会等の会議の役割について検討した森田は，人々の間で見解に相違があり，誰もが納得のいく唯一の正解を導き出せない状況があるからこそ，これまでさまざまな批判がなされつつも，会議という場が敢えて設けられてきたのだと指摘する（森田 2014：10-11）。足立もまた，政策過程の中で人々の間で合意が形成されるという「幸運な状態」は「皆無でないにしても，ごく稀」にしか生じず，通常は「価値観の深刻な対立という状況の下で，なおかつ政策を選択せねばならない」と指摘する。政策過程において，会議に代表される「数々の審議手続き」が設けられてきたのは，そうした対立のある中でも「最終的決定が十分な討議・検討を経た末のものであることを保証するため」に，必要なステップと見なされてきたからだと足立は論じた（足立 1991：1-4）。それにもかかわらず，もしもそうした場を避けて政策の形成や決定が行われるとすれば，資源を多く有し声の大きい者の意見ばかりが通りかねない。それは政治の場から一定の距離を置き，複雑な行政課題について合議を通じて結論を出すという，諮問機関に期待される本来の役割の毀損に繋がるだけでなく（森田 2006：8-9），多数決とは異なる形での圧政にも繋がりかねない，由々しき事態といえるのではないか。

　2016年4月には基本法が改正され，地域における自殺対策予算の恒久財源化や，自治体への対策計画の策定が義務づけられた。自殺対策におけるライフリンクの関与がもたらした影響を考えるには，実施された対策がいかなる結果をもたらしたのかを，その後の政策過程を含めて検証していく必要があろう。

本章では，ライフリンク代表の清水へのインタビューと，検討会と推進会議という2つの諮問機関での議論に着目し，それらの検討を通じて，基本法制定以降の政策過程で，なぜライフリンクが強い影響力を行使し得たのかを考察してきた。ライフリンクは，遺族との繋がりを通じて自殺実態に関する貴重な情報を収集し，それをもとに政策提言を行った。ただしその提言が，消極的であった行政を動かすほどの強い影響力を持ち得たのは，国会議員という然るべきルートを通じて，それを政策過程へと注入できたからであった。このことから他のアクター，とりわけ議員との連携関係が，ライフリンクの政策提言の影響を高める源泉として機能したといえる。

対策が進む中で，1998年以降に急増し問題と見なされてきた中高年男性による自殺は，近年大幅に減少した。しかし，NPOが政策過程に参画し，そこで多大な影響を及ぼすことには，弊害や危険性を指摘する声も少なくない。政策過程におけるライフリンクの関与と影響を評価するには，実施された対策がいかなる結果をもたらしたのかを，その後の政策過程を含めて検証していく必要があろう。これについては次章以降で論じることとしたい。

# 第4章
# 地方自治体における自殺対策の成果と課題
——東京都足立区を事例に——

## 1 地方自治体の直面する課題

**ガバナンス型の課題解決へ**

　公共政策としての自殺対策は，当初，基本法や大綱の制定・施行を通じて，主に国レベルで整備が進められてきた。しかし，警察庁の自殺実態に関するデータとそれを用いた分析を通じて，自殺の実態は地域によって相当に異なることが明らかとなった（自殺実態解析プロジェクトチーム編 2008）。そのため地域の実態に即した形で，地域における対策をいかに形成・推進していくかということが，次の大きな課題となっていった[1]。

　地域における課題の解決や行政サービスの提供等の役割は，これまで主に地方自治体によって担われてきたが，財政の逼迫や市町村合併に伴う行政区域の拡大，地域の課題や住民のニーズの多様化等により，自治体はその機能を果たせなくなりつつある（小島・平本編著 2011：3-4）。そのため昨今では，自治体が単独で役割を遂行するガバメント主導型から，庁外の関係諸機関や市民団体との連携・協働を通じた，ガバナンスに基づく課題解決の重要性が指摘されるとともに，そのあり方が模索されてきた（辻中・伊藤 2010：10）。このような動きは多くの自治体で観察され，その分野も多岐にわたる（塚本 2005）。

　地域で自殺対策を進めるうえでも，そうしたさまざまな主体間の連携と協働が不可欠とされる（本橋編著 2007：77）。自殺の背景要因は多岐にわたり，その実態も地域によって異なるため（自殺実態解析プロジェクトチーム編 2008），対策の推進には，自治体を中核としつつ，縦割りや官民等の壁を超えた，さまざまな団体・機関同士の連携・協働が不可欠といわれてきた（清水 2009a）。そのた

めには，首長の強力なリーダーシップにくわえて（本橋 2006b；新潟県自殺予防対策検討会 2011)，事業の目的や重要性を関係者間で理解・共有することが肝要である（本橋編著 2007：76-77)。このことは，自殺対策に限らず，自治体での政策形成や決定，導入における重要な点として，かねてから伊藤（2002）や砂原（2011），小島・平本（2011）らによって指摘されてきた通りである。

### 自治体の取組を阻むもの

しかし自殺対策に関しては，関係者からの理解や協力をなかなか得難い現状がある。実際，自殺を精神保健上の課題に矮小化し，関係部署に対応を丸投げするなど，対策への理解に乏しい自治体は多く（河西 2009：203-204)，理想と現実が著しく乖離していると指摘される[2]。それは自殺が，これまで自己決定の範疇に属する個人的な問題とされ，精神疾患への対応を除き，行政が取り組むべき課題と見なされてこなかったためである（本橋 2006a：2-3；大野監修 2008：97-111；佐々木 2003)。先駆的取組を行ってきた新潟県旧松之山町（高橋ほか 1998）や秋田県旧由利町（渡邉ほか 2003）でも，事業の核は高齢者に対するうつ病対策であり，連携の主たる範囲は医療や福祉等の関係者に留まっていた。基本法制定以降の取組について考察した丸谷らの論考でも，その対象は保健師と民間団体との間に限定されている（丸谷ほか 2016)。そのため多様な関係者間での連携・協働をどうすれば実現できるのか，これまで実態に即した形ではほとんど明らかにされてこなかった。

そこで本章では，都市型モデルを標榜し対策を展開してきた東京都足立区を事例に，事業の形成過程の検討を通じて，関係者間での有機的な連携・協働関係がいかに構築されたのかを考察した。足立区は，事業の開始 3 年後に年間自殺者数を対前年比で約22％減少させるなど（馬場 2012)，自殺対策の「先進地」と評されることも多い[3]。しかし，当初は事業に批判や抵抗を示す職員が多く（馬場 2011a)，区長も対策に消極的であるなど[4]，庁内には自殺対策への強い反発があったという。本章では，事業資料の分析や聴き取り調査を通じて，関係者の対策への意識と行動の変容過程を描き出す中から，それらの変化を促した要因の導出を試みる。ガバメント主導型からガバナンス型の問題解決のあり方

が模索される中で，主体間の連携・協働関係の構築に向けた課題や要諦を明らかにすることは，自殺対策に限らず，多様な主体同士の連携・協働が必要な他の課題への対応を考えるうえでも，有益な示唆を与え得ると考える。

## 2　自殺対策に着手した背景

**足立区における自殺の状況**

　足立区が最初に自殺の問題について言及したのは，2000年に厚生省（当時）の発表した「健康日本21」を踏まえて策定された，「健康あだち21」においてである。健康日本21の発表以降，いくつかの自治体では健康増進に向けた計画が策定されたものの，自殺問題に言及した自治体はきわめて少なかったとされる（総務省行政評価局 2005）。基本法において，自殺対策は「関係する者の相互の密接な連携の下に実施されなければならない」と規定されているが，全国の自治体に対する調査を参照すると，市区町村レベルで庁内に横断的な体制を設けて対策に取り組んでいた自治体は，当時全体の2割にも満たなかった（自殺予防総合対策センター 2013）。このように，実状としては「自治体間で（対策の）格差が生じて」いたのであり，市区町村レベルの基礎自治体が総合的な対策に乗り出すには，依然として課題が山積していた。そうした難しい状況の中で，あえて足立区がこの問題に言及したのは，自殺が地域の課題として顕在化しつつあったからである。

　区の統計によれば，1998年以降に自殺者数が急増して以降，2008年度には23区中でも最多となった（図4-1）。こうした増加の傾向は，以前から区議会議員や保健師等一部の関係者の間で認識されていた。たとえば日本共産党の鈴木けんいち議員は，1999年9月24日の足立区議会第3回定例会で，経済状況の悪化から区内事業者の倒産件数が急増しており，それに伴い区内の自殺者が多数にのぼると指摘したうえで，「産業振興と地域経済活性化の具体的な施策」の進め方について鈴木恒年区長（当時）に答弁を求めている。区議会ではその後も，自殺問題が，介護疲れや子育てやいじめなどのさまざまな課題と関連して取り上げられてきた。また区が2009年に保健師を対象に行ったアンケートでも，

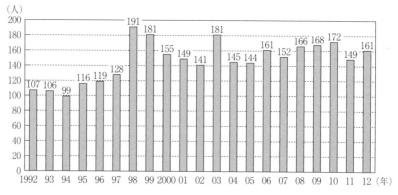

図4-1　足立区の自殺者数の年次推移（区の人口動態統計結果に基づく）
出所：足立区役所・衛生部『事業概要』（1992〜2012年）（速報値）

回答した保健師74名のうち19名が，この5年間に自らの受け持ち地域の担当ケースから自殺者が出た経験があると回答している。

**自殺は"仕方ない"もの**

このように，足立区では自殺問題が区の課題として認識されつつあったが，実際に対策が開始されたのは，東京都の「こころといのちの相談・支援東京ネットワーク」事業のモデル指定を受けた2008年10月以降であった。実際の対策開始までに月日を要した背景には，当時の社会状況の中で自殺予防の必要性がほぼ認識されておらず，スキルや知識不足から職員も対応が難しい状況にあったことが指摘できよう。

真山は，自治体の抱える問題を「認識型問題」と「探索型問題」の2種に分類し，前者を「誰もが認識可能」な問題，後者を「意識的に探し求めないと見つけることができない」問題と説明する。「探索型問題」の発掘は，「現状に対する挑戦であり，現状に満足している人々に対する積極的な問題提起となる」ため，この問題を俎上に載せることには「相当の努力が必要」だという（真山2001：108-142）。今でこそ自殺は「その多くが防ぐことができる社会的な問題」であると大綱に明記されるまでになったが，基本法が制定されるまでは，自殺が予防可能なものであり，対策の必要な問題なのだという発想自体が，社会一

般においては皆無に等しかった。そのため，自殺の問題を問題化し，さらには
これを行政の取り組むべき課題であると認識させることが，そもそもきわめて
困難だったのである。真山の指摘を踏まえて自殺の問題を捉え直してみると，
この問題は行政の関わるべき問題なのかという疑念を多くの職員に抱かせるも
のであり，そもそも問題として認識されず政策課題になりにくいという意味で，
「探索型問題」の一例ということができる。足立区で後に事業を主導した馬場
優子保健師[12]も，「保健師としてうつ病や統合失調症の方を支援していると，ど
うしても自殺の経験はある。だが仕方ないと思うようにしていた」と語る（三
海 2010：103）。

　この"仕方ない"という考えは，他の保健師にも見られる[13]。自分の担当ケー
スから自殺者が出た際には，多くの保健師が「びっくりした」「まさか」と驚
く一方で，「『やっぱり』という思い」「やはり助けられなかったと思う」「やむ
をえなかったのではないか」「今後このようなことが起こる事を防ぎたいが当
事者の思いに気づけるか，うけとめられるか不安」とも答えている。担当ケー
スの自殺に直面した保健師たちは，そうした自身の複雑な感情的反応のみなら
ず，時にその死に対する責任を遺族から追及されることもあり，その対処等と
いった現実的な問題とも向き合わねばならなくなる（ワイナー 2005=2011：14）。

　しかし，そうした場面で一体どのように対処すべきなのかは，保健師たちも
よく分かっていない。自殺対策事業において保健師は，しばしば自殺を防ぐ地
域の"ゲートキーパー"としての役割を果たすよう期待されることがある[14]。し
かし彼らはそのための専門教育を受けてきたわけでは必ずしもなく，そうした
中では自殺を必然的な帰結で仕方のないものと考え，自分を納得させるよりほ
かに方法がなかったといえよう。

　それでも馬場が事業実施を決断したのは，2008年5月に東京都の自殺対策市
区町村説明会に参加し，そこでライフリンク代表の清水や自死遺族の話を聞い
たことによる（馬場 2011b）。馬場は2000年前後，自身の担当ケースに自殺され
た経験があり[15]，それ以降，「自殺のサインに気づけなかったのかという思い」
（三海 2010：103）を強く抱き，「保健師として何ができるのか」を再考してき
たという（馬場 2011b：69）。そうした中で耳にした，ライフリンクの清水や自

死遺族による「自殺は選択された死ではなく，追い込まれた末の死であり，防ぐことのできる死」(馬場 2011b：70) という説明は，彼女に一筋の希望を与えた。この説明を聞き，初めて馬場は「それなら（自殺対策を）始めてみようと思った」(三海 2010：103) のである。

### 首長の変化

　事業の開始に向けて，馬場はまず，企画書を携えてさまざまな部署へ説明に回ったが，批判や抵抗を受けることの方が圧倒的に多かった。そこに変化が生じたのは，NHKで馬場の孤軍奮闘ぶりが報じられ，それを応援する市民の声が近藤区長の耳に多数届いたからである (馬場 2011a)。

　秋田県や新潟県の事例でも指摘されるように，自治体で自殺対策事業を進めていくには，首長の自殺対策の必要性に対する理解と，対策を実行するという決断が不可欠となる。面会の機会を得た馬場は，区長に「『生きる支援』は行政のやるべき仕事。究極の接遇ができればそれが『生きる』ことにつながる」と訴えたという (馬場 2011a：7-8)。区長は事業に一定の理解を示す一方，当初はためらいの気持ちも大きかった。しかし，それでも事業開始を決断したのは，ライフリンクの清水の話を聞き，自殺への認識が大きく変化したからである。

　区長はブログに，「当初は，『自殺は覚悟の死であり，他人が踏み込めない領域』と考えており，自治体が対策を講じることに違和感を覚えていました。そんな時，『自殺された約7割の方は生前何らかの相談窓口を訪れている』という事実を伺い，自分の思い込みを恥じたのです」と記している。その後は「失業や病気など，いくつかの要因が重なって心理的に追い込まれた方は，自殺に至る直前まで『死にたくない』『助けて』というSOSを発信し続けているといいます。様々な窓口を持つ区役所は，そうしたSOSをキャッチすることができる最前線であり，自殺を水際ギリギリのところで食い止めることができる力も持っています。そのような自覚を持って，相手の悩みに気づき，寄り添っていくことも行政の責任の一つと考えています[17]」と述べるまでに，認識を大きく転換させた。区長の決断もあり，区は2009年5月にライフリンクと協定を結び，事業を本格始動させた。

## 3　自殺対策の始動

**事業頓挫の危機**

　足立区では，保健所を中心としたうつ病への対処に代わり，庁内外の関係機関との連携に基づく分野横断的で総合的な対策を進めるため，まずは課長級職員を対象に初の連絡会を2008年10月に開催した（馬場 2011b）。同区がそうした方向性で事業を行う決定を下した背景には，ライフリンクによる実態調査の結果がある。調査では，自殺者の多くが平均4つの問題を抱えていたことや，自殺者の約7割が自殺の前になんらかの相談機関を訪れていたこと等が明らかにされた。うつ病等の精神疾患は自殺の発生直前に生じていたことから，予防にはうつ病発症の前段階から各機関が連携・協働する必要があると指摘されている（自殺実態解析プロジェクトチーム編 2008）。そのため足立区も「うつ病になる前の過程」に重点を置くこととし，区政相談課や戸籍住民課，納税課，福祉管理課，介護保険課，福祉事務所や保健センターなど，さまざまな関係課の担当者を集め連絡会を開いた（馬場 2011b）。

　しかし，連絡会の参加者から返ってきたのは，「自殺対策は保健所の仕事のはずだ」「自分の部署がなぜ，自殺対策に関係があるのか理解できない」「業務が忙しい現在，次回からは（連絡会に）参加できない」などの辛辣な意見であったという（馬場 2011b：72）。彼らは，自殺は"メンタルヘルス"の問題で，その対策は保健所の担当業務としか考えていなかった。そのため，なぜ協力を要請されねばならないのか理解できず，否定的な反応を示したのである。

　東京都立中部総合精神保健福祉センターが特別区の保健所を対象に行った「保健所における自殺対策アンケート」でも，同様の問題が指摘されている。アンケートでは多くの担当者が，保健や福祉の分野のみで対策を立案・実施していくことは難しいと語り，自殺が行政内部で精神保健分野の問題へと矮小化されている現状に危機感を覚えている様子がうかがえる。[18]そのため総合的な対策の実施に向けては，「多分野，多職種の協力が必要」「全庁的に取り組めることが必要」「組織的に行わないと進まない」と訴えている。しかし現実には，

自殺対策はメンタルヘルスの問題として保健所に押しつけられており，そのことに多くの担当者が限界を感じていた[19]。アンケートの回答からは，行政で全庁的な取り組みとして対策を展開していくために，どの自治体担当者も苦心している様子が見てとれる（東京都立中部総合精神保健福祉センター 2008）。庁内での連携体制の構築は，対策を推進するうえでの必須条件だが，その重要性について大半の自治体では認識されていなかったのである。

### 自殺対策は"生きる支援"

連絡会の反応を前に「このままでは全庁的な取り組みは不可能になる」と危機感を募らせた馬場は，職員を対象にゲートキーパー研修を開催することにした。ゲートキーパーとは「自殺の危険を示すサインに気づき，適切な対応（悩んでいる人に気づき，声をかけ，話を聞いて，必要な支援につなげ，見守る）を図ることができる人」のことで，「命の門番」とも呼ばれる[20]。足立区では，職員をこの門番と位置づけ研修を実施したが，それは「自殺対策は生きる支援であり，すべての窓口に関係がある」ことを理解してもらう必要があるとの考えからだった（馬場 2011b：71-72）。

自殺に対する理解や認識が低い状態では，仮に区民がなんらかの問題を抱えて相談に訪れたとしても，その危険に気づき適切に対処することを職員に期待するのは難しい。そこで馬場は，研修を通じてまずは職員の自殺に対する認識を変えてもらうことに重点を置いた。研修では，実態調査の結果や区内で支援してきたケース等の実例を取り上げ，それらの解説を通じて，自殺に至る要因が多岐にわたるということを学んでもらう。それは「複数の要因を解決するためには，各部門の連携を深め，横断的な支援が不可欠」だということを理解してもらうためである。研修では，そうした解説を通じて自殺に対する理解を深めてもらうとともに，自殺に至る過程で行政が打てる方策にはどんなものがあるのか，また，職員として自分にできることは何かを理解してもらう（馬場 2011b：71-72）。

研修はまず，保健所や福祉事務所など相談窓口を設ける関係所管の担当職員を対象に，2008年11月27日と同年12月9日に，それぞれ約60名ずつを対象に開

催された。研修は，ライフリンク代表の清水による自殺総合対策の必要性に関する講演のほか，自死遺族による体験談や，区内の自殺実態の解説等から構成される。受講後のアンケートでは，自殺に対するイメージが変化したとする回答が約8割にのぼったほか，対策の必要性についてはほぼすべての職員が認識したと回答するなど，自殺対策に関する担当者の認識に変化が見られたとされる。[21]

そこで2009年5月からは，区長を含めた窓口担当以外の職員300名を対象に，同様の研修を開催することとした。2010年度は係長級職員を対象に2回，2011年度からは人材育成課と福祉管理課（民生係）と連携して一般職員を対象に3回，2012年度は4回，2013年度は3回の研修を行い，2013年度の研修をもって全職員を対象とした研修が終了した。こうした研修を通じて，職員の間には自殺問題と対策への理解が徐々に広がり，区の"生きる支援"という目標が共有されるようになっていったという（馬場 2011b：72）。

## 4 職員の意識と態度の変化に向けて

**問題への当事者意識を持たせる**

ここまでは，職員たちが研修の受講を通じて自殺に対する認識を変化させてきたことを，既存の資料をもとに説明してきた。ここからは，そうした変化がなぜ起きたのかを，研修後の職員の感想や研修の資料等をもとに分析したい。結論を先取りしていえば，職員が認識を変化させたのは，問題への当事者意識を抱くようになったからである（足立区役所 2012b）。[22]

この当事者意識とは次の2つを意味する。まず1つ目は，個人として自殺をどのように捉えるかといった意味での意識のことである。

基本法の制定前まで，自殺は個人の自由な選択の結果であり，死にたくて死んでいるのだから予防の必要はないと考えられてきた。区の研修で自らの体験を語った自死遺族も，そうした偏見から，当初は身内の死を周囲に語れなかったと述べている。区ではそうした偏見や誤解を改めてもらうために，全職員に研修を実施したのである。[23]

多くの自治体で研修の講師を務めるライフリンクの清水は，自治体で自殺対策というと「死にたいと言っている人に対して，国や地方公共団体に何ができるのか」「そこまで行政がする必要はないのではないか」等の懐疑的・否定的意見が多く聞かれると述べている（清水 2010：122）。足立区のアンケートでも，研修前まで職員は，自殺を「他人事」「遠い世界の出来事」と捉えていたと回答している。しかし研修後は，「遺族の方の直接の声を聴くことができ，他人事の話ではなく，誰にでも起こりえることだと思いました」「自分や自分の家族にも起りうることなんだと実感しました」「身近なことであることが実感できるよい機会でした」「まさか，と後悔するのではなく，もしかして…と視点を変えて，自分の周りの人を見ていきたい」等の回答からも読み取れるように，職員が自分の問題として自殺問題を捉えるようになっていることが分かる。

さらに2つ目の当事者意識とは，自治体職員として業務に取り組む意識のことを指す。研修を受講する以前まで，大半の職員は，自殺を自分の職務とは関係のない問題だと捉えており，それゆえ対策に対しても消極的であった。しかし，「自分なりに何かできることがないかと考える契機となった」「意識をもつことのきっかけとなった」といった回答に見られるように，この研修を受講して以降は，対策への姿勢を変化させたことが分かる。

研修では，まずライフリンクの行った自殺実態調査の結果をもとに，自殺者は平均して4つの問題を抱えて自殺へと至っているが，無職者，被雇用者，自営業者，学生など個人の職業状況に応じて，自殺へと至る経路やその過程で直面する問題は異なっていることが説明される（足立区役所 2012b，足立区役所 2013d）。たとえば「無職者（就業経験あり）」であれば，失業から生活が困窮し，生活費を工面するためあちこちから借金し多重債務に陥り，心身ともに疲弊した末にうつ病を発症し，最終的に自殺が発生する，といった具合である。自殺とは精神保健上の問題であり，うつ病対策で十分と考えていた職員らは，うつ病の発症前にさまざまな課題があることに，まずは気づかされることとなる。

さらに研修では，自殺者の7割以上が生前なんらかの相談窓口を訪れていたこと，各職員は他部署や機関と連携し相談者を支援していくことで，自殺を予防し得ると説明される。それにより職員らは，自分も対策を担う一員だと認識

するようになる。職員らは，アンケートで「『ゲートキーパー』として自殺対策の第一関門になる必要があると感じました」「研修内容を自分の仕事に活かしていきたい」「今後も職場全体での講演は必要」と述べるなど，研修の必要性を認めその意義を評価している。彼らは自殺対策が，精神保健分野に留まるものでなく，自分の業務に関係があると認識したことによって，「自分なりに何かできることがないかと考える契機となった」「意識をもつことのきっかけとなった」と述べるなど，対策を担う当事者としての意識を抱くようになった。その結果として，対策へ向かう職員の姿勢は，積極的なものへと変化したのである。

**行動の変化を促す**

自殺の予防にあたっては，庁内のさまざまな関係者の協力を得て総合的な形で対策を進めていくことが肝要であることは，三橋雄彦・衛生部長（当時）も強く認識していた。三橋は足立区議会定例会において，ライフリンクの調査結果を引証しつつ，自殺に至る背景はさまざまであり，複数の悩みを抱える者を，連携して支援していくことの重要性を強調する。そのためにはゲートキーパー研修の実施等を通じて，「悩みのある人をほうっておかない社会づくりを目指し，就労支援部門をはじめとした各関係機関との連携を強化しつつ『生きる支援』としての取り組みを進めてまいります」と答弁している。[25]

足立区のような都市部で自殺に追い込まれる者の多くは，孤立した状況にあり，これまでは保健師がその対応にあたってきた。しかしそれが，人的資源の不足等により限界を迎えつつあると，三橋は指摘している。[26]そうした区民を行政が支えていくには「庁内外の幅広いネットワークと，窓口となる人々の理解や知識が必要」というのが，自殺対策を担う衛生部の見解だった。[27]だからこそ，窓口職員を中心にゲートキーパーとなってもらうなど，多くの職員の協力を得ながら自殺対策を進めていくことができるように，研修にもさまざまな工夫を凝らしたのである（馬場 2011a）。

しかし認識が変化したからといって，行動までも変化するとは限らない。ある衛生部の職員（当時）は，「事業の意義や必要性は多くの職員が共有してき

たが，他の業務との兼ね合いもあり，（対策に）関わりたいと思っても時間と労力がないというのが実状」[28]だと述べる。そうした中で行動を変化させるために，馬場は「このぐらいであれば私にもできる，何かの役に立てると思えれば，自分の行動を変えられる。職員にそういう思いを持ってもらうことが大切」と考え，それを研修の狙いに定めたという[29]。そのため衛生部では，相談対応の流れを図示したフローチャートや，確認のポイントなどを掲載した区独自の『ゲートキーパー手帳』を作成し，研修会等での配布を通じて，研修後も職員が各職場で活用できるように配慮した。

また庁内だけでは相談に対応しきれないことも多いため，区では庁外の関係者も含めた「こころといのち相談支援ネットワーク連絡会」（以下，ネットワーク連絡会）[30]を定期的に開催し，関係者同士の顔の見える連携関係の構築に努めている。区は2009年より，仕事や生活，心身の健康，法律等の多分野にまたがる問題を，同一の場所で相談できるよう「総合相談会」を開催しているが，これは連絡会の開催を通じて相互の関係性が構築される中で，連携して相談者を支援する仕組みが整えられたことで可能となった[31]。区内では失業状態の中高年男性による自殺が多発してきたが，ハローワークでの相談会の開催によりそれらハイリスク層へのアプローチが可能となったことで，自殺者数は年々減少の傾向にある[32]。

さらに衛生部では，相談会以降も関係者が相談者を切れ目なく支援できるよう，相談内容の情報を複数の部署で共有・一元化するためのツールとして，2011年に"つなぐシート"を開発した。共通の相談票を作成することで，相談を受けた際の最低限の聞き取り項目を統一化するとともに，相談者が訪れた相談先やそこでの担当者や対応の具体的内容などを，複数の機関同士で共有できるよう配慮したのである。シートは2011年8月からの試行期間（庁内18課が対象）を経て，2012年1月より全庁的に使用を開始した。シートの利用件数は，2011年に34件，2012年に62件，2013年に95件と漸増しており，連携先も庁内では保健所，福祉事務所，中小企業支援課，国民健康保険課，消費者センター，就労支援課，親子支援課，区民の声相談係など，庁外ではライフリンク足立事務所，地域包括支援センター，ハローワーク足立，弁護士，東京女子医科大学

東医療センターなどへと拡大している(33)。当初，衛生部（保健所含む）が大半だったシートの発行元も，その後は福祉事務所や就労支援課，ハローワークなど他機関によるものも増加し，庁内外の連携体制が構築され，発展しつつある様子がうかがえる。

**他の課題の解決にも寄与し得る**

ここでは，多くの職員が積極的に対策へ関与し始めたのはなぜか，そのインセンティブが何であったのかを，区の既存の課題と照らし合わせながら検討する。

2004年の区の基本構想では，区が社会福祉費用の増大，経済や雇用の停滞，犯罪や火災の発生件数の多さ，児童・生徒の基礎学力の低さ等の問題を抱え，財政的にも苦しい状況にあるとされている（足立区役所 2004）(34)。2006年1月の『朝日新聞』でも，区内の公立学校で就学援助を受ける児童・生徒の数が全体の4割に上ると報じられた(35)。就学援助の利用率の高さは，生活保護やそれに準ずる経済状況の世帯が多いことを意味している。東京都の生活保護世帯数ならびに保護率の平均値（23区内）に照らしても，足立区の状況はとくに厳しいことが分かる（図4-2）。

区長も，生活保護費の増大を主要因とした民生費の増大によって，区の財政が硬直化しつつあることを，区政運営上の重要課題と見なしていた（近藤 2007；近藤 2011）。職員は，これらの課題の解決には，部や課を超えた連携体制が不可欠であると考えており，西野知之・福祉部長（当時）は区議会の答弁の中で，福祉部のあらゆる課題の解決には「衛生部のほうとの連携とか，部を超えた様々な連携が必要」だと指摘している(36)。そのため区長は，2007年の就任当初より，「治安・子どもの学力・経済的な困窮」を「区のボトルネック的課題」と位置づけ対応を進めてきた（足立区役所 2013b：1-4）(37)。しかし実際には，縦割りの弊害から抜本的な解決には至っていなかった。

自殺対策は，そうした縦割りの壁を打破し，「区民の暮らしを支え，福祉の増進を図る先駆的な取り組みとして，今後の施策展開の道標になる」と期待された(38)。自殺対策に関する会議では，分野の異なる部署や機関同士のネットワー

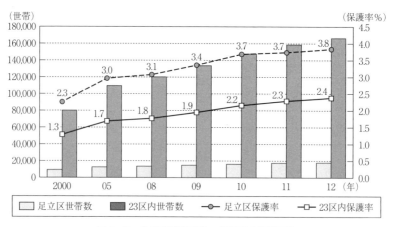

図 4-2　生活保護世帯数・保護率の経年変化
注：保護率は，23区・足立区のいずれも，各地域の総人口数で被保護人員を割った上，100をかけた値である。
出所：東京都福祉保健局（2013）をもとに筆者作成。

ク構築が，自殺のみならず「他のあらゆる社会問題に対しても有効に機能するはず」と説明されている[39]。馬場もまた，研修の効果について「税や保険料の滞納者を支援することは，その方たちの暮らしを支えることに加えて，(中略)区にとっても大きなメリットにもなる」と述べている（足立区役所 2010a）。自殺者の背景に潜む問題は，区がかねてより認識してきた重要課題でもあった。それゆえ職員は，自殺対策が各部署の課題解決にも繋がるとの説明を聞き，その態度を積極的なものへと転換させたのである[40]。実際，自殺対策を通じて得られたさまざまな知見や，構築・発展してきた庁内外の連携関係は，その後の孤立死・孤独死対策（上遠野 2014）や子供の貧困対策等の，他の事業を進めるうえでの基盤としても機能するなど，区政の改善に少なからず寄与したと考えられる。

## 5　地域における自殺対策の成果と課題

**自殺対策の推進を可能にしたもの**

　本章では，東京都足立区を事例に，地域における自殺対策がいかにして推進されてきたのかを確認してきた。地域の抱える昨今の課題の多くは，解決に際して多様な関係者の連携・協働を必要とするが，実際には，さまざまな障壁があることからそうした関係性の構築は進まず，結果として課題の解決にも至ってこなかった。足立区の自殺対策も，当初は縦割りの弊害から事業が頓挫しかねない危機的状況にあった。本章では，そうした中で関係者同士の有機的な連携・協働関係がいかに構築され，課題解決に結びついてきたのかを，対策の形成過程の再考を通じて検討・考察した。その結果，首長や職員らは，自殺問題や自殺対策への理解を深める中で，自らの認識を改め，事業への消極的・否定的な姿勢を積極的なものへと変化させていったことが明らかとなった。関係者は研修等を通じて問題への当事者意識を獲得するとともに，自殺対策が区の抱える他の課題の解決にも有用であると認識することで，対策への意識と行動を変化させてきたのである。

　関係者にそうした変化を起こすきっかけとなったのが，各種会議や研修会等においてライフリンクの行った，自殺問題ならびに対策に関する説明である。当初は自殺を"仕方ない"と捉えていた馬場保健師が，自殺を予防できると確信した背景には，ライフリンク代表の清水による講演の影響があった。また「自治体が対策を講じることに違和感」を抱いていた近藤区長が，自殺対策を区の重点施策と位置づけるようになったのも，清水の説明を聞いたからである。ライフリンクは，庁内外の諸会議や研修等で対策の意義と効果を説明するほか，会議の配布資料等に掲載するデータの多くを提供してきた。自殺など他人事だと考えていた職員も，研修を通じて対策の必要性を認め，対策に積極的に取り組むようになった。それは彼らがライフリンクの説明を聞き，問題への当事者意識を持ったことにくわえて，事業の遂行が自殺以外の既存の課題解決にも繋がり得るという，事業参加への積極的価値を見出したからである。このように，

ライフリンクの提供した種々の情報は，関係者の姿勢を変化させるとともに，事業の実施根拠ともなってきた。

　足立区は，庁内外に事業の輪を広げ，地域一体となって対策を展開できるようさまざまな施策を講じてきた。ネットワーク連絡会を通じて，関係者間に顔の見える連携関係が構築されたことで，それまでは困難であった総合相談会の開催が可能となり，ハイリスク層へのアプローチを通じて自殺者数を減少させている。また対策を通じて得られた知見や築かれた関係性，開発されたツール等は，他の事業にも援用されるなど，区政の改善にも少なからず寄与している。事業には，他の自治体や議会議員，弁護士会などから多数の視察依頼があるほか，研修や講演の講師依頼も多い。事業の評価も2011年度は庁内・区民評価ともに5点満点，2012年度も庁内が5点，区民は4点とたいへん高かった。自殺者数の減少や事業への高い評価，さらには庁内外の関係者が連携・協働している様子を見ると，確かに足立区の取り組みは成功事例のように見える。

### "生き心地のよい"地域社会をつくるには

　その一方で，ガバナンスの観点から本事業を捉えてみると，住民の関与が不足している点が課題として指摘できよう。区では区民に対するゲートキーパー研修を定期的に開催しているものの，その参加は区民全体のごく一部に留まる。また区民評価も，区民があくまでサービスの受け手として施策を評価したという色合いが強く，主体的かつ積極的に事業に関わっていこうといった姿勢は見られない。区長は孤独死や自殺，引きこもり等への諸対策について，議会で「ある意味対症療法であり，その根底に横たわる共通課題にメスを入れない限り抜本的な解決はできない」と述べているが，区民の主体的な関与はその基礎となろう（佐々木ほか 2008）。秋田県において対策を主導した公衆衛生学者の本橋も，「行政はあくまでも悩みを抱える住民を支援するという立場」であり，自殺対策の主体は住民であるため，「住民自身が主体的にかかわるという意味での参加が重要」だと論じている（本橋編著 2007：77）。対策へのこうした住民による主体的な関与は，区が目標とする「生き心地のよい都市 あだち」の実現にとっても欠かせないものである。

そのため，今後は連携・協働の輪を地域住民にまで広げることで，区が目標に掲げる「生き心地のよい都市 あだち」を，住民自身が主体的に創り出していくことが必要だろう。住民を含めた形で地域でのガバナンスが形成されてこそ，自殺のみならず他の問題にも対応可能な，よりよい地域社会の形成が可能になると考えられる。

また，区は自殺対策を，他の課題の解決策を立案・実施していくうえでの「道標」とすべく事業を展開してきたことから，今後はそうした側面からも対策の成果を検討・評価していく必要があるだろう。自殺対策を通じた連携関係や知見等が，他の施策の形成・展開に際して活用され問題の解決に寄与できれば，ひいてはそのことが"生き心地のよい都市"の形成にも繋がっていくと思われる。この点は，他の事業の展開やその成果を含めて，今後検討がなされるべき課題であろう。

本章では，足立区における自殺対策の形成過程を検討し，自殺やその対策への関係者の意識と行動の変化を促した要因を考察した。その結果，ライフリンクや遺族の説明が関係者の意識と行動の変化を促してきたこと，さらにライフリンクの提供する情報が区の事業内容や方向性に大きな影響を与え，事業実施の根拠となってきたことが明らかとなった。足立区での対策の輪は庁内外に広がり，地域一体となった取り組みを展開してきた。自殺者数の減少や事業への高い評価，さらには庁内外の関係者が連携・協働している様子を見ると，足立区の取組は確かに成功事例と呼びうる。

しかし，一般住民に目をやると，民生・児童委員などの一部を除き，大半の区民は地域の問題に主体的に関与しているとはいい難い状況にある。今後は連携・協働の輪を地域の一般区民にまで広げ，区民が自ら主体的に地域社会を創り出していくことが求められる。そのためには区民を含めた形で，よりよい地域社会のあり方を議論していく必要があろう。区民を含めた形で地域でのガバナンスが形成されてこそ，"生き心地のよい"地域社会が実現できると考えられる。

# 第5章
## 自殺予防の意味と実践の変容
──社会福祉法人 いのちの電話（東京）を事例に──

## 1 自殺対策と民間団体

**活動の再検討を迫られるいのちの電話**

　基本法の制定によって，自殺対策は「国家事業として明確に位置づけられるようにな」る（大野監修 2008：97）など，この問題に対する国の方針は近年大きく転換してきた。ただし，ここまで確認してきたように，自殺対策の推進には，地方自治体や民間団体など国以外のさまざまな主体の参加と，主体相互の連携が不可欠とされる。基本法の制定前まで，自殺予防活動の主たる担い手となってきたのは，国や自治体等の公共ではなく民間団体であった。彼らの多くは団体独自の方法や考え方に基づき活動してきたが，国の対策が開始したことに伴い，その枠内で自らの活動の再検討を迫られている。そうした民間団体の中でも最も早い時期から活動を展開してきたのが，有志の市民が電話を通して相談活動を行うボランティア団体の「社会福祉法人いのちの電話（東京）」（以下，いのちの電話）である。

　1971年に誕生してから，いのちの電話の活動は全国各地に拡がっていき，今では国内に50近いセンターが存在し，そこでは約6500名の相談員が年間75万件超の電話を受けている。2001年からは，「一般社団法人日本いのちの電話連盟（以下，連盟）」が受託先となり，厚労省による自殺対策事業の一環として，毎月10日にフリーダイヤル「自殺予防いのちの電話」を実施するなど，国の対策の一翼も担ってきた。本章では，いのちの電話の活動を事例に取り上げ，その活動内容や変遷等について検討することで，国の対策が民間団体による自殺予防活動に対してどのような影響を与え，自殺予防の意味と実践をいかに変容さ

せたのかを考察する。

**いのちの電話の活動を捉える視点**

　これまでいのちの電話に関しては，この活動が自殺を予防するうえでいかなる役割を果たしており，またどのような効果を上げているのかを検証・評価しようといった試みがしばしばなされてきた。そうした研究としては，いのちの電話の相談内容の統計と人口動態統計とを比較し，活動の効果について検討した影山・名嘉（1997）や，この活動が相談者に与える影響について考察した勝俣（2006），相談活動のみならずセンターの存在が社会に与える自殺予防の効果について検討する必要性を説いた齋藤（2004）などの議論が挙げられる。予防の効果については影山・名嘉が否定的である一方，勝俣と齋藤は一定の効果を認めるなど見解は定まっていない。電話相談が自殺予防に与える効果は，科学的な検証が困難なこともあり，諸外国でも意見が割れているという（齋藤編 1996：162-172）。

　この他にもいのちの電話に対しては，活動に従事する相談員に焦点を当てることで，彼らの活動の継続理由や課題等について考察されてきた。そうした研究の例としては，死への態度と自尊感情との関連を検討した杉本（2010）や，この活動が相談員の精神的健康に与える影響やその規定要因を検討した平井（2008；2010；2011）などが挙げられる。これらの研究では，相談員が活動に際して抱える困難や課題等について検討されており，活動実態や相談員の意識を把握するうえで示唆に富む。

　しかしこれらの研究では，国による自殺対策の開始という大きな社会の変化があったにもかかわらず，その点も踏まえていのちの電話の活動について検討，考察されていない。そのため，自殺が社会問題とされなかった時代から，いのちの電話がこの問題に取り組んできたのはなぜか，その当時の社会はこの団体にどのような役割を期待していたのか，さらに国による対策が進む中で，この活動がいかなる影響を受けたのか等は明らかにされていない。

　そこで本章では，いのちの電話の関係者へのインタビューや各種資料の分析をもとに，活動に対する内部の見解と外部の評価とを比較検討し，その結果を

自殺対策の開始という社会状況の変化を踏まえつつ考察することで，自殺対策の開始という社会状況の変化が民間団体の活動にいかなる影響を及ぼしたのかを検討する。結論を先取りしていえば，国による自殺対策の開始は，いのちの電話の活動にも少なからず影響を及ぼし，当該団体における自殺予防の意味と実践を変容させつつあることが明らかとなった。本章では，この変容の過程を描き出す中から垣間見える，国の対策の問題を指摘するとともに，こうした状況の中で民間団体が果たすべき役割についても考察する。

## 2　いのちの電話の成り立ち

**社会状況に対する憂い**

いのちの電話の源流は，イギリスで1953年に始まったサマリタンズ（Samaritans）[6]と，オーストラリアで1963年に開始したライフライン（Lifeline）[7]という，自殺予防を目的とした海外での電話相談活動にある（社会福祉法人いのちの電話二十年史編集委員会 1991：3-8）[8]。両団体の活動は，サマリタンズがチャド・ヴァラー（Chad Varah），ライフラインはアラン・ウォーカー（Alan Walker）という牧師によって始められたこと，さらに市民ボランティアが相談活動を担うという点で共通する（齋藤・林 1981：141-142；齋藤編 1996：185-193；佐藤ほか 2010：11）。これらの活動に示唆を得て，1971年10月には東京にいのちの電話が設立された（佐藤ほか 2010：11）。

日本にいのちの電話の設置を最初に呼びかけたのは，ドイツ人女性宣教師のルツ・ヘットカンプ（Ruth Hetcamp）であったとされる。彼女は，女性のための更生施設の主管者として，夜の仕事に従事する女性への伝道や教育，更生を目的に活動していたが，その対象となり得る者となかなか接触を持てずにいた。そこでヘットカンプは，その手段として電話相談を思い立ち，東京のキリスト者の有志にこれを呼びかけ，彼らがそれに賛同したことで，いのちの電話の設立に向けての準備が開始されたという（いのちの電話編 1991：3；村瀬・津川編 2005：23-24）。ヘットカンプとともに幾多の教会を行脚し，活動への理解と支援を呼びかけたシスターの林義子によれば，そこにはカトリック，聖公会，

ルーテル教団，日本基督教団など宗派の違いを超えて多くのキリスト者が集まったという。このことから，連盟の常務理事を務めたこともある牧師の齋藤友紀雄は，この運動を「エキュメニズム（キリスト教会一致）運動でもあった」と懐古している。

しかし2年間の構想の過程で，ヘットカンプはこの活動を，教会の事業やミッションではなく社会奉仕事業と位置づけ，市民運動として展開させることにした（村瀬・津川編 2005：24）。このような決断を下した背景には，当時の社会状況があったと林は述懐する。いのちの電話とは「大都会の中で，孤独に悩み，生きる目標を失っている人たちに，隣人としてかかわり，お互いに支えあう方法」を模索する中で生まれた試みであり，これに賛同し集まった人々には，キリスト者であるか否かにかかわらず，共通して「1970年代初頭の日本の社会状況に対する憂いや問題意識」が見られた（齋藤・林 1981：13）。そこで相談員の募集にも信仰の枠を設けず，間口を広くすることにしたのである。

### 「よき隣人」として

信仰という枠を設けない中でこの活動を円滑に進めるには，団体の基本方針の確立が急務となった。方針をめぐっては関係者間で激しい議論が交わされたが，最終的には次の内容で落ち着いた（いのちの電話編 1991：8）。

> いのちの電話は，苦悩の多いこの時代に生きるものが，互いによい隣人となりたいという願いから生まれた運動です。キリスト者の始めた仕事ですが，誰でも，この運動を理解する人びととの協力を求めます。そしてこの運動は，自分から進んで奉仕をしようとする人びとによって支えられます。

ただし，応募さえすれば誰でも相談員になれるわけではなく，「所定の手続きを経て，その後約1年半の養成研修を修了し，認定を受け」なければならない。まず申込書や自己形成史，志願動機といった提出書類に基づく一次選考と，面接と適性検査による二次選考があり，選考通過後には1年半の養成研修を受ける。研修を修了できない場合や，相談員に相応しくないと判断された場合に

は，認定を得ることはできない．さらに認定を受けた後も，全相談員には月1回の継続研修への参加が義務づけられている。<sup>(14)</sup>

このように相談員になるまでの道のりは険しいが，そこで相談員として求められるものは至ってシンプルである．これを林は「社会的な資格ではなく，ただ一つ『よりよい隣人』という資格」（稲村ほか 1981：138）と述べており，相談員の資質や適正も，この観点から問われることになる．

### 隣人の意味

ではこの「よりよい隣人」とは一体なにか．相談員の訓練担当も務めた林によれば，これは『ルカによる福音書』第10章の「サマリア人のたとえ話」に基づく（稲村ほか 1981：143）．ここでは，強盗にあって道端に倒れていた人を，誰もが見て見ぬふりをして通り過ぎる中，サマリア人だけが手を差し伸べたというエピソードが綴られている．自分にとっての隣人とは誰かと問う律法学者に対し，イエスはこの話を聞かせ，倒れていた人にとって誰が本当の隣人かと逆に問うた．サマリア人だと答える律法学者に対し，イエスは「行って，あなたも同じようにしなさい」と諭したとされている．<sup>(15)</sup>傷つき倒れている相手を目の前にしたとき，たとえ専門的な技術や知識はなくとも「『私もあなたと同じ人間です』という共通の基盤に立って，その人とともにある，その人にかかわる」という，そうしたサマリア人の姿こそが「いのちの電話のボランティアの姿」とされ（稲村ほか 1981：144），そのように「自分を愛するように相手を愛すること」の重要性を，林は強調した．<sup>(16)</sup>ヘットカンプもまた，隣人とは「悩んで電話してこられる方々とおなじ立場の人間であり，兄弟姉妹」であるとし，聖書の『コリントの信徒への第1の手紙』の第13章を挙げつつ，こうした隣人となるには愛がなければならないと説いている．<sup>(17)</sup>

しかし，キリスト者でない相談員にこの意味や実践をどう伝えていくかは，組織にとっての課題でもあった．そのためか，研修ではこのことをあまり言語化して伝えていないかもしれないと，林は率直に語っている．<sup>(18)</sup>また，信仰を問わないと決めたからには「むしろそういう言葉や概念をなるべく使わないように，みな対等な市民として問題を共有しようという言い方をし，そういう態度

に努めてきた」と齋藤は述べている。[19]

このように言語化された形での説明がきわめて乏しかったにもかかわらず，当時の活動に特段の問題が生じなかった理由としては，団体創設の当初は相談員の中にキリスト者が多く含まれており，[20] さらに総務委員会（現在の理事会に相当）の構成員も，かつてはキリスト者に限定されていたことが大きかった。[21] 月１回の継続研修では，リーダーや相談員を交えて日々の活動を検討する機会が設けられており，各相談員はそこで自らの他者との関わり方や態度についての振り返りを余儀なくされる。その際，関係者の多くがキリスト者であれば，隣人という概念に照らしてその関わりを検討し，なんらかの指摘を与えてくれる者も多く，こうした状況が，関係者間で共通の理解と認識を持つことを支えていた。

## 3 いのちの電話における自殺問題の位置づけ

**自殺問題を重視する専門家たち**

隣人の概念と比較して，この活動で曖昧だったのが自殺問題の位置づけである。基本方針や目的ではとくに言及もなく，林は当初，自殺予防はこの活動の目的ではなかったとも述べている。[22]

しかし一方で，いのちの電話の目的は自殺予防だと考える者もいた。たとえば齋藤は，サマリタンズやイギリスの自殺研究等に接していた経験から，自殺予防をいのちの電話の「大きな目標の一つ」と捉えていたという。[23] また，いのちの電話の理事であり，精神科医療面接室（以下，面接室）の担当医師であった稲村博は，そこでの活動を足掛かりに「将来いのちの電話が自殺予防センターの役割を担うことが可能と思う」と述べていた。[24] それゆえ齋藤は，稲村には当初より「自殺予防という強いモチベーションがあった」と指摘している。[25] ほかにも医師・理事として活動に参加した増田陸郎は，自殺予防研究会（現在の日本自殺予防学会の前身。以下，研究会）の発起人の一人であったし，かつていのちの電話の理事長を務めた三永恭平や理事の新海明彦等も研究会の参加者であった。彼らにとって，いのちの電話と自殺予防とは，切っても切れない関係

だったのである。

　こうした認識が社会に広まるきっかけとなったのが，トヨタ財団から受けた「自殺予防と危機介入に関する臨床的研究」への助成であった。この研究の目的は，いのちの電話の相談事例を活用して自殺予防を進展させることにあり，その一環として1977年に研究会と合同で国際自殺予防シンポジウムを開いたことが，1977～80年度の事業報告には記されている。[27]この開催にあたっては，総理府，厚生省，文部省（いずれも当時）の後援にくわえて，生命保険協会等からも財政的な支援を得るなど，外部に活動をアピールする絶好の機会となった。当時理事長だった菊池吉弥は，シンポジウムの開催が「自殺予防問題を真剣に取り組もうとしている私たちに，多大の示唆と励ましを与えた」と述べている。[28]総理府に1978年に設置された「青少年の自殺問題懇話会」には，委員として稲村と増田が選出され，そこでの提言には「いのちの電話の拡充」が盛り込まれたことが，1978年度の事業報告に記されている。このようにいのちの電話の活動を通じて，自殺予防に向けた行政の施策を実現させようとする動きが，理事たちの間では加速していったのである。[29]

### いのちの電話における自殺予防の意味

　しかし，この活動の目的が自殺予防だと強調されることには，疑問を抱く相談員も少なくなかった。当時の相談員の関心事は「孤独や孤立の問題にどう向き合うかにあり，自殺はメインの問題になかった」[30]ため，ボランティア総会では激しい議論が交わされることもあったと1975年度の事業報告の中で紹介されている。つまり，自殺問題の位置づけをめぐっては，専門家と相談員との間に当初から見解の相違があったといえるが，そもそもこの活動で自殺予防とは何を意味していたのか。

　公衆衛生学者の本橋豊は，自殺予防活動を一次予防（事前対応），二次予防（危機対応），三次予防（事後対応）に分類したうえで，いのちの電話の活動は二次予防に相当するが，緊急時の危機介入ができず限界があると指摘した（本橋編著 2007：67-69）。そうした指摘は活動初期の段階よりあったようで，1980年代初頭に発表された書籍の中でも，いのちの電話とは「精神衛生活動における

『危機介入』の手段」であるとの説明が，関係者によってなされている（齋藤・林 1981：1）。危機介入といえば，一般的には二次予防が想定されるが，いのちの電話では「危機にある人と信頼的な人間関係をつくり，本人の固有の問題を受容してゆくこと」（稲村ほか 1981：232-234）を通じて，本人が自立して生きられるように支援することを指していた（齋藤・林 1981：230）。つまりそこでは，本橋のいう緊急時の危機介入としての二次予防ではなく，一次予防の枠内で危機介入が捉えられていたといえる。そのため，自殺防止とは技術ではなく，最終的には「生きることへの問いかけ」にほかならないと齋藤と林は強調したうえで，いのちの電話の役割とは「危機の訴えに共感し，いかにその危機に処し，またいかに生きるかを共に模索する」ことにあると論じた（齋藤・林 1981：230）。

齋藤と林によれば，いのちの電話とは，かけ手と受け手との間に「こころの絆をつくる運動であって，単なる『電話相談室』ではない」（齋藤・林 1981：230）。この「こころの絆」の重要性については稲村も強調しており（稲村 1978：273-274，279），齋藤と林も，稲村の議論を踏まえて「『心の絆』なるものが治療的意味を持ちうるということこそ，ボランティアの役割の有効性を証明している」（齋藤・林 1981：225-226）と述べている。そのためいのちの電話では，危機介入に際しての技術よりも，むしろ「危機をケアする人自身のパーソナリティーそのもの」（齋藤・林 1981：135）が問われることになるのである。

**自殺予防をめぐる見解の相違**

稲村や齋藤などの専門家の語る自殺予防の意味を検討すると，それは二次予防の枠を超えた広がりを有していたことが分かる。心の絆を結ぶことを自殺予防と呼ぶか否かは違っても，その要諦が隣人としての関わりにあるという点は，専門家と相談員との間で見解が一致していた。それにもかかわらず両者の間で見解の相違があったのは，第1に，いのちの電話で接する対象者の違いから自殺予防の意味が異なって受け取られてきたこと，第2に，専門家が自殺予防の言葉を対外戦略として用いてきたことの2点が指摘できる。

まず第1の理由を見ていこう。いのちの電話に寄せられる相談内容は，活動

第5章　自殺予防の意味と実践の変容

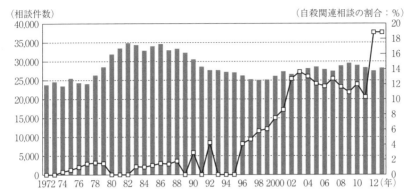

**図5-1**　相談件数(棒グラフ)と自殺関連相談の割合(折れ線グラフ)の推移(1972～2013年)
出所：いのちの電話の各年度の事業報告をもとに筆者作成。

開始時からよろず相談と呼べるほど幅広く，自殺からほど遠い話題が大半を占めていた（村瀬・津川編 2005：25）。図5-1は各年度の事業報告を参照し，各年の全相談件数（棒グラフ）とそこに占める自殺関連相談の割合（折れ線グラフ）を示したグラフであるが，ここからも自殺関連の相談は，1980年代後半まで2％以下ときわめて稀であったことが分かる。

これに対して，専門家が日々向き合ってきたのは，電話相談の中で危機的状態にあると判断され面接室に回されてきた者たちであった（稲村 1981：18-27, 32-38；いのちの電話編 1991：15）。そのため，危機的事例と日常的に接していた専門家にとっては，自殺予防という表現がしっくりきたのだろう。

また，自殺予防の言葉を専門家が用いるのは，助成の申請や政府への提言など，活動を外部にPRしたり支援を要請したりする場面で多く見られた。活動の継続には外部からの理解と援助を得ることが不可欠であるが，とくに活動資金の確保は大きな課題であった。当初この活動を資金面で支えたのは，ヘットカンプの属するMBKミッションからの支援だったが，1973年には打ち切りが決定していたため，活動の継続には助成金や寄付金の獲得が至上命題であったという（いのちの電話編 1991：6-7, 17-26）。いのちの電話は1973年に社会福祉法人格を取得したが，これは「法人格がなければ申請できない助成金や寄付金を受ける」ためであったと説明されている（いのちの電話編 1991：25-26）。この

ように，自殺予防という言葉は，この活動の対象や目的を外部に分かりやすく発信し，支援を得るために用いられたという側面が強かった。

しかし，危機的な訴えの少ない状況で，いのちの電話が自殺問題に特化した活動を展開することは不可能だった。そのため齋藤も，1977年の事業報告で「わが国の電話相談の実態は，結婚，家庭，青少年など幅広い問題が訴えられており，自殺予防機関とするにはあまりにも問題は大きい。まして自殺に関係のない緊急性のない問題は軽く受け流すようであってはならない。やはりいのちの電話は自殺予防に重点を置きつつあらゆる問題に誠実に対応するのは本来の姿勢であると思う」と述べている。齋藤は，自殺予防の実践と研究を行う専門機関として自殺予防センターを設置する必要があることは認めつつも，「『いのちの電話』は自殺予防専門の機関ではない」ため，これが「『自殺予防センター』に移行するものでないことは明らか」だと結論づけた。

## 4 自殺をめぐる社会状況の変化

### 社会からの期待の高まり

ここまで関係者の見解をもとに，いのちの電話における自殺問題の位置づけを整理したが，周囲はこの団体をどのように捉え，この活動に対してなにを期待していたのだろうか。

いのちの電話編（1991：17-23）に記されている法人格取得に至った経緯を踏まえて考察すると，この団体に当初期待されたのは，孤独に苛まれ悩みを抱える者に対し電話を通して相談活動を行うことであり，自殺の予防では必ずしもなかった[33]。1970年代初頭の新聞記事の見出しも「孤独なあなたの話相手にいのちの電話」[34]や「"都会の孤独"を救って」[35]など，自殺の語は見られない。

しかしこの活動は，国際自殺予防シンポジウムの頃から自殺の問題と関連づけて論じられ，外部の目に触れる機会が増えていく。とくに1970年代後半は，青少年の自殺者数が増加し，いのちの電話はこの関連でマスコミに多く取り上げられた[36]。また東京の高島平団地で自殺が多発したときには，講習会の講師に稲村と林が呼ばれたほか，団地内の公衆電話の全ボックスにいのちの電話のス

テッカーを，掲示板にはポスターを掲示したという（いのちの電話編 1991：58-60）。
　この傾向は1980年代半ば以降さらに加速する。そうしたこともあって，いのちの電話は，自殺予防への貢献を理由に，1986年には第一生命主催，厚生省・朝日新聞厚生文化事業団・NHK厚生文化事業団後援の「保健文化賞」を受賞するに至った。関係者はこのことを，「いのちの電話が，たとえ不十分ではあっても，自殺予防の分野で先駆的な役割を果たしたことが認められた」と歓迎している。さらに，その翌年に厚生省の小林秀資・精神保健課長（当時）らがいのちの電話を訪れた際には，これを「いのちの電話が自殺予防をはじめとする精神保健活動の一環であるとする厚生省の暗黙の認識」の表れだと関係者は捉えた。彼らはこの訪問を，厚生省の対応が一歩進んだ証しとして歓迎する一方，同省からの公的助成が依然として少ないことには率直に遺憾の意を表明した（いのちの電話編 1991：96-97）。
　こうしていのちの電話が「自殺予防の実践と研究，また啓蒙活動において中心的な存在」となっていくにつれ，周囲がこの団体に寄せる期待もまた変化していった。それは関係者が説いてきた広い意味での自殺予防ではなく，危機的な状態の者への緊急援助，すなわち二次予防（危機対応）という役割の遂行に近かった。そしてこのことが，団体の方向性を徐々に左右していくこととなる。

**「自殺予防いのちの電話」の始動**

　これまで組織の内部には，団体の設立当初から活動の中核を担ってきた人物が数多くいたため，その方向性を見失わずに活動を進めることができた。しかし，団体創設者のヘットカンプが1982年にドイツへ帰国したのを皮切りに，林は1991年3月付で退職，さらに1996年には稲村が死去するなど，活動の中心となってきた人物が相次いでこの組織を去っていた。さらに1990年代半ばより自殺者数が増加する中で，いのちの電話に寄せられる自殺の訴えも急増してきた。この事態を前に，事務局スタッフの間では「自殺予防についての理想論や建前論ではなく，東京での経験から『できる，できない』をはっきりさせた現実論」が必要との認識が強まった。その結果，スタッフの間で確認されたのは，いのちの電話が緊急対応の機能を担うことは不可能であり，可能なのは「自殺

問題をもつ人の悲しくまた，つらい気持とじっくりつきあってあげること」であった（いのちの電話編 1991：110-112）。

しかし，行政の期待はこれに留まらなかった。1998年に年間の自殺者数が初めて3万人を突破したことを受け，厚労省は2001年に自殺予防対策費を初めて予算化したが，いのちの電話はこれを用いた事業の受託を打診されたのである。こうしていのちの電話は，悲願だった行政からの大型助成を確保し，新規事業を開始した。それがフリーダイヤル「自殺予防いのちの電話」である。[45]

本事業の決定は，理事の間で「これまでの自殺予防のために果たしてきた『いのちの電話』の役割，とりわけ『よき隣人としての関わり』の大切さ」が，行政より積極的評価を受けたことの証左とされた。[46]しかし彼らの喜びとは裏腹に，相談員からは事業に対して大反対が起こった。彼らの間では「自殺予防のためにこの活動をしているわけではない」という意見が多数を占め，それにもかかわらずフリーダイヤル事業を受託することは，活動の一部を切り売りすることだと受け止められたのである。[47]さらに事業の受託に際しては，政府との交渉をめぐって理事の間でも対立が生じ，最終的には交渉担当者の解職にくわえて，当時の執行部2名の引責辞任にまで発展したという。[48]

これまで行政は，自殺予防の必要性をほとんど認めてこなかったため，自殺問題をめぐる内部認識の齟齬もまた重大な問題とならずに済んだ。しかし行政が対策に乗り出す中で，突如いのちの電話は白羽の矢を立てられ，行政の施策を担うという現実的役割の遂行を期待された。そしてその期待に応えるという行動が，いのちの電話に対する社会の認識のみならず，相談員の認識にも大きな影響を与えることになったのである。

## 5　自殺予防機関というイメージの定着

**相談員の認識**

フリーダイヤル事業の開始により，いのちの電話は自殺予防活動を行う団体だという認識が社会に浸透していった。[49]さらにこの認識は，今では相談員にも浸透しつつあることが，2014年9〜12月に実施した相談員へのインタビューか

らも明らかとなった。この活動の目的が「自殺予防だと思う／思っていた」と回答した者は12名中9名にのぼり，うち8名はフリーダイヤル事業の開始以降にこの活動に参加していた。彼らの中には，自殺予防の活動がしたいと思い相談員に応募した者も少なくないが，実際にはこの活動が自殺予防のためになっていないと感じ，活動に対する疑問や不満を抱いていた。

表5-1 インタビュー協力者一覧

| 対象者 | インタビュー所要時間 | 活動歴 | 対象者 | インタビュー所要時間 | 活動歴 |
| --- | --- | --- | --- | --- | --- |
| Aさん | 2時間半 | 10年以上 | Gさん | 2時間 | 5年未満 |
| Bさん | 2時間 | 10年以上 | Hさん | 2時間 | 10年以上 |
| Cさん | 2時間 | 5年未満 | Iさん | 2時間 | 10年以上 |
| Dさん | 1時間 | 5〜10年未満 | Kさん | 2時間 | 5年未満 |
| Eさん | 2時間 | 10年以上 | Lさん | 2時間半 | 5年未満 |
| Fさん | 2時間 | 5年未満 | Nさん | 2時間 | 5〜10年未満 |

たとえば表5-1のFさん，Kさんは次のように述べている。

　外から見た時のこの活動の役割はやっぱり自殺予防だと思うし，自分もそう考えていた。けれどそうではない電話のほうが圧倒的に多いと今は感じる。
(Fさん)

　ここの団体が掲げる目標や世間に発信している姿と，実態とが違うことに違和感がある。商標みたいに自殺防止と書かれているけれど，それがここの活動とどうリンクしているのか理解しづらい。　　　　　　　(Kさん)

**相談員と組織との認識の齟齬**

　前掲の図5-1を参照すると，フリーダイヤル事業の開始後，全体に占める自殺相談の割合は10％前後に上昇し，とくに2012年と13年の2年間は20％近いことが分かる。それにもかかわらず，この活動の目的と実態とが乖離していると相談員の多くが感じるのはなぜか。相談員へのインタビューから見えてきたのは，彼らの間での自殺予防の意味や実践に関する認識が，組織のそれとは異

なって理解されていることである。
　⑴危機介入としての自殺予防
　まず相談員の中には，自殺予防を，今まさに死の淵にある人に対処すること，すなわち危機介入だと捉える者が少なからずいた。たとえばGさんやIさんは，ここの活動の実態と目的との間に齟齬を感じる理由を次のように語っている。

　　"もう人生嫌だ"とか"消えていなくなりたい"といった話はあるけど，今すぐ死のうという電話は受けたことがない。だから本来の目的で"ああこのためにやっていたんだ"という思いに到達できたことは未だにない。
　　　　　　　　　　　　　　　　　　　　　　　　　　　　　（Gさん）

　　自殺予防といっても，それほどハードな内容の電話は頻度が高くない。それよりもなんとなく生きていたくないとか，生きる意味が分からないとか，漫然とした空虚感みたいなものを抱えて生きている人の方が多い。（Iさん）

　これらの発言から分かるのは，相談員は，"なんとなく辛い""消えてしまいたい"という漠然とした希死念慮ではなく，今まさに死を考えている人の訴えに対応することが自殺予防だと捉えているということである。しかし，実際にはそうした訴えはきわめて少ないため，自殺予防のための活動とは呼べないと考えているのである。
　これに対してAさんは，インタビューに応じた相談員の中で唯一，いのちの電話は自殺予防のための活動ではないと断言したうえで，いのちの電話の活動目的を自殺予防と捉えることへの懸念を次のように語った。

　　いのちの電話で自殺を止められることがあるかもしれないけど，それはあくまで結果。もし死にたい人しか話を聴かないとすると，死にたいと言い出す人はいくらでも出てくる。何が重いとか軽いとかをこちらが選んでしまうのは，こちらの傲慢でしょう。
　　　　　　　　　　　　　　　　　　　　　　　　　　　　　（Aさん）

危機的状態への介入のみをいのちの電話の目指すところだと捉えてしまうと，実際にかかってくる大半の電話相談の内容はそれに該当しないことになる。そのため最悪の場合，相談員が電話を選別し，大半の電話を拒絶することにつながりかねないと，Ａさんは危惧するのである。

(2)支援の提供としての自殺予防

また，活動のあり方をみて自殺予防の目的を果たせていないと考える相談員もいた。Ｅさんは，私生活で支援活動に携わった経験から次のように語る。

　電話で気持ちを聴くことは大切なことだろうと思うけど，気持ちを聴いてもらったからといって現実が変わるわけではない。現実に届く支援が必要なのだろうなと。現実で支援の活動をしているとそういう思いが強い。ここに電話をかける方は，色んな話を聴いてもらって，気持ちの部分が救われるのかもしれない。そこが活動の目標になっているのであれば，それはいいのかな…。それでも，この活動，このままでいいのか？と感じる。　　　（Ｅさん）

いのちの電話では，相談者も相談員も匿名のため，切電後の経過を追うことも，具体的な支援を提供することも難しい。そのためＥさんは，この活動を「現実的に支援を必要とする人が大勢いる中で，やっぱり支援が届かない活動」だと評した。

Ｂさんも，対人支援業務に従事する経験から，電話相談の限界を感じている一人である。

　いのちの電話と言いながらも，危機にある方はなかなか電話をかけてこないという思いがある。結局は会って話す中でしか解決できない問題があるけれど，それには手がつけられないまま，この活動は来てしまっている。自分にとっては街の中にいて，顔の見える関係を築くことが，支援という意味で一番しっくりくる。だから，電話に対してじれったい気持ちはある。アウトリーチのことがどこかでできないのかなと。　　　（Ｂさん）

しかしBさんは「いのちの電話という食器の形」は変えられないと言い，現実に働きかける活動は「他で考えるしかない」と話す。
　これに対してAさんは，最近の相談員の間ではいのちの電話を自殺予防のための活動だと考える傾向が強いが，いのちの電話とは現実的な支援を提供する場ではないと強調する。

　とにかく自殺を防げばいい，というほうが楽だとは思う。そのほうが行政や福祉にふればいいとか対応が決めやすいし，対応をマニュアル化できる。けれどそれを全部やったとしても，さびしい思い，辛い思い，誰かに聞いてほしい気持ちはなくならない。そういうのをただ聴くよと言ってあげられる。その意味でここは本当に貴重だと思う。　　　　　　　　　　　　（Aさん）

　昨今の相談員の多くが現実的な支援の必要性を感じているのは，最近の電話の内容が変化してきたことに伴い，組織側も具体的な問題についての勉強会や対応の方法に関する研修会を開くなど，対応のあり方を見直し始めたことが多少なりとも影響しているのではないかとHさんは話す。

　DV，性同一性障害，生活保護など具体的な問題に関する相談員向けの研修が，こんなに積極的に開かれるようになったのはここ数年。それはこれらの問題が社会で認知され始め，そうした話をする人が増えてきたからだと思う。問題についてある程度は知識がないと相手の話を理解できないし，具体的な支援策があっても対応できない。昔は相談機関自体が少なかったけれど，今は色々な支援先がある。そうなると外と隔絶してはやっていけないし，今までのように本人の納得するまで話を聴くという活動のあり方でいいのか，ということになる。　　　　　　　　　　　　　　　　　　　　（Hさん）

　しかし，いのちの電話の活動の枠内においては，具体的な支援策を用いて相談者の抱える現実問題の解決を図ることが難しい。そのため多くの相談員は，この活動が自殺予防という目的を果たしていないと認識しているのである。

## 6 民間団体として果たすべき役割とは

**国の動きに翻弄されるいのちの電話**

自殺予防の意味と実践に関する相談員の認識を見ると，それは専門家の説いてきた内容とは異なり，問題解決のための具体的な支援や他機関との連携，緊急時の危機介入に近いことが，相談員へのインタビューより明らかとなった。昨今では，具体的な問題や支援策を知るために，相談員向けの研修が数多く開かれるようになったとされるが，これはそうした支援の役割を担うことを国から期待されていることへの対応ともいえる。[51]

相談者の抱える問題を解決することは重要であるし，公的機関から助成を受けている以上，そこから期待される役割を果たすことは，組織としての当然の責務でもある。そもそも隣人としての関わりを実践するには，問題解決に役立つスキルや知識をある程度身に着けていることが不可欠でもある。[52]しかしその結果，この活動の根幹をなしてきた隣人という姿勢が顧みられなくなるのであれば，それは本末転倒ではなかろうか。

この活動から1991年に離れた後，フランスに10年ほど滞在した後に帰国した林は，そのとき日本が「本当に人間らしい生活ができない状態になっていた」ことに驚愕し，「これこそ，いのちの電話が頑張らないといけない」との思いを強くしたと話す。自殺問題の深刻化に伴い国も対策を講じてきたが，林は「政策は政策としてやらなければならないと思うけど，それ止まり」だと述べる。いのちの電話で大切にすべきは「一人でも多くの人が，隣の人のことを少しでも考えられるあたたかさとか関わり」であり，この実践こそ「いのちの電話の出来ること」だと指摘した。[53]

稲村や齋藤も，隣人として相手と関わることが心の絆をもたらし，ひいては自殺の予防に繋がるのだと説いてきた。稲村は，治療やカウンセリングとはあくまで手段や技術であるとし，心の絆の重要性を以下のように論じた（稲村1978：279-282）。

人は，いかに打ちひしがれ，心が病んでいても，一人でも真の心の友がいて，心の絆がしっかり結ばれていれば，容易に死ぬものではない。(中略) 自殺は，それを防ぐ熱意さえあれば，また人間としての真心や誠意さえあれば，充分に防止することができる。それは，本人の苦闘に同じくよるべない一個の人間として共感し，ともに苦闘しつつ，いわば人生を再発見する試みである。

　面接室の患者から，長期にわたり自殺者が出なかったという稲村の臨床経験 (稲村 1981：18) を踏まえると，この指摘は重く受け止めるべきではなかろうか。

**隣人としてのかかわりを実践していくために**
　また，自殺を防ぐうえでは，技術のみならず精神的な側面への配慮が欠かせないという点を踏まえると，稲村の指摘は，現在の政府による対策にも重要な示唆を与えていると考えられる。政府が目指すのは，自殺者数や自殺率の低減に留まらず「国民が健康で生きがいを持って暮らすことのできる社会の実現」(基本法第1条「目的」)であり，「一人ひとりがかけがえのない個人として尊重され，誰も自殺に追い込まれることのない社会の実現」(12年版大綱「はじめに」)である。隣人という姿勢は，こうした社会の実現にも欠かせない。
　しかし，相談員が隣人の意味を理解し実践しているかといえば，はなはだ心許ないのが現状である。隣人について彼らに問うと，「嫌な相手でもその隣に座る，一緒にいること」(Bさん)，「その人の考えていることに対して，自分がもし違うと思っていても，まず"そうですね"と言ってあげること」(Cさん，Dさん)，「なんでも言い合う友達」(Fさん)，「同じ時代を一緒に生きる同行者」(Iさん)，「専門家でなく対等な人としてかかわること」(Kさん，Lさん，Mさん)など，電話相談対応時の一種のスキルとして受け止めているかのような回答が見られた。そこからは，自分のごとく相手を愛するという，専門家の説いた核心部分は見えてこない。
　"隣人として寄り添う"ことの重要性は，研修時から繰り返し言われてきた

と相談員は話すが、彼らはその具体的なありようがつかめず困惑している。それは「この組織で思っている隣人とはどんなもの？と未だに思う。隣人とはこういうものだというのがなくて、みんなそれぞれでいいことになっている。でもそうなると、どこを目指しているのか、どうありたいのかがよくわからない」という、Ｈさんの言葉に端的に表れている。それゆえ実践でも「相手に寄り添えないことのほうが多いから、自分は隣人ではないという感じ」（Ｃさん）、「隣人として寄り添うことはすごく難しい。この人の力になってあげたいという度合が、電話の相手と実際の友達とではかなりかけ離れている」（Ｆさん）など、困難を感じる者が少なくない。

2012年の春から理事として再び活動に関わり始めた林は、今必要なのは「いのちの電話としてのアイデンティティをもっとはっきりと言葉で表すこと」だと指摘する。それはこの活動が、時代や社会のさまざまな影響を受けていることを自覚したうえで、その変化に伴い変えていくべき部分と、大切に守っていくべき部分とを峻別し、明確化することである。しかし、その努力を怠った結果、「名前だけが社会で一人歩きしている」状況を、林は真剣に憂い、次のように述べている。(54)

　今、相談員も勝手にやっている、放り出されている感じが強くある。ある時、長年活動をしてきた相談員の話を聴く機会があったけど、私はそれを聴いて腰が抜けそうなほど驚いた。みんな養成研修の話しかしなかったから。研修を終えたばかりの人たちでもないのに、その話しかしないということは、そこでの体験や評価されたことが彼らにとって一番大きいということでしょう、ここで電話を受けていることよりも。それは（この活動を振り返る機会が）今の研修の中にないからだと思う。研修ではテクニックでなく、いのちの電話が現実の中で問われているものはなにか、いのちの電話のアイデンティティとはなにかということを、言語化しなくてはいけない。そうしないと次の人たちに伝えられない。

この活動で一貫して大切にされてきた"隣人"という概念は、自らの信仰に

基づき活動に取り組む相談員にとっては自明のことであるかもしれないが，そうでない者の間にはその意味と実践をめぐる混乱が見られる。いまやいのちの電話における自殺予防の意味と実践は，専門家らの説いてきた隣人としての関わりを基盤としたものから，現実問題の解決や支援策の提供など国の自殺対策の枠組みに即したものに取って代わられつつある。かつてのように組織運営を担う者や相談員の多くがキリスト者であれば，そうでない者にも隣人としての関わりとはなにかを説くことができたかもしれない。しかし，その多くが組織を去った今，この意味と実践を相談員の間で共有することはますます難しくなっている。

　いのちの電話はキリスト者が中心となって始めた活動であったが，それ以外の者も取り込み市民運動として展開するという決断を下した。このことは，運動の拡大をもたらした一方で，活動の指針であった隣人の意味や隣人としての関わりがなんたるかを非キリスト者の相談員に共有させることを，次第に困難にもした。自殺問題の深刻化に伴い，国は対策に取り組み始めたが，このことは，それ以前から隣人としての関わりを基本にこの問題と独自の向き合い方をしてきたいのちの電話にも大きな影響を与え，その活動のあり方を変容させた。隣人としての関わりの意味と実践とが見失われつつある今，相談員の中には，国の対策の枠組みに照らしてこの活動の意義や効果を疑問視する者も多い。

　このように自殺対策が国家事業となり，民間団体にもその遂行が期待されるいまだからこそ，いのちの電話の果たすべき役割とはなにかということが，改めて真剣に問われなければならない。それは，国の進める自殺対策を無批判に受け入れ，その枠組みに即した形で自らの活動を展開することでも，この運動を主導してきた先人たちの取り組みを形式的に踏襲したり模倣したりすることでもない。それは，今の社会状況と照らし合わせながら，この活動の要諦である「隣人」の意味や実践を，現在の相談員一人ひとりが再検討し体現していくことであろう。活動の中核を担った人物の大半が不在となった現状において，その役割の遂行は，一人ひとりの相談員に課せられているのである。

# 第6章
# 自殺対策基本法の改正過程に見る言説の役割
――ナショナル・ミニマムとしての自殺対策へ――

## 1 法改正の背景

**対策の屋台骨の見直し**

　1998年以降の自殺者数の急増とその高止まりに伴い，日本では2006年から2007年にかけて基本法と大綱がそれぞれ制定・施行され，それらに基づき政府はさまざまな施策を講じてきた。そうした中で年間の自殺者数は2012年に3万人を割り込んだほか，それまで25.0前後で推移してきた自殺率も，2014年には20.0まで低下した（図6-1）。[1]

　このように2006年からの10年間で，自殺対策は一定の成果を上げてきたと思われるが，その枠組みとなってきた基本法は，2015年から2016年にかけて改正されることとなった。2015年6月2日の参議院・厚労委員会で採択された「自殺総合対策の更なる推進を求める決議」[2]では，自殺をめぐる非常事態が未だ継続しているとの認識のもと，自殺対策のさらなる推進と，そのための法整備等の要請が政府に向けてなされ，対策の屋台骨となってきた基本法の全面的な見直しが図られた。基本法の改正案は，2016年2月の参議院・厚労委員会に提出・可決された後，同月の参議院本会議と翌月の衆議院・厚労委員会での審議を経て，最終的には3月22日の衆議院本会議において全会一致で可決・成立し，4月より施行された。さらに内閣府が統括してきた自殺対策業務は，「内閣官房及び内閣府の業務の見直しについて」（2015年1月閣議決定）に基づき，厚労省へ移管されることとなった。厚労省への業務移管に伴い，CSPは検討チームによる精査を経て，2016年4月に「自殺総合対策推進センター」へと改組され，現在に至っている。[3]

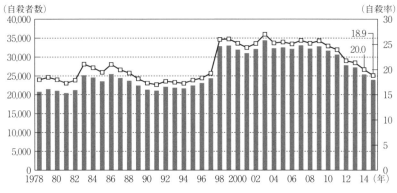

図6-1　自殺者数と自殺率の経年変化（1978～2015年）
注：自殺率は，人口10万人当たりの自殺者数を示した値である。
出所：警察庁『自殺の概要資料』

**なぜ基本法は改正されたのか**

それまでの対策を通じて着実に成果が上がってきたと思われる中で，なぜ基本法は改正されるに至ったのか。それは地域レベルでの対策をいかに進めるかという，基本法制定後の10年間の対策を通じて浮き彫りとなった課題に対応するためであったとされる。たとえば2016年度の自殺対策白書では，今後は地域レベルでの実践的な取組へと対策を転換させる必要があるとの認識のもとに，業務見直しが行われた旨が記されている（厚生労働省 2016）。

しかし，地域における対策推進の必要性は12年版大綱でも明記されるなど，法改正以前より認識されてきた課題であった[4]。そしてこの課題に対しては，2009年の「地域自殺対策緊急強化基金」（以下，基金[5]）の設立などを通じて，法改正を行わずとも一定の対応がとられてきたのである[6]。実際，CSPが自治体を対象に行ったアンケートでは，すべての都道府県と政令指定都市にくわえて，多くの市区町村がなんらかの対策を講じていると回答しており（自殺予防総合対策センター 2015），近年は地域レベルでも対策が進みつつあった様子がうかがえる。

このように，地域での対策推進という課題には，既存の枠組みでもある程度の対応がなされており，法改正まで行う必要性は必ずしもなかった。また改正

案の内容をめぐっては，さまざまな関係者から批判や抵抗が生じるなど，その実現は困難な状況にあったといえる（清水 2016b）。そうした逆風の吹く中であったにもかかわらず，なぜ法改正は実現し得たのか。本章では，基本法改正の過程に関与した主要なアクターの発言や資料の分析を通じて，彼らが自殺対策の必要性をいかなる理由に基づき説得的に提示することで他のアクターからの支持を獲得したのか，またそれによって法改正がどのように実現されたのかを検討する。そのうえで，法改正を通じて対策枠組みにどのような変化がもたらされ，それが対策にいかなる影響を与えたのかを考察したい。

## 2　法改正過程を検討するにあたって

　基本法の改正過程について理解するには，地域での自殺対策の推進という課題が浮上した経緯を検討したうえで，アクターらがその課題への対処法としてなぜ法改正を提案したのか，またその必要性をいかに説得的に示し改革を実現させたのかを考察する必要がある。そこで，基本法の改正過程に目を向ける前に，ここではまず，地域での対策推進という課題が浮上するきっかけとなった政策評価と，それを用いる言説の役割に関して，先行研究の検討をもとにそれぞれ整理したうえで，法改正の過程を分析するにあたっての視点を提示しておきたい。

### 政策評価の影響と問題

　政策評価は，政策過程においては一般的に政策形成・決定ならびに政策実施に続く段階として認識されてきた（足立 2009：124-125）。[7]このうち評価の段階がとくに注目されるようになったのは1980年代以降と，比較的最近のこととされる。政策過程に関する諸研究の興隆に伴い，政策のサイクルや段階に注目が集まる中で，評価はその重要な構成要素として認識され，強い関心が向けられるようになったという（山谷 2012a：35）。

　政策評価の目的は「政策に関して何らかの判断をする人」（山谷 2012a：65）に対し，政策情報の収集と分析を通じて，政策の決定や判断のための有益な情

報を提供することにある。そのため，評価の結果は本来「客観的な事実」に過ぎず，それ自体に「『情』はない」と言われてきた（山谷 2012a：65-66）。しかし，そうした説明はいわば建前に過ぎず，実際のところ政策評価は「本質的にすぐれて政治的なもの」（宗前 2001：131）で「政治的動機や動員のために用いられる」（古川 2002：23）側面があるとされてきた。換言すれば，評価は当該政策を客観的に評価・検証し，改善や見直しを図るためではなく，しばしば政治的選好や政治的動機に基づき，都合よく利用されてきたといえよう（山谷 2012b：62）。そのため山谷は，評価の目的を達成するには，評価が政治的動機によって都合よく利用されないよう，評価を行う組織の制度を設計したり，そうした組織を然るべき場に設置したりする必要があると説いている（山谷 2012a：5）。

　政治的選好や動機に基づき政策評価の結果が都合よく用いられるということは，政策の効果や課題について十分な議論や検討がなされることなく，ある意味で恣意的に政策の改変や終了，継続等の諸決定や判断が下される危険性があるということである。政策終了に関する議論の中で，ドレオンもその弊害を次のように論じている。すなわちドレオンは，政策終了を促す要因として(1)財政面での緊急事態の発生，(2)効率性の追求，(3)政治的イデオロギー，の3つを挙げ，とくに(3)の影響が大きいと説明する。この(3)政治的イデオロギーが政策決定に大きな影響を与えることで，合理的・客観的な決定が遠ざけられた結果，しばしば社会的弱者にとって不利な決定が下されたり，その後の事態に関する予測の不確実性が高まったりする等の懸念があると語る（DeLeon 1983：633-639）。そうした事態を回避するための方策として，ドレオンが期待を寄せたのが政策評価の活用であったが，実際にはそれがきわめて困難であることを，ドレオン自身も認識していた。なぜならある政策の成否に対して，あらゆる人が納得し合意することは不可能であり，評価は必ず分かれるものだからである。そうした恣意性を極力排除し政策終了を促すための仕組みとして，ドレオンはサンセット法等の制度を挙げたものの，実際には抵抗勢力の反対にあう中で，しばしばそれらの制度が機能不全に陥るとも指摘した（DeLeon 1978：386-388）。

　ドレオンの指摘を待つまでもなく，評価の実施や結果の活用に際してそうし

た政治性の完全なる排除が現実的に不可能であることは，次のことからも理解できる。すなわち評価とは，それを行うのも活用するのも，さらにはなにが有効であり効率的であり経済的であるのかといった評価の基準を設定するのも，あくまで異なる選好を有する人間である。評価はその意味で，そもそもある種の恣意性を免れ得ない（秋吉ほか 2015：244-250）。このことから宮川は，政策過程において評価を実施・参照する際には「評価は正当化ないし弁明のためのもの」であると理解し，「政治的コンテクストの中で行われる」という点を常に認識しておく必要があると強調した（宮川 1995：243）。またドレオンは，政策評価を政策の終了や開始，継続の方便として用いるという姿勢を容認するのではなく，今後は政策決定に関わる者が評価についてよく学び，両者の関係性を深化させていくことが必要だと指摘した。丹念な評価の結果が政策決定過程で参照されるようになれば，政策決定にまつわる正統性の向上や担保にも繋がると論じている（DeLeon 1983：639-642）。

　これらの議論から指摘できるのは，政策に関する諸決定を，合理的・客観的に適切と判断されるものに多少なりとも近づけていくには，政策評価が政治性を伴うものであることをよく認識したうえで，評価の実施や結果の活用等の過程に目を向け，政策にまつわる諸決定がどのようになされたのかを検討することが肝要だということである。

**政策への支持獲得に用いられる言説**

　ここまで見てきたように，政策過程における評価とは，ある政策を誰がいかに解釈するのか，またその結果をなんのために用いるのかという政治的文脈から切り離せないものである。そのため，政策にまつわる諸決定過程において評価が与える影響を検討するうえでは，そうした文脈の中でアクターが，評価の結果をいかに用いて自らの選好する政策案への支持を獲得し，政策の実現を図ったのかという点を見なければならない。その際，政策案の有効性や意義，必要性等を他のアクターに対して説得的に示すとともに，支持を獲得するための方策として用いられるのが言説である。

　第2章でも検討したように，シュミットは言説を，言語化されたアイディア

のみならず，それを「誰が，何を，誰に対して，どこで，いつ，どのように，そしてなぜ言っているか（言説的な相互作用）」（シュミット 2009：77）という文脈をも含んだものであると説明している。この点が，アイディアのみに着目する既存の理論と言説的制度論との決定的な違いであるとし，言説を「アイディアよりも多目的かつ包括的な概念」（シュミット 2009：83）であるとした。このようにシュミットは，言説にはアイディア的な次元と相互作用的な次元という2つの次元があることを提示し，各々の次元で言説が果たす機能を次のように説明している。

まずアイディア的な次元において言説が果たす機能は，認識的と規範的の2つに分けられる。前者は「政治的行為の方法・ガイドライン・マップを提供し，利益を基礎とした論理や必要性を主張することによって，政策およびプログラムを正当化するのに役立つ」のに対し，後者は「政治的行為に価値を付与し，適切性に言及することによってプログラムにおける政策を正統化するのに役立つ」（シュミット 2009：81-82）という。

また，相互作用的な次元での機能も，調整的と伝達的の2つに分類する。前者は，「政策形成の中核に位置する個人および集団」により遂行され，その目的は「彼ら自身の間で政策アイデアに関する合意を調整すること」（シュミット 2009：84）にある。一方，後者を担うのは，調整の結果形成された政策アイディアやプログラムを一般市民に伝達する役割を持つ政治アクターであり，その目的は，市民から政策に対する理解と支持を得ることにあると説明される。

実際の政策過程でも，アクターが政策の効果や課題を分析・評価し，その結果をもとに自らの提言する政策案の必要性や意義を説得的に示すことで，他のアクターからの支持を獲得した結果，新たな政策決定や転換を生じさせた事例が報告されている。自治体による病院事業の廃止事例を検討した柳は，審議会が政策知識をもとに政策の存在意義や理由の欠如を示したことで，当初は難色を示していた政治家も最終的には事業の廃止を決断するなど，審議会の提供する政策知識が政策終了を促したと論じている（柳 2012）。また，地方制度改革の過程を検討した木寺は，学者の提供する理論知によってアイディアが補強・正当化されるとともに，官僚らが，専門的執務知識を活かして他のアクターか

らの支持獲得を図ることが，アイディアに基づいた改革を実現させるうえで重要だと指摘する（木寺 2012）。実際，航空輸送産業の規制改革におけるアイディアの役割を検討した秋吉は，それまでの「競争制限型政策パラダイム」の限界が認識され，促進型政策パラダイムへの転換が生じたとしつつも，それが限定的な改革に終わった理由として，理論的側面から政策を検討する「認識コミュニティ」の不在や，競争導入に消極的だったアクターの間で「管理された競争」というアイディアが支持されたこと等を指摘している（秋吉 2006）。

**法改正過程の検討にあたって**

このように，あるアクターが自らの意図する方向へと政策を誘導したり転換させたりするには，政策に対する分析や評価を通じて得た知見をもとに他のアクターを説得し，自らの政策案への支持を得られるかが鍵になるといえよう。そのため本章では，アクター同士のやりとりや政策を取り巻く政治的文脈等に着目しつつ，基本法の改正をはじめとする自殺対策の諸改革の過程を検討することとした。

具体的には「自殺対策官民連携協働会議」（内閣府に設置。2013年9月～2019年3月）や「自殺予防総合対策センターの業務の在り方等に関する検討チーム」（厚労省に設置。2015年5～7月）等の場において，アクター間で自殺対策に関してどのような議論がなされた結果，なにが対策による成果や課題と認識され，今後の方向性や対策のあり方が決定されたのかを考察する。また政策の評価については，自殺対策検証評価会議を通じて専門家により基金事業に関する評価が行われているため，当会議での評価結果を参照し，それが政策決定に与えた影響についても検証する[10]。これらの議論や評価の結果等の検討を通じて，いかなる経緯を経て一連の改革が実現されたのかを論じる。

## 3　自殺対策基本法はなぜ改正されたのか

**国と地方との役割分担の明確化に向けて**

内閣府は，総務省による2012年6月の「自殺予防対策に関する行政評価・監

視 結果報告書」（総務省行政評価局 2012a）に基づく勧告（総務省行政評価局 2012b）を受けて，2012年8月に「地域自殺対策緊急強化基金検証・評価チーム」を設置した。同チームは，基金を用いた自治体による事業の効果について検証・評価を行い，最終的に『地域自殺対策緊急強化基金検証・評価報告書』をまとめた。そこでの検証結果から基金事業については，これを通じて市町村レベルでの自殺対策が推進されるなど，「地域における自殺対策力」の強化という目的の達成におおむね寄与したとの評価がなされた。その一方で，基金事業が将来的には縮小へと向かう方針にあることに鑑みると，今後は自治体側に自主性を促していく必要があるとし，その方策として「基金以外のより合理的な政策手段も検討しなければならない」とも指摘している（地域自殺対策緊急強化基金検証・評価チーム 2012）。

　2013年8月からは，検証チームでの議論を引き継ぐ形で「自殺対策検証評価会議」が内閣府に設置され，検証・評価が進められてきた。同会議の目的は，政府による対策全体の検証・評価にあるが，基金事業には財政上「極めて異例の措置がとられている」ことから，まずは当該事業の評価・検証を優先的に行うことが目指された。内閣府自殺対策推進室の片山朗参事官（当時）は，会議の場で「自殺対策において，今後とも真に必要な事業は何か，その中でも国でなければ行えない事業は何か」を明確化するとともに，「今後の事業の在り方，そして新しい枠組みの構築に資するような報告」をしてほしいと，会議に参加する有識者らに要請している。

　同会議は2013年と2014年に報告書を提出しているが，そのうち2014年度の報告書では，自治体において対策を定着・推進させるための方策として，地域の取組に対して国の行うべき財政支援の仕組み等が検討された。報告書では今後，強化事業や先導的な事業等に対して国が重点的に支援するなど，事業の重点化を図る必要性が示されている（自殺対策検証評価会議 2015）。

**恒久財源化をめぐる駆け引き**

　2つの評価会議での基金事業に関する議論や勧告，報告書等の内容を参照すると，近年は対策の主たる担い手として，自治体に大きな期待がかけられるよ

うになってきたことが分かる。そのため国は，基金を用いた対策効果の立証は困難とされながらも，基金事業の創設等を通じて財政上の措置を継続して講じ，自治体による対策を支援してきた。しかし，そうした措置はあくまで現時点に限ったものであり，例外的な対応であるというのが内閣府の認識であった。そのため内閣府としては，その例外的な形での対応を今後いかにして終わらせ，自治体に自発的な取組を促すかを模索し始めていた。

　ただし，そうした内閣府の認識は，有識者側のそれとはだいぶん異なるものであった。12年版大綱に基づき2013年９月より開催されている「自殺対策官民連携協働会議」[17]（以下，官民連携会議）では，基金の今後について京丹後市の中山泰市長（当時）が次のような発言をしている。第１回会合の中で中山は，「自殺対策の基金を数年前からつけていただいて，これを地方自治体が活用させていただいていますけれども，（中略）自治体も財政が非常に厳しい状況の中でどうしていくかというときに，（中略）独自でやれと言われたときにどこまでできるかというのは，なかなか不透明なところがあるので，（中略）ぜひとも恒久化はお願いしたい」と述べ，基金という形での緊急措置ではなく，対策予算の恒久財源化を要請した。[18]第３回の会合でも中山は，基金がこれまで継続されてきたことに対する謝意を表しつつ，「補正，また応急的な措置とも見えるということで，１つには恒久的な形にしていただきたいということで，当初予算から御承認いただくような形にできないか」と述べるなど，恒久財源化の実現に向けた働きかけを繰り返している。[19]

　自治体が対策を進めるうえで国による支援がきわめて重要なことは，ライフリンク代表の清水も第４回の官民連携会議において指摘している。[20]清水によれば，自殺未遂者や若年世代向けの取組は基金事業の中でも重点施策とされているため，対策費用の全額が国からの補助対象となっている。これに対して中高年層の自殺に対する対策は，その数の多さにもかかわらず助成率が４分の３であるなど，事業内容に応じて補助率が異なっている。多くの自治体では，そうした自己負担を求められる対策は他と比べて後回しにされかねないため，各地域の自殺実態に即した課題に取り組む際には，これを全額補助にしてほしいと訴えている。さらに普及啓発事業に至っては，その助成率が全自治体一律で２

分の1となっているが、未だ事業に着手していない市町村もあるため、新規に事業を開始する自治体の場合は助成率を全額とするなど、弾力的な助成の仕組みを整えてほしいと要請した。

　しかし、中山や清水の要望に対する内閣府側の反応は芳しくなかった。恒久財源化に対しては、第2回の会合で田邊靖夫参事官（当時）が、評価会議の報告書を参照しつつ、対策予算の方向性を今後検討していきたいと返答するに留まった。また第4回の会合では内閣府の岡朋史参事官（当時）が、事業費の負担割合については自殺対策予算全体の中でさまざまな点を勘案し、調整を行ったうえで事業の補助率を決定していること、全額補助ではないが現状でも国の負担は相当に大きいことなどを指摘し、清水の要請に対して消極的な態度を見せた。このように内閣府と有識者側との間には、対策のあり方をめぐって明らかに温度差があった。自治体の対策を推進すべきことは両者間で認識が一致していたものの、そのための負担を国と自治体との間でいかに分担するかという点では、見解に齟齬があり、調整が難航していたといえよう。

### 法改正というアイディア

　当初の基本法に基づく対策枠組みにおいて、基礎自治体の果たすべき役割や責務は必ずしも明確化されていなかった。内閣府は、都道府県知事宛には当初より通知を発出し、庁内横断的な体制の整備や、民間団体も含めた自殺対策協議会の設置・運営、自殺対策計画の策定・見直し等を行うよう働きかけてきたが、基礎自治体にはそうした働きかけを行ってこなかった（内閣府 2007）。そのため、都道府県と政令指定都市では対策体制が整備されてきたが、基礎自治体における対策体制の整備は立ち遅れてきた。それがようやく開始されたのは、2008年10月に政府の決定した「自殺対策加速化プラン」に基づき、内閣府が基礎自治体に対策担当部局の設置を呼びかけて以降のことであった（内閣府 2010）。その結果、自殺問題への関心の高い自治体では対策が進む一方で、そうではない自治体ではほとんど目立った取組が行われないなど、基礎自治体の間に対策格差が生じたとされる。

　この格差を是正するとともに、自治体にとって負担の少ない形で地域での対

策を継続的に進めるにはどうすればよいか。そのための方策として，改革を進めたアクターらが提示したのが基本法の改正であった。第4回の官民連携会議で中山は，「自殺対策基本法を改正していただいて市区町村にまで自殺対策基本計画の策定を義務づけていくというような検討を真剣にしていただきたい」と述べるなど，法改正を通じた義務づけという半ば強制的な形であっても，自治体間での対策格差を是正していくべきだと訴えた。しかし，内閣府の岡参事官は第4回の会議の中で，現状のスキームにおいても8割程度の市町村が対策を実施していることから，今後も少しずつ対策は広まっていくのではないかと述べ，時の経過とともに格差が是正されるとの楽観的見通しを示した。そのうえで，自殺対策の計画策定や実施等は地域が各々の実情に応じて決定すべきものであるため，「一律に計画策定を義務づけるというのは今のところではなかなか難しいのではないかと考えてございます」と返答し，法改正を通じて強制的に対策強化を図るという姿勢に対して明らかな警戒感を見せている。

　内閣府がそのような反応を示した背景には，地方分権化の流れがあったと指摘できる。1993年6月の衆議院本会議において「地方分権の推進に関する決議」が採択されて以降，行政システムは中央集権的なあり方から大きく転換した。すなわち今後は各自治体が地域住民のニーズを汲んで，独自の施策を形成・実施していく必要性が認識されるなど，地方分権化が進められてきた（西尾 2007）。法改正を通じて自治体に対策計画の策定を義務づけることは，この地方分権化の流れに反するとして，関係者から少なからぬ反発を招いたのである（清水 2016b）。

### 「攻めの自殺対策」へ

　当然ながら中山は，自治体の首長として地方分権化の重要性を理解しており，それゆえ法改正の困難さもよく認識していた。それでも中山は，ライフリンクと「自殺対策を推進する議員の会」（以下，議員の会）とが参議院議員会館で2015年5月13日に開いた集会（正式名称は「自殺総合対策の更なる推進を求める院内集会」。以下，院内集会）の中で，人のいのちを守るという点に鑑みて，自殺対策は行政の根幹で「福祉の原点」だと強調し，すべての自治体がその責務を

全うできるよう，政府による支援策の拡充を強く求めた。当時「自殺のない社会づくり市区町村会」の代表世話人も務めていた中山は，自治体間の対策格差が拡大しつつある現状に強い危機感を抱いており，地方分権化の流れの中にあってもそれをなんとか是正し，対策を進めねばならないとの強い確信を抱いていた。

　そうした中山の危機意識を共有していたのが，ライフリンク代表の清水であった。院内集会において清水は，"マイナスをゼロにする"というこれまでの対策の発想から脱却し，今後はいのちを支えるという前向きなメッセージを備えた「攻めの自殺対策」へと転換を図る必要性があると訴えた。それには基礎自治体における対策を推進させる必要があると論じ，そのための方策として，基本法の改正を通じて対策計画の策定を自治体に義務づけるとともに，対策予算の恒久財源化を行うことが不可欠だと説明した。

　院内集会の最後には，それらの議論を踏まえて市区町村会と「自殺対策全国民間ネットワーク」との連名により，「自殺総合対策の更なる推進を求める要望書」（以下，要望書）が議員の会に対して提出された。要望書では，地域での対策の推進に向けた喫緊の課題として，今後の対策理念や方向性の明示，内閣府から厚労省への自殺対策業務の移管に伴う政府による対策推進体制の強化，対策財源の確保（恒久化）等の全12項目が列挙され，それらの速やかな実現に向けて必要な法改正等を行うことが要請された。

### ナショナル・ミニマムの実現手段として

　地方分権の流れの中で，中山が法改正の必要性を示すうえでの論拠としたのが，ナショナル・ミニマムの議論である。2015年6月2日の参議院・厚労委員会に参考人として出席した中山は，自殺対策を通じて国民のいのちを支えることは，国が保障すべき「ナショナル・ミニマム」であるとした。そのためには法改正を行い，自殺対策がすべての自治体にとって「大切で不可欠な役目として，尊い任務として明確に書き込」む必要があると，中山は強調したのである。市長になる以前まで行政官僚だった中山は，それらの議論に精通しており，ナショナル・ミニマムに関する事項は，地方分権化の中にあっても例外的に義務

づけが可能であることを理解していた。そこでナショナル・ミニマムの議論と関連づけることで，法改正の必要性を説得的に示そうとしたのであり，そのための説明資料もすべて中山自身が作成したという(31)。

　ただし，自治体への対策計画の策定義務づけに対する関係者からの反対は，思いのほか強かった。当時，基本法の改正案の作成に携わった参議院法制局第２部長の川崎政司は，2016年３月19日に日本自殺総合対策学会が主催したフォーラム（正式名称は「日本自殺総合対策学会フォーラム2016　緊急検証　自殺対策基本法の改正で何が変わるか」。以下，改正フォーラム）において，法改正過程の中でこの点が最も調整に難航したと語っている(32)。清水に対し川崎は，法案を通すためには最終的には義務化を断念し努力義務に譲歩することも検討すべきと提案したが，中山は，絶対に義務化を譲歩すべきでないと清水に訴えたという。努力義務では，自治体間で対策に格差があるという現状が是正されるところか，むしろそれが拡大する恐れも高いと判断されたため，最終的には義務化の実現を目指すことになった(33)。

　ただし議員立法は，閣法と比べて成立率が概して低く，さらにその成否は人の縁や時の運によって大きく左右される。そのため基本法の改正過程では，そうした事態を防ぐべく「異例ともいえるほどの丁寧な手続きをとって，改正案の作成・提出を行ってきた」と，改正フォーラムで川崎は語っている。実際，法改正を全国市長会に最初に打診した際，その内容に対して強い反対があったため，地方分権の流れを考慮して，計画を「定めなければならない」とする代わりに「定めるものとする」との表現に留め，弾力的な義務づけを可能にするよう配慮したという。また自治体側の事情を考慮し，単独で自殺対策計画の策定を行うのが難しい場合には，他の事業計画の中で対策を位置づけたり，隣接自治体と連携して複数の自治体で計画策定を行ったりすることも可とするなど，柔軟な幅を持たせるようにしたと清水は明かす(34)。くわえて，議員の会の会長である参議院議員の尾辻秀久（自民党所属）と，同会の副会長を務める参議院議員の武見敬三（自民党所属）に対し，ナショナル・ミニマムを論拠に法改正の必要性を提示することで，両者から法改正への理解を得るよう努めたという。

　院内集会の翌月の2015年６月２日には，参議院の厚労委員会が開催され，そ

こでは各党派の共同提案の形で「自殺総合対策の更なる推進を求める決議（案）」（以下，決議）が提出され，全会一致で採択された。決議では「地域レベルの実践的な取組を中心とする自殺対策への転換」の必要性が謳われるとともに，対策実施にあたって「いのち支える自殺対策」という理念を前面に出すことや，自治体への対策計画の策定義務づけ，さらに地域自殺対策予算の恒久財源化等が対策推進上の重要項目として記載されるなど，その内容は院内集会での要望書の内容と酷似していた[35]。

その後，2016年2月の参議院・厚労委員会では，決議に基づき「自殺対策基本法の一部を改正する法律案」が提出され，同月24日の参議院本会議において全会一致で可決された。同法案は同年3月18日に開かれた衆議院・厚労委員会における議論を経て，最終的に同月22日の衆議院本会議にて全会一致で可決・成立した。

## 4　地域の対策を推進するために

**自治体による対策の支援に向けて**

地方分権化の流れに反するとの強い反対がありつつも，基本法の改正が最終的に実現されたのは，ライフリンクを中核とする政策連合が，ナショナル・ミニマムの議論と絡めてその必要性を提示するとともに，改正の実現に向けて行ったさまざまな配慮が功を奏したからだといえよう。

ただし，法改正がなされても，多くの自治体が効果的な対策計画を策定できるか，またその計画に基づき実際に対策を進められるかというのはまったく別の問題であった。自治体の中には，基本法の制定以前から独自の取組を進めてきたところもあったが，その大半はうつ病対策を核にしており[36]，基本法と大綱で謳われるような，社会的要因をも踏まえた総合的・包括的な対策を計画・実施できるほどの実力を備えた自治体は，全体から見てごく少数であった。そのため，自治体の対策推進に向けて，法改正とあわせ不可欠な改革として，院内集会で清水が提案したのが，CSPと「地域自殺予防情報センター」（以下，地域予防センター）[37]の体制の刷新であった。

CSPの統廃合に関する議論は，院内集会のはるか以前より一部の関係者によってなされていた。たとえば2009年3月の内閣委員会では，議員の会の事務局長で民主党所属（当時）の参議院議員・柳澤光美がこの提案を行っていた。それは内閣府に自殺対策推進室が新設される中で，政府の政策支援と省庁間の調整機能は，今後同室が一括して担うべきとの考えからなされた提案であった[38]。そうした背景もあり，内閣府から厚労省への自殺対策業務の移管決定に伴って，有識者による検討会（正式名称は，「自殺予防総合対策センターの業務の在り方等に関する検討チーム」。以下，CSPの在り方検討会[39]）が設けられ，CSPの今後のあり方について見直しがなされることとなった。CSPの在り方検討会は2015年5～7月にかけて開催され，自治体やさまざまな分野の関係者とCSPとの連携強化が図られているかという点から，CSPのこれまでの業務における課題や，今後の対策推進に向けた方策について議論された[40]。

　CSPの副センター長を務める松本俊彦（当時）は，初回のCSPの在り方検討会において，これまでにCSPが行ってきたさまざまな取組について報告する中で，対策現場の従事者は，制度や政策の話よりもむしろ，自殺者への具体的な対応のあり方を知りたがっていると主張した[41]。CSPの取組は，そうした現場のニーズに応えるものであり，また人材育成を通じて地域での直接的なサービスの質を向上させ，生きやすい社会を構築することにも寄与するものだと説いた。

　これに対して清水は，CSPの役割は，全国での取組情報をもとに「政策間の連携を現場においてどのようにやっていけばいいかのエッセンスを抽出して，マニュアル化し，市区町村の担当者にしっかりと提供する」ことだと指摘した[42]。今後は生活困窮や過労死等の，自殺の発生とも密接に関わる諸問題に対し，厚労省が展開する個別具体的な政策と，「自殺対策をどのように連動させていけばいいのかという政策提言につながるような研究を，研究所としてやるべき」だと清水は論じたうえで，現状ではCSPがそうした役割を十分に果たせていないと批判した。

**支援体制の刷新へ**

2015年5月末に開催された第2回のCSPの在り方検討会には,参考人として京丹後市長の中山や公衆衛生学者の本橋豊らも招聘されたが,それらの参考人からは,CSPのこれまでの取組に対してさらに厳しい批判が展開された。[43] たとえば中山は,他の自治体への聴き取りをもとに,自治体での対策推進にとってCSPの事業が有益とはいい難く,CSPと自治体との関係性も希薄であること等を問題として指摘した。やる気のある自治体が対策に取り組めるようにするには,効果的な取組に関する情報の共有が不可欠であり,CSPにはそうした情報の収集・分析を行うとともに,政府による総合的な政策の企画立案・調整に資する調査研究を行ってほしいと,中山は要望している。

本橋もまた,今後の対策の中で求められるのは「学際的,国際的,総合的な観点,地域における自殺対策の強化の観点,科学的エビデンスを現場の実践と政策にすぐに展開できる公衆衛生学の観点,民学官の連携強化による対策の展開といったような観点」だと述べる。CSPが現状行う業務は,精神医学的視点に基づく研究が中心であるが,その研究も新たな知見の獲得には繋がっておらず,現場での取組にも寄与していないと批判した。そうした中で本橋は,今後はCSPの体制を,自治体における対策の強化に資する形へと刷新すべきだと論じた。

このように中山や本橋は,政府への政策提言や,自治体等での政策立案に有益な情報やエビデンスの提供等を,CSPに期待していることが分かる。この提案に対しては,第3回のCSPの在り方検討会において精神科医の高橋祥友より異論が提示されたものの,[44] 検討チームの最終報告書では,CSPが今後担うべき業務の1つに政府の政策決定支援が掲げられ,その具体的な内容として,国や自治体が自殺対策のPDCAサイクルを回すうえでの改善策を提示することや,国が取り組むべき対策の方向性を提示すること等が記載された。[45] くわえて,自治体の対策計画の策定支援や,それに基づく政策立案・実施の支援等も,CSPが今後,地域予防センターを通じて担うべき役割とされた。

このようにCSPの業務のあり方をめぐっては,院内集会で清水の示した構想案に沿う形で改革が進められていった。CSPは「自殺総合対策推進セン

ター」(以下，対策推進センター)へ，また地域予防センターは「地域自殺対策推進センター」へと，それぞれ名称が改められ，対策推進センター長には本橋が就任することとなった。このように，基本法の改正に伴い CSP の役割や業務内容は大幅に見直され，新たな体制の下で今後の対策が進められることとなったのである。

## 5　自殺対策基本法の改正に伴う成果と課題

### 改正法はなぜ成立したのか

　本章では，法改正の必要性が必ずしも自明でなく，さらには自治体関係者からの反対も多かった中で，なぜ自殺対策基本法の改正が実現し得たのかを，関係者の発言や資料の分析を通じて考察してきた。その結果，自殺対策の必要性をナショナル・ミニマムの議論と絡めて示すとともに，関係者からの支持を得られるようさまざまな配慮をしたことで，最終的に法改正の実現へと至ったことが明らかとなった。

　ライフリンク代表の清水や京丹後市長の中山等は，自治体間で対策格差が拡大している現状を問題として提起したうえで，その処方箋として基本法を改正し，全自治体に対策計画の策定を義務づける必要性を訴えた。しかし，そうした提案には，地方分権化の流れに逆行するとの批判の声が関係者より上がるなど，法改正の実現は危ぶまれる状況にあった。また，対策費用の負担に関しても，自治体の対策に係る費用の恒久財源化を要求する中山らに対し，内閣府は国の負担軽減のあり方を模索するなど，両者間の認識には大きな隔たりがあった。そうした困難な状況にもかかわらず，対策計画の策定義務づけと対策費用の恒久財源化を盛り込む形で改正案が成立したのは，自殺対策の必要性がナショナル・ミニマムの議論と関連づけて示されたことが大きかった。元官僚であった京丹後市長の中山が，自らの政策知識を活用しながら，自殺対策とはナショナル・ミニマムに関わる事項であるとのアイディアを形成し，その言説を他のアクターとのつながりを有する清水が運用することで，彼らは関係者からの支持を獲得していったのである。

シュミットは,言説にはアイディア的な次元と相互作用的な次元の2つがあると論じているが,基本法の改正過程をこの議論に即して捉え直してみれば,アイディア的な次元では中山が,相互作用的な次元では清水が,それぞれ主たる役割を果たしたことが分かる。このように各アクターが自らの有する知識や資源を活用しながら,言説の形成とそれに基づく支持獲得の過程で協働していった結果,最終的には法改正が実現されたといえよう。これまでの言説に関する議論では,その担い手として官僚や政治家,学者等の政治的エリートの存在が指摘されてきたが,NPOもまた大きな役割を果たし得ることが,自殺対策基本法の改正過程を検討した結果から示唆された。ただしこれは,NPO全般に当てはまるというよりも,ライフリンクという団体に起因する部分が大きいかもしれない。そのため,政策過程においてNPOが果たし得る役割については,今後も詳細な検討が必要だろう。

**改正法の施行に伴う危険性**
　法改正に伴い全自治体に対策計画の策定が義務づけられたことで,地域での対策は,今後さらに進展していくものと期待されている。ただし,そうした強制的な形で対策を進めることは,ナショナル・ミニマムを隠れ蓑に,中央から地方への支配を復活させることにつながる危険性もある。
　改正基本法では,自殺対策の目的が「誰も自殺に追い込まれることのない社会の実現」(第1条)にあり,そのために「生きることの包括的な支援として」(第2条)対策を進める必要性が明記されている。しかし,その内容はきわめて抽象度が高く,具体性に乏しいため,国が自殺対策を口実に,自治体にさまざまな要請や過度な介入を行うことも可能である。そうした事態を回避するため,義務化の範囲は自殺対策の内容や効果にまで及ぶものではなく,あくまで計画の策定自体に留めたと清水は語る。しかしそれによって,自治体の最終目標が計画の策定と化してしまい,その先にあるべき「誰も自殺に追い込まれることのない社会の実現」という目標が見失われる恐れもある。「いじめ防止対策推進法」の経過を通じてその危険性を認識していた清水は,自殺対策が同じ轍を踏まぬよう,次の手順を経ることで各自治体が実効性の高い計画を策定・実施

第6章　自殺対策基本法の改正過程に見る言説の役割

できるよう配慮したと語る。すなわち，計画の要件については別途手引で定めるとしたうえで，厚労省から「局長通知」の形式で手引を発出することにより，手引が基本法とセットであり重みをもつものであることを示したのである。ただしこのことは，国が手引を通じて自治体の施策に対し，一定の方向づけや介入等を行える余地を残しているとの見方もできよう。仮にこの手引を口実に中央から地方へ過度な介入がなされることがあるならば，自治体への計画策定の義務づけが地方分権の流れに逆行する結果を生むのではという懸念が，現実のものとなりかねない。

　また，全自治体に対する計画策定の法的な義務づけが，自治体にいかなる影響を与えるのかといった点も未知数である。CSPの刷新に伴い，今後は対策推進センターが自治体の計画策定を支援し，その効果や課題の検証を通じて対策の改善を図る予定となっている。しかし，評価の有する政治的性格に鑑みれば，対策推進センターがそれらの役割をすべて担うことの是非は，もっと議論されて然るべきではあるまいか。

　基本法改正という決定は，評価会議での指摘，すなわち自殺対策による効果と課題を検討しその結果を対策に反映させるという政策評価を経て行われたというよりも，むしろ官民連携会議に参加する一部の有識者からの政治的な働きかけの帰結であった。政策評価にまつわるそうした政治性と，それによって生み出される弊害は，ドレオンをはじめとする研究者らが繰り返し指摘してきたことでもある。このことを踏まえると，対策に関する評価・検証を今後どのように進めていくかは，真剣に検討されるべき議題であろう。それには，取組に基づくアウトプットと，その結果としてのアウトカムのみを評価の対象とするのではなく，政策の形成・決定過程にも目を向け，その検証や評価を行っていくことが肝要だといえる。

　本章では，法改正の必要性が必ずしも自明でなく，また関係者からの反対も多かった中で，なぜ自殺対策基本法の改正が実現し得たのかを，関係者の発言や資料の分析を通じて考察した。その結果，自殺対策の必要性をナショナル・ミニマムの議論と絡めて示すとともに，関係者からの支持を得られるようさま

ざまな配慮をしたことで，最終的に法改正の実現へと至ったことが明らかとなった。元官僚の中山が，政策知識を活用しながら，自殺対策とはナショナル・ミニマムに関わる事項であるとのアイディアを形成・提示するとともに，それを他のアクターとのつながりを有する清水が運用することで，関係者からの支持を獲得していったのである。

基本法が改正され，全自治体に計画策定が義務づけられたことで，地域での対策は進むものと期待されている。しかし，そうした強制的な形が，ナショナル・ミニマムを隠れ蓑にした中央から地方への支配の復活に繋がる危険性があることは認識しておくべきであろう。また全自治体に対する計画策定の法的な義務づけが，実際には自治体へどのような影響を与えるのかについても未知数である。

地域での対策推進に向けた法改正が，自治体に負の結果をもたらすことのないよう，今後は一連の改革の影響を注意深く検証していく必要がある。しかし，政策評価の有する政治的性格に鑑みれば，その機能を対策推進センターのみに担わせることの是非について，もっと議論されるべきであろう。基本法の改正過程を見る限り，評価会議での議論や指摘よりも，むしろ官民連携会議での有識者からの要望や政治的な働きかけが，実際の政策を動かしてきた。このことを踏まえても，今後は取組に基づくアウトプットと，その結果としてのアウトカムのみを評価の対象とするのではなく，政策の形成・決定過程にも目を向け，その検証や評価を行っていくことが肝要といえる。

# 第7章
## 自殺対策の限界性
──行政による取組から，一人ひとりの主体的な関与へ──

　本書ではここまで，自殺対策の政策過程の検討を通じてそのありようを明らかにしてきた。それを通じて見えてきたのは，自殺対策とはアクターの言説による産物であり，その主たる担い手となってきたのは市民であった，ということである。

　本章では，ここまでの内容をまとめたうえで，それらを通じて示唆された自殺対策の課題を検討する。そのうえで，行政による自殺対策の限界性を指摘するとともに，そうした限界性を乗り越えていくための方策として，今後は自殺問題に対して一人ひとりの主体的な関与が重要であることを論じる。

## 1　自殺対策の政策過程を先導してきたもの

### アクターの言説

　自殺対策の政策過程に対する検討を通じて明らかになったのは，政策の形成・決定・実施のあらゆる場面を動かしてきたのがアクターの言説であり，自殺対策とはその産物に他ならない，ということである。

　自殺の問題は，基本法の制定以前は主に個人の自己決定の問題と見なされてきたため，行政は，この問題に対してほとんどなんの対応もとってこなかった。しかし2006〜07年にかけて基本法と大綱が制定・施行されたことを機に，行政はこの問題への取組を開始した。自殺の背景にはさまざまな社会問題が潜んでおり，それらの問題への対策を講じるべきとの政策アイディアが形成されるとともに，そのアイディアに対してさまざまな主体からの支持が集まった結果，この問題に対する行政の責務を謳った基本法が成立したのである。

政府はその後，大綱に基づきさまざまな対策を形成・実施してきたが，その推進力となってきたのもアクターの言説であった。ライフリンク代表の清水は，対策を進めるうえで必要な種々の政策アイディアを形成・提示するとともに，それらに対する政治家からの支持を獲得することで，対策に消極的な姿勢を示してきた行政を動かし，自らの提言した政策を実現させていった。つまり，新たな政策アイディアを形成・提示しただけでなく，他のアクターからの支持を獲得することで，自らの提言した政策を実現させてきた。

　足立区における自殺対策の開始と発展の経緯を見ても，アクターの言説が重要な役割を果たしてきたことが分かる。すなわち，ライフリンクや遺族によってなされた自殺問題と対策についての説明が，区長や自治体職員へ自殺問題と対策への理解を促すとともに，意識と態度を変化させ，対策の開始を可能にしたのである。

　さらに，困難と思われた基本法の改正を実現できたのも，自殺対策＝ナショナル・ミニマムであるとの政策アイディアの提示と，それに対する支持を他のアクターから獲得できたことが大きい。元官僚で当時は京丹後市長の中山が，自らの政策知識の活用を通じてアイディアを形成・提示するとともに，それを他のアクターとの繋がりを有する清水が運用することで，関係者の支持を獲得していったことが，法改正過程の検討を通じて明らかとなった。

　自殺対策という公共政策は，自殺問題に対する解としての政策アイディアを形成するとともに，それに対する他のアクターからの支持を獲得するという，アクターの言説の相互作用を通じて生み出され発展を遂げてきたのである。

### 市民たちによる政策提言

　言説の担い手として，自殺対策の政策過程に大きな影響を与えたのが，ライフリンクや自死遺族といった市民であった。

　自死遺児（遺族）による語りは，行政による自殺対策とその根拠としての法制定という，新たな政策アイディアが形成されるきっかけとなった。自殺についての彼らの語りを耳にすることで，ライフリンクの創設者3名や国会議員は，自殺に対する問題認識のフレームを転換させるとともに，法制化に向けて動く

ようになったのである。

　法制化以降の政策過程においては，ライフリンクが言説の主たる担い手となった。その結果，警察庁の有する自殺実態データの公開やワンストップサービスの提供など，数々の具体的な対策が形成・実施されていったのである。自殺とは社会の問題であり，その予防には社会的対策が不可欠とのライフリンクの言説は，政府や自治体による対策のみならず，民間団体の活動にも多大な影響を与えた。基本法と大綱に基づく対策が成立するまで，独自の視点に基づき取組を進めてきたいのちの電話は，そうした言説に翻弄され，自らの活動の方向性を見失いつつある。困難と思われた基本法の改正も，中山市長の形成した自殺対策＝ナショナル・ミニマムという言説を運用し，他のアクターからの支持獲得を図るなど，その実現にライフリンクが大きく貢献したことが，第6章の考察を通じて明らかとなった。

　これまでの議論において，政策形成や決定は，政府や行政官僚，専門家等の政治的エリートによってなされるものと考えられてきた。シュミットの議論を見ても，市民は，それらのエリートが自らの政策案に対する支持を獲得するために働きかけを行う相手とされており，政策過程に参画し直接的な影響を与える存在とは考えられていない。

　しかし，本書を通じて浮かび上がってきたのは，市民が言説の形成と運用に際して多大な影響を及ぼしているという実態であり，これまでの議論で指摘されてきたエリートによる支配の構造に一定の変化が生じつつある現状であった。少なくとも自殺の問題においては，ライフリンクと遺族が政策過程に関与しなければ，行政による対策が現在のような形で成立・展開していくことはなかったといえよう。政策過程を検討するうえで，今後は政治的エリートのみならず，そうした市民の役割にも注意を払うことの意義と重要性が，本書を通じて示唆されたといえる。

　今後は自殺以外の政策課題についても検討を行い，政策の決定や転換において言説の果たす役割や，そこへの市民の関与等を検証することにより，自殺対策の政策過程の検討を通じて導出された知見の有用性を確かめていくことが求められる。

## 2　自殺対策に潜む3つの課題

　政策過程の検討を通じて，自殺対策がアクターらの言説によって形成・決定・実施されてきたこと，さらにはその担い手として市民が政策過程に大きな影響を与えてきたことが明らかとなった。またこのことは同時に，現在の自殺対策に潜む課題をも浮き彫りにしたといえる。その課題は，主に次の3点に大別される。

**議論の場の形骸化**
　自殺対策の政策過程では，行政による対策の進捗状況を監視するとともに，その効果を検証し，改善に資する提言等の提供を目的として，有識者による会議が設けられてきた。しかし，本書で論じてきたように，その政策過程においてはライフリンクが一貫して強い影響力を行使し，その結果として対策が形成・実施されてきた。だが，会議という公の場での議論が尽くされぬままに，そうした形で政策の形成・決定が行われたとすれば，それは深刻な問題ではなかろうか。
　審議会等の会議体について真渕は，その役割が「政策を決定する際に関係者の意見を広く聴くという民主的手続きの確保と，専門家の意見を聴くという専門性の確保とにあ」り，「行政と民間との間の意見の交流」の場として「行政のネットワークにおける結び目の役割を果たしている」と論じる（真渕 2009：129）。山谷も，各種の会議が政策過程で果たす役割や意義とは，民間有識者の合議を通じて行政施策に専門知識を導入するとともに，市民の考えや意見を反映させることにあると説く（山谷 2012c）。森田もまた，審議会等には，さまざまな関係者が関心を抱く行政上の課題について議論し，利害を調整するという役割の遂行が期待されていると述べる。そのために重要なのは，「よく議論をして，知恵を出し合い，皆が納得できる妥当な解決策や提言を作成すること」だと森田は強調し，アクター間で意見に対する反対や対立があっても，最終的には理解と同意を得て「その案について合意に到達すること」が必要と説いた

（森田 2006：8-9）。これらの議論をまとめると，関係者同士の議論を通じて民主的手続きを確保するとともに，アウトプットとしての意見や答申等を通じて市民の意見や考えを多少なりとも政策に反映させていくことが，会議には期待されているといえる。

　足立によれば，政策過程に「数々の審議手続き」が設けられてきたのは，関係者の間に深刻な意見の対立が生じた場合でも，「最終的決定が十分な討議・検討を経た末のものであることを保証するため」に必要だったからだという（足立 1991：1-2）。政策を通じて実現を目指す目的や価値について，人々の間で合意が形成されるという「幸運な状態」は，「皆無でないにしても，ごく稀」にしか生じず，通常は「価値観の深刻な対立という状況の下で，なおかつ政策を選択せねばならない」（足立 1991：3-4）。そうした中では「単なる（中略）数の圧政に終わらせない」（足立 1991：2）よう，政策決定に至るプロセスを尊重し配慮することが不可欠であったといえよう。マヨーネも，「結果の正しさや公正さを明確に決定することができ，決定を下す方法がさほど大事ではない場合には，結果だけが重要となる。しかし，事実前提や価値前提に議論の余地があり，正しさについての一般的に容認された規準がない場合には，意思決定の手続きが特別重要となり，それを純粋に手段的なものとして扱うことはできない」（マヨーネ 1989=1998：20）と論じ，政策決定を下すうえでの手続き的側面の重要性を強調した。

　自殺問題に関与するアクターの間で見解の相違が存在し，それが深刻な対立に繋がっていることは序章で述べた通りであるが，そのような難しい状況に鑑みても，この問題においては，丁寧な議論を重ねたうえで政策の形成・決定を行うという政策決定プロセスへの配慮がまさに求められるといえる。しかし，本書の検討を通じて浮かび上がってきたのは，会議等の場を通じて政策過程に多様なアクターの参入が可能となった結果，そうした場がむしろ形骸化し，特定のアクターによって政策が形成・決定されているという実態であった。

　森田によれば，会議の場は異なる考えや利害を有する複数の委員によって構成されるため，それらのアクターの間では議論がなかなかまとまらないことが懸念される。そのため自らにとって有利な結論を導き出せるように，会議の場

に参加するアクターによって，しばしば「会議の内外の『戦場』において，事前工作に多大なエネルギーが投入されることになる」という（森田 2006：10-11）。森田の指摘するこうした事態は，自殺対策においても見られた通りである。森は，審議会等の会議が「多元主義の政治過程において，特に重要な役割を果たした」（森 2010：138-140）と指摘するが，そのように多元主義が進み，さまざまなアクターが議論の場に参画できるようになった結果，議論の場が逆に形骸化するという皮肉な事態が自殺対策において生じている。

もちろん会議の場で議論を尽くしさえすれば，質の担保された政策が導き出されるというわけでは決してない。むしろそれらの会議に対しては，これまでもさまざまな欠陥や弊害が指摘されてきた[(1)]。しかし人々の間で見解に相違があり，誰もが納得のいく唯一の正解を導き出せない状況があるからこそ，会議という場があえて設けられている（森田 2014：10-11）。それにもかかわらず，その場を避けて政策の形成や決定が行われるならば，資源を多く有し，声が大きく，力の強い者の意見ばかりが通りかねない。そうした形での政策決定は，多数決とは別の形での圧政と呼び得るものであろう。

**市民による政治参加の阻害**

NPOの政策過程への参入に対しては，これまでさまざまな意見が表明されてきた。

渡辺は，市民がNPOの結社を通じて困難な課題に取り組み，公共の福祉の担い手となることで，「民主主義は鍛えられ，同時に公共は豊かになる」（渡辺 2012：141-144）と述べ，NPOの政治参加を好ましい現象と捉える。政府による公共サービスの提供が困難になる中で，今後は市民一人ひとりがNPO活動への参加を通じて，「自由，平等，博愛のより良い社会を自ら創り出さねばならない」と渡辺は強調した（渡辺 2012：256-257）。小島・平本も，市場や政府の限界性を克服し，公共的な必要性を満たすとともに，民主主義社会において多元的価値の創造と実現に寄与すること等が，こんにちの社会の中でNPOに期待されていると説く（小島・平本 2011：3）。またNPOによる政策提言の機能について検討した坂本は，NPOによって追求される利益とは，「広範囲の集

団・個人の利害に影響を及ぼすような集合的利益ないし公共的利益」の場合が多いと指摘する。そのため坂本は，NPOによる政策提言を「代議制民主主義のダイナミズムを生み出す原動力，あるいは国家と社会を結びつける媒介項として重要な意味をもつ」と評価した（坂本 2012a：110-112）。

　これらの議論の中で，NPOが政策過程に参加し影響力を行使するといった事態が，おおむね好意的に受けとられているのはなぜなのか。それは現代の社会状況の中でNPOに期待される機能や役割が大きく関係している。

　自殺対策のような公共政策の形成や決定に伴う影響は，当該政策の対象となる問題の直接の利害関係者だけでなく，社会全体に及ぶものである。そのため「自分や自分が属する集団にとって損か得かといった私的・特殊的利益の観点からではなく，どこまでも社会にとって（社会全体という観点からして）どれほど望ましいかという公共的観点から」政策の形成や決定がなされなければならないと足立は強調する（足立 2009：26-27）。NPOの政策過程への参入が好意的に捉えられているのは，それが政策過程への参入機会を市民に提供するとともに，その結果として多様な価値や意見の表出・反映に繋がるなど，社会全体にとって望ましい政策を形成するうえで一定の寄与を果たし得ると期待されるからであろう。実際，「これまで公共的役割を果たしてきた政府・企業・家族の在り方が大きく変容し，その役割に十分な期待が寄せられなくなった」中で，NPOは「新たな公共性の担い手として」期待されるようになってきたといわれる（坂本・辻中 2012：25）。

　では実際のところ，政策過程への参入を通じてNPOはそうした役割を果たしているといえるのであろうか。ボリスとスターリは，NPOが政策過程において表明する意見がそもそも市民を代表しているといえるのかという点について，議論の余地があるとする。ボリスらによれば，政策提言に熱心に取り組むNPOは，一般的に「公的な決定に市民参加の機会を広め，政府と市民の間にアカウンタビリティを創り出すことによって民主的統治に寄与している」（ボリス・スターリ 1999=2007：266-267）と考えられている。しかしそれはNPOが，多様な市民の意見を代表しているという前提を満たしていればこそ肯首できるものであろう。だが，自殺対策の政策過程を見る限り，そうとはいい難い状況

があるように思われる。

　国内のNPOについて調査を行った坂本によれば,「団体活動の基盤を市民の参加に置かない」点や「必ずしも市民の参加を必要とはしていない」点等が,近年のNPOに見られる特徴であり,概してそれらの団体は,一般会員からの会費や寄付よりも行政等の公的資金に依存する傾向があるという（坂本 2012c：54-59）。それらの特徴は第3章で提示した,ライフリンクの収入内訳（図3-2）においても確認できよう。ライフリンクの収入内訳において会員の入会金や会費,寄付金等が多くを占めたのは,設立初期の2004～06年度頃までであり,それ以降の2007～11年度までは民間財団の助成金が全体の8割前後に上り,2012年度以降は事業収入が大半を占めている。そうした収入構造を見る限り,ライフリンクは自らの活動に対する市民からの賛同や支援の獲得といった点において,必ずしも成功しているとはいえないのではないか。そうであるならば,NPOの代表性という前提条件に綻びが生じることとなり,ライフリンクによる意見の表明は,市民の声なき声の代弁ではなく,自らの団体や集団の利益や価値の実現を追求し,政治的な働きかけを行う"利益団体"や"圧力団体"のそれと相違ないものとなってしまう。NPOがそうした利益団体としての側面を有することは,辻中ら（2012）によっても指摘されてきた通りである。

　政策過程において利益団体の果たす役割に対しては,市民の意見を集約し政治の場に届けているとの肯定的な評価がある一方で,逆に民主主義を歪めているとも批判されてきた。小西によれば,利益団体は「国民全体に責任を負う立場にはないにもかかわらず,個別利益の追求をめざして,政治的決定者と結んで権力を行使する」「国民の政治参加の手段として評価されているが,実際には,教育・所得水準が高く,時間的余裕をもつ人びとが（中略）活動に参加する傾向にある」など,その代表性に対しては疑問が投げかけられてきたという（小西 2006：67）。NPOが「新たな公共性の担い手」（坂本・辻中 2012：25）としての機能を果たすよう期待されるのであれば,そうした批判のうち,とくに後者の指摘は真剣に考慮されるべきものであろう。坂本は,NPOには市民の意見の代弁にくわえてもう1つの機能,すなわち「個々の市民を『善き市民』に

育成する機能」があると指摘する。NPOへの参加を通じて、市民は「より高い次元の政治意識、政治参加意欲、人間関係力、組織運営術」にくわえて、「異質な他者と対話・妥協・利害調整が可能な、政治的により穏健な考え方」を身につけるようになるとし、そうした観点から、NPOは「民主主義の健全な発展を支える『善き市民』を作り出す『民主主義の学校』として」機能し得ると論じた（坂本 2010：287-288）。

　ライフリンクの政策提言は、確かに行政の対策を前に進めたが、この問題に対する市民の関与を促したかといえば、それは検討の余地があるように思われる。むしろ行政による対策を推し進めるあまり、そうした問題に関心を寄せたりなんらかのアクションをとったりすることから、市民を遠ざけることに繋がってはいないであろうか。NPOが社会運動や改革のプロと化すことで、市民が社会の問題に関心を向けたりそこに関与したりすることから遠ざけられるような事態に陥るのであれば、ジェンキンス（Jenkins 2006）やヨシオカ（Yoshioka 2014）も指摘したように、それは民主主義の刷新ではなく破壊に他ならない。

**政策が永続化する危険性**

　バーダックは、一度開始した政策が終了することはきわめて稀だと指摘する。それは政策の策定者や政治家の多くが、政策を完全に終結させるよりも改変し継続させるのを好むなど、政策終了を促すうえでのインセンティブが欠如しているからだという（Bardach 1976：128-130）。またドレオンは、政策が終了しにくい背景として、①終了に対する心理的抵抗、②制度の永続性、③ダイナミックな保守主義、④政策終了に反対する連合の存在、⑤政策の法的根拠、⑥政策開始に係る高いコスト、等の要因を挙げた(2)（DeLeon 1978：379-386）。

　一方で、政策が終了する際の条件としては、①財政面での問題、②政府による事業効率性の追求、③政治的イデオロギー、という3つが存在し、そのうち最も強い影響を与えるのが③であるとドレオンは説明する。政治的イデオロギーが強い影響を与える理由としては、①や②の場合コストの正確な試算が概して困難であることや、なにをコストと見なすのか、適切と判断される費用対効果はどの程度なのか、などの点で合理的説明を行うことが難しいこと、また

倫理的な側面で課題を孕む問題に対して，コストを理由に廃止に至るのは困難であること，等を挙げた（DeLeon 1983：633-638）。

バーダックとドレオンの議論をもとに指摘できるのは，政策の決定が客観的かつ合理的な理由に基づき行われるよりも，政治的な判断や議論を通じて下される場合が多い，ということである。そのため，資源を有し声の大きい者の意見が政策過程の中で参照されるとともに，最終的な決定にも反映されることとなる。自殺対策の政策過程に目を転じても，社会的により多くの賛同を得られた言説を提供した者が，種々の政策決定に際して強い影響力を行使してきた様子がうかがえる。

そうした政治的影響により政策が左右されるのを防ぐための方策として，ドレオンは，評価のステップを踏むことや（DeLeon 1983：638-639），終了を促す方策を制度的に組み込むこと（DeLeon 1978：386-388）等を提案する。自殺対策の政策過程においても，12年版大綱の制定以降は，総務省による勧告等を踏まえる形で，「中立・公正の立場から本大綱に基づく施策の実施状況，目標の達成状況等を検証し，施策の効果等を評価するため」に評価会議が設けられ，官民連携会議との役割の分離・明確化が図られた[3]。国はそこでの評価結果をもとに，自治体の事業に対する財政的支援の見直しを模索しており，実際，評価会議の報告書でも，そうした方向性を念頭に置いたうえで今後の基金事業のあり方を考えていく必要性が指摘されていた。

しかし，評価会議での議論や評価結果が政策の決定に際して積極的に参照され，それに影響を与えたとはいい難い。むしろ，官民連携会議に参加していたアクターによる政治家等への働きかけを通じて，政策が決定されていったと見るのが妥当であろう。そうした点を踏まえれば，ドレオンの指摘，すなわち，政策決定と政策評価との関係性を深化させ，評価結果が政策決定過程で参照されるようになれば，そうした政治性をある程度排除し，政策決定の正統性を向上させ得るという指摘（DeLeon 1983：639-642）は，ほとんど幻想に近いといわざるを得ない。

政策過程において強い影響力を有するアクターたちは，対策の拡充に向けて，基本法の改正を含めたさまざまな改革を断行し，対策基盤の強化を図った。そ

の結果として，当初は基金の枠内において3年限りの予定とされてきた自治体事業への国による支援も恒久財源化された。このように，法的な後ろ盾が出来たことで自治体の継続的な取組が可能となるなど，地域で対策に取り組む者にとっては歓迎すべき事態であったといえる。さらに改正基本法では，自殺対策の目的が「誰も自殺に追い込まれることのない社会の実現」（第1条）にあることや，「生きることの包括的な支援として，全ての人が（中略）生きる力を基礎として生きがいや希望を持って暮らすことができるよう，その妨げとなる諸要因の解消に資するための支援とそれを支えかつ促進するための環境の整備充実」（第2条）が，対策を進めるうえでの基本理念として明記された。このような社会づくりの一環として，自殺対策が明確に位置づけられるようになったことで，その必要性や意義を語るうえでの枠組みが拡張され，社会からの理解と同意を得やすくなったともいえる。

　しかし，裏を返せばそれは，政策の終了がきわめて困難になったことを意味する。たとえばバーダック（Bardach 1976）やドレオン（DeLeon 1978）は，政策の法的根拠が一度作られると，それが防波堤となって政策の終了が困難になると指摘している。さらにドレオンは，政策を，(1)機能，(2)組織，(3)政策，(4)プログラム，の4種に分け，このうち(1)の終了が最も難しく，最も容易なのが(4)であると論じた。ドレオンによれば，それは(1)が，政府にしかその提供を期待することが難しい，市民に対するサービスを指すからだという（DeLeon 1978：374-377）。ドレオンの議論をもとに岡本は，機能が「個別の施策を越えるものであり，より包括的な概念」だと指摘し，仮に他のレベルで終了が生じても，機能の終了は，「植民地政策の打ち切りなどのきわめて特殊なケースにおいてしか見られない」と論じた（岡本 1996：19-20）。ドレオンと岡本の議論を踏まえると，自殺対策は基本法の改正に伴い，ナショナル・ミニマムというより高次の概念と結びつけられ，その達成に向けた重要なアプローチとされるようになった結果，政策として打ち切られにくくなったと思われるのである。

　国や自治体は深刻な財政難の中にあり，政策に投入できる資源には当然ながら限りがある。そうした中で，事態がある程度の収束に向かいつつあるにもかかわらず，対策が継続されるのはなぜなのか，またそれが，他の社会的な問題

や政策に対してどのような影響をもたらすのかといったことは、真剣に問われるべきであろう。シュミットも指摘したように、言説とはともすれば、「『事実』をゆがめるかもしくは創出し、人を欺き、また政治リーダーが行おうとすることを曖昧にするための『ハッピートーク』もしくは『情報操作』かもしれず、(中略) エリート支配および権力の道具であるかもしれない」（シュミット2009：88-90）。そうした言説によって政策が左右されることの危険性を、我々はもっと重く受け止めるべきではなかろうか。

## 3 　自殺対策の限界性

**対策の対象となる自殺の制限**

　ライフリンクを中核とした特定のアクターが、自殺対策の政策過程において強い影響力を行使してきた結果、自殺の背景に存在する社会的な問題や社会構造が着目されるようになり、それらに向けた対策を講じるべきとの主張がなされるようになった。自殺が社会の問題や構造の欠陥によって、いわば社会的に追い込まれた結果として生じると見なされるようになったからこそ、行政がそれらの問題に対して対策を講じるべきだと考えられるようになったのである。

　しかしそのことは、自殺者数の減少に一定程度寄与したと考えられる一方で、結果として、上述したような種々の課題をもたらすとともに、対策の対象となる自殺を制限することにも繋がった。本橋は、自殺念慮者に対して「適切な医学的対応や相談者の存在といった適切な社会的支援により、自殺を防ぐことが可能」だと主張する一方で、「社会全体の努力で自殺を減らすという目標を立てるとき、すべての自殺をなくそうという目標を立てているわけではないことをまず理解すべき」だとも述べている（本橋編著 2007：81）。本橋は、「人が自殺する理由に思想信条にかかわる内的なものが関与している場合には、国や地方自治体がこれに関わることはむずかしい」と述べ、その理由として、「個人の内面の自由に国や地方自治体という公権力が踏み込むことは、人権法上の問題にもなるから」だと指摘する。そのため「国や地方自治体が関われる自殺は、自殺の理由が個人の思想信条の自由と関係ない外形的なもの」に限られると論

じた（本橋・渡邉編 2005：22）。

　ライフリンクの清水も，自殺者が本当は生きたいと願いながらも社会によって死を強制されているという実態があるからこそ，社会的な対策が必要だと指摘する。その一方で，自殺という死のあり方については，仮に当人も遺族も納得したうえであれば，そうした選択に疑義を差し挟む余地はなく，それもありではないかと述べている。自殺防止活動を行う NPO 法人「蜘蛛の糸」の理事長である佐藤久男も，「私が，自殺問題は『社会の問題である』と認識したのは，自殺対策基本法の制定一年前でした。（自殺を）個人問題と考えると，個人の宗教，哲学，人生観などが錯綜し，対策が難しくなります。国，地方公共団体や民間団体は関与出来ません」（内閣府 2007：122）と語るなど，同様の見解を示している。つまり社会的な問題を背景とし，社会的に追い込まれた結果として生じているからこそ，自殺は対策の必要があると考えられているのであり，そうでない場合は対策が難しく，そもそも対策すべきとも考えられていないといえる。

　そうした制限を設けることは，公共政策として自殺対策を講じるうえでの必然であろう。足立は，政策の実行可能性を制約する要因の１つとして社会構成員の価値観の多様性を挙げ，「価値観の対立を解消することができるなどと夢想してはならない」と警告する。そのため我々が公共政策をデザインするうえでは，この「価値観の多様性と流動性」を「大前提として（つまりは制約条件として）受け入れねばならない」と主張した（足立 2009：86）。本橋や佐藤の指摘する，自殺問題に関わる個々人の死生観や信条等は，まさにその多様性に関わる事項であろう。だからこそ，自殺対策の対象は，そうした要素を主たる理由としない自殺，すなわち社会の問題や社会構造の欠陥，さらには疾病等の影響によって生じている自殺に限定されてきたのである。

　しかし，社会の問題や構造を対象とする現状の対策のみで自殺の問題に十分に向き合えているかといえば，そうとはいえないように思われる。

　精神科医の小笠原らは，自殺とは「『人生』の行き詰まりの結果として企図されるもの」「個々人の『人生の意味』と密接に関わるもの」であるとし，それゆえ対策に関する議論は「もっと『人生』の水準に則してなされるべき」だと強調する（小笠原ほか 2012：29-30）。しかし現実には，コミュニティ・モデ

169

ルでは「『生活』『具体的支援』の水準」で，メディカル・モデルでは「『診断』『症状』の水準」でしか，それぞれ自殺の問題を認識しようとしない。そのため「人生」や生きるうえでの「信頼」といった水準までには問題の視点が及んでおらず，そうした点から，両モデルには「明らかな限界がある」と批判した（小笠原ほか 2012：28-29）。小笠原らによれば，この「『人生の意味』の充足」は「『自身の人生それ自体に意味がある』という揺るがぬ感覚があってこそ成立する」とし，それは「具体的な次元に依存しない『根源的な充足そのもの』，即ち『実存的充足』」によって実現するとした。そのためコミュニティとメディカルという従来のモデルを超えて，「実存モデル」の視点に立つことの重要性を強調し，「自殺予防活動に於いてこの実存的充足を真正面から見据える必要がある」と論じている（小笠原ほか 2012：29-30）。

　困難を抱える地域住民への支援業務に自治体職員として従事する石濱もまた，自殺の予防にあたっては，自殺を社会病理現象として捉え直したうえで，こうした現象を生み出す現代の日本社会における「『生と死の捉え方』への歪みを方向づけしなおし『命の尊厳』を実感する社会を再生すること」が肝要であると説く（石濱 2017：159）。そのためにはまず，この問題を自分の問題として捉えるという問題意識の醸成が不可欠であるが，実際に自治体業務に従事していると，地域社会において「自殺は依然として封印された死であり，一般住民にとっては三人称的視点」で捉えられているという（石濱 2017：217）。そうした中で，各人が自分の問題として自殺の問題を捉えられるようにするには「国の政策誘導だけでは限界があり，国民一人ひとりが生と死について自分に引き寄せて考えたり，感じたりできる環境整備が必要であ」るとし，「そうした環境整備の中で，命の不可知性や唯一性を実感することによって，我が国の自殺者が3万人を超え，その状況や持続している高止まりの社会についても，問題意識を持ち得るのではないか」と論じた（石濱 2017：162）。

　精神科医の松本も，自傷行為に走る若者について考察する中で，彼らには「自尊心が低く，（中略）周囲の人間が『信用できない』と感じている」といった特徴が共通して見出されることを指摘している（松本 2009：9-10）。彼らは，困難や問題に直面しても他者に援助を希求できず，自傷行為や薬物乱用等に走

ることでむしろ何とか生き延びているのだと松本は論じた（松本 2011）。高橋によれば，そのように自殺を考える者の多くは「自分には意味も価値もなく，自分自身を大切にする必要もわから」ないという，絶望感や無価値感に苛まれているという。それらの感情からくる苦痛を和らげるために，彼らは仕事や周囲の人間関係などの「自分以外の何かに依存する」が，それらの依存先が失われることでしばしば危機的な状態に陥ると指摘した（高橋 2006a：27-29）。この指摘に即していえば，自殺とは，失業や経済的な困窮等の社会的な問題をどう受け止め，それらにどう対処するのかという，個人の認識や態度に左右される部分が大きいといえよう。そのため上田は，自殺の背景には経済的不況やそれによって生じた失業等の問題があることを認めつつも，自殺とはそれら社会の問題である以上に，我々の「生きる意味」に関わる問題ではないかと問いかけた（上田 2005：11）。

　しかし，国や自治体が対策を講じるとなれば，そうした人生の意味の問題に踏み込むことを避け，その範囲を限定せざるを得ない。なぜなら佐野も指摘したように，国や自治体が「好ましい活動・生き方を促進し，そうでない活動・生き方を抑制するという発想」をとり，公共政策の形成・実施を通じて自らの好ましいほうへと個々人の選好を変更するならば，それは教育というよりも洗脳に等しいからである（佐野 2010：113-114, 149-150）。国や自治体がそうした形で個々人の内面に介入することは，厳に慎まれるべきであり，それを避けるためには，対策の対象となる自殺に一定の制限を課すほかないのである。

**「生きる」にまつわる問いの回避**

　対策の対象となる自殺に一定の制限が課された結果，議論の焦点は，もっぱら自殺の背後にある社会的問題や社会構造の欠陥等に当てられ，人の生き死にのあり方や人生の意味などといった，価値に関する議論は回避されてきた。そしてそのことは，自殺対策に取り組むアクターの間で，自殺念慮者と向き合ったり遺族を支援したりするうえで必要な態度とも見なされてきた。

　たとえば本橋は，秋田県での取組をもとに，自殺がよくないことであるといったメッセージを社会に伝えるのは，明らかに誤りだと述べる（本橋 2006a：

103)。こうした一方的な価値観の押しつけは人々に受け入れられないと警告し，予防にあたっては，うつ病や自殺についての啓発活動を行い，それらの問題に対する理解を促進させることが効果的だと論じた（本橋 2006a：134-137）。河西もまた，自殺を予防するうえで「最も重要なのは，『自殺してはいけない』と説くことではなく，自殺が生じない国づくり，地域づくりである」とし，そのためには「国の医療・保健・福祉システムを含む抜本的な取り組みが強く求められている」と主張する（河西 2009：41）。ライフリンクの清水も，「社会問題となっているのは，ほんとうは生きたいのに追い詰められた結果としての自殺です。それを悪や罪としか語れない思想は貧弱。どれほど多くの遺族らが傷つけられたでしょうか。仏教もキリスト教も取り返しのつかないことをしてきた」（磯村 2011：111-112）と述べ，一部の仏教徒やキリスト者による対応を批判した。

　それらの指摘にある通り，自殺行為を単に断罪し非難するだけでは，人々の間の自殺に対する偏見や誤解を助長させるだけであろう。そうなれば，自殺念慮を抱える者は，その思いを口に出せなくなり，助けを求めることも困難となる。さらに，周囲の偏見によって遺族は傷つけられ，最悪の場合には彼らを後追い自殺へと追い込む危険もあるなど，むしろ自殺の予防を阻害しかねない。そうした態度は，まさに自殺を防ぐうえで百害あって一利なしだろう。しかし，自殺を単に悪とか罪などと一方的に決めつけ自殺念慮者や遺族を非難することと，人生の意味やいのちの大切さ，個々人のかけがえのなさ，自殺が防がれるべき理由など，人間の生死のありようを問い直し，それについての確かな考えや態度を持ったり，自殺について議論したりすることとは，まったく次元の異なることである。自殺者や遺族に対する批判や非難を理由に価値にまつわる議論を回避することは，単なる議論のすり替えではなかろうか。

　精神科医として自殺予防や自死遺族の支援等の活動に取り組む平山は，こうした活動に従事するうえでは，従事者自身に積極的に生を肯定するための哲学が求められると説く（平山 1991：152）。自殺を防ぐには，単に発生を防止するためのスキルに留まらず，自殺を試みる者の死に対する不安をよく理解し，絶望から希望へ，また死から生へと復帰させることが必要だと説明し，支援者自

身が，自分の性格や生に対する構えにおいての弱点を知り，その人なりのしっかりとした死生観を確立しておく必要があると強調した（平山 2009：277-278）。従事者自身がしっかりとした死生観を持つことの必要性や重要性については，ウェクスタインも次のように論じている。ウェクスタインによれば，医師による自殺率は一般人よりも高く，とりわけ精神科医において多く見られるという。そうした実情を踏まえたうえで，ウェクスタインは「もし私たちの生命を維持し延ばすために，頼みにしている専門家たちが自分自身の生命に無感覚だとしたら，どうして私たちは彼らを信用することができようか」と批判した（ウェクスタイン 1979=1981：51-55）。

自殺の危険性の高い女性患者への治療経験をもとに，小笠原らもまた「神（超越的次元）に軸足を置く」という自らのキリスト者としてのあり方が，治療に臨む自分自身の支えとなっただけでなく，患者の治療にとっても有効に働いたと述べている。自殺企図者と向き合い，彼らの人生を理解するには「自分自身の人生の理解の枠組み，即ち自身の哲学が必ず問われることになる」。そのため支援者は「人間の実存的充足は，具体的な援助源によっては決して担保されえない」ことをわきまえたうえで，患者と，さらには自身の人生やそこでの孤独・絶望等と向き合う必要があると説く。その困難な課題に向き合ううえで自らを支えるのが，「具体的（即ち不確実）な物事を超えた確実性を担保する次元，即ち超越的次元」であると強調した（小笠原ほか 2012：30-33）。

自殺の問題に関わる者は，なぜ自殺をしてはいけないのか，なぜ生き続けなければならないのか等の問いをしばしば相手から向けられるが，そうした問いに対する自分なりの答えを持たずにその相手と向き合うのは困難であるとも指摘される（樋口編 2003：27）。たとえば，自身の電話相談員としての経験をもとに日高は，非常に悲惨な経験をしてきた人から「死んだ方がましです」と言われると，「『ほんとうにそうだろうなあ』と思うことすらある」とし，「人生にかかわる相談を受ける者として，宗教性をもっていないと，コーラーの人生の悲惨さに，添えないような場面もある」と述べている（日高 2001：29）。大原もまた，自殺未遂者のある青年と対峙し「なぜ自殺をしたのか」と問いかけた際，「先生は，どうして生きているのですか？」と逆に問われ，「これには参っ

た」と述懐している。この経験から大原は，「『死ぬこと』と『生きること』とは，反対のことのように見えて，表裏一体のものである。相手に『死んではいけない』と言える人は，自分の生きざま，生きていることの意義をはっきりと答えることのできる人なのである」と述べている（大原 1991：100-101）。

　改正基本法では，個々人の生きる力の醸成やかけがえのなさに基づく互いの尊重等といった，基本理念で謳われる内容の実現に向けて，学校で児童生徒に対して自殺予防教育を行うよう奨励された。そのため教師たちは，そうした困難な事態に直面する機会が今後いっそう増えるものと懸念される[6]。しかし，そこで教育の範疇とされているのは，あくまで子供たちが危機に見舞われた際や，友人から悩みを打ち明けられた際の対応に関する知識やスキルの教授に留まり，価値の問題は想定されていない。文部科学省が全国の学校に対して2014年7月に配布した「自殺予防教育導入の手引」（正式名称「子供に伝えたい自殺予防　学校における自殺予防教育導入の手引」）の中でも，価値の一方的な押しつけは厳に慎むべきとされ，スキルや知識を身につけさせることが第一義の目的であり，その目的に沿って教育を行う重要性が強調されている。清水もまた，改正フォーラムや国会等の場で[7]，この教育を「ライフスキル教育」と呼び，支援策に関する情報の提示や援助希求の方法についての教育等を通じて，"自殺の0次予防"を実現する必要性を強調している[8]。

　確かに学校という公教育の場で，個々の教員の価値を児童生徒に対して一方的に押しつけることは避けるべきであろう。しかし他方で，自殺予防教育が単にスキルの獲得のみを目指して行われるのであれば，リスクの高い子供をかえって自殺に追いやる危険もある[9]。児童生徒に対する自殺予防教育に取り組む阪中順子は，子供の自殺を防ぐうえでの教育の重要性を強調するが，それは「教師自身に生きる意味の問い直しを迫り，全人格でかかわることを求められる重い問題」だとも指摘し，そうした価値への関わりが避けられないものであることを示唆した（本橋編著 2007：132）。高橋もまた，教育という形は強制的であるとして強い抵抗を招くかもしれないが，生命の価値を再考することは，自殺を予防するうえで不可欠ではないかと指摘している（高橋 2006b：158）。

　実際に基本法の改正内容に目をやると，児童生徒への予防教育をはじめ，そ

うした価値に踏み込まざるを得ない領域にまで，対策の範囲は広がっている。そうした現状を正面から見据えず，スキル教育であるとして価値中立性を装い教育を実行していけば，きわめて深刻な結果を招きかねない。社会学者の武川も，価値中立的な姿勢を貫こうとする態度が「無自覚のうちに降している価値判断を隠蔽する」ことにもなり，政策の形成や決定にとっても害を与えかねないと厳しく批判している（武川 2012：8-14）。

しかし国が政策を媒介し，そうした価値の領域に公然と踏み込むことは，前述したように，ともすれば教育という名を借りた，国による国民への洗脳や強制ともなりかねない。自殺の問題と向き合ううえで，価値や意味の議論は避けては通れないものの，行政が公共政策として対策を講じるためには，どうしてもその領域を捨象せざるを得ないのである。

## 4　行政による対策を超えて

**自殺を生まない社会を実現するには**

本章では，自殺対策の政策過程に対する検討を通じて，そこに潜む3つの課題を明らかにするとともに，それを通じて導き出される自殺対策の限界性について論じてきた。自殺対策に関する既存の研究では，現場での取組の実態が踏まえられていないため，これらの課題や限界性についてはまったく指摘されてこなかった。現場での長期間にわたる活動への参加を通じて，アクターの問題認識や言説に着目しつつ政策過程を検討したことで，自殺対策の成立と実施に伴う課題を明らかにするとともに，その限界性をも示唆し得たと考える。

本書を通じて明らかにされた，自殺対策の政策過程における諸課題ならびに，政策を通じて問題解決を図ることの限界性は，自殺に限らずどのような問題においても，程度の差はあれ必ずつきまとうものであろう。そうであるならば，我々は今後，自殺問題とどのように向き合い，いかに対処していけばよいのであろうか。筆者は，自殺を生まない社会をつくっていくには，行政による対策を通じてのみ問題の解決を図ろうとする態度を改め，我々一人ひとりが自分に何ができるかを考え，それを実践していく必要があると考える。

現代社会における市民のあり方を検討する中で、ベラーは、我々が生活の中で私的な利益や目標のみを追求してきた結果、公私の両面にわたってさまざまな弊害を生じさせてきたと指摘する（ベラー　1990=2000：83-84）。我々は「私的消費が経済を成長させれば善い社会が実現するという、近視眼的論理」（ベラー　1990=2000：113）に基づく生活を送り、公共的な課題の解決をもっぱら政府に任せてきた。しかし公共とは、本来「官（ガバメンタル）」を指すのではなく、「共同の問題について考え、ともに審議し、代表を選んで憲法によって権力を規定された政府を構成する市民」が、「公共善についての共同の討議に参加するがゆえに『公共』」であったのだと、ベラーは強調する（ベラー　1990=2000：185）。そのためこんにち必要とされるのは、「まっとうで正しい社会には、市民の、思慮深く、柔軟で、臨機応変な公共的参加もまた、同じくらいに必要」であるという、我々の自覚だと主張した（ベラー　1990=2000：113）。

　公共に関するそのような指摘は、足立の議論においても見られる。足立は、「日本語の公（おおやけ）」と「英語のpublic」との間には「深い溝がある」と指摘したうえで、この点を理解していないと、「われわれは公共政策の本質を見誤ることになりかねない」と警告した。足立によれば、日本で公という言葉は、古くは皇居や宮中を指し、やがて幕府や国家、そして行政機構としての政府、官庁、それらによって執り行われる仕事のことを指し、最終的に社会（世間）という意味で用いられるようになったとされる。それに対して英語のpublicは、本来「コミュニティーとしての社会にかかわる用語」であり、社会構成員に広く開放される公共的なものという意味で用いられてきたという。そのため日本では、公共政策というと、政府や官庁による政策という意味に捉えられるきらいがあるが、実際には「公（おおやけ）の、公（おおやけ）による、公（おおやけ）のための政策ではなく、『わたくし』たちからなる社会の、社会による、社会のための政策であ」り、「社会構成員が社会構成員にとって共通の諸問題に対処しようとして主体的に選択する行動指針」に他ならないと強調した（足立・森脇　2003：1-2）。

　旧くは社会契約に関するロックの議論を参照しても、公共とは、個々人の自発的な契約に基づくことで、初めて成立し得るものであったことが分かる。ロ

ックは「人間はみな，唯一の全知全能の主によって創造される。(中略) 人間は，唯一至高の主に仕える僕である。(中略) 私たちはそれぞれ同等の能力をさずけられ，自然界を共有する形ですべてのものを分かち合っている」とし，それゆえに各々の権利は為政者でなく，本来的には「各人の手にゆだねられる」と主張した（ロック 1690=2011：18-20）。市民社会とは，人々が政府に対して「お互いに快適で安全で平和な生活を営むこと」（ロック 1690=2011：138）を目的に，各々の権利を預ける契約を結ぶことで成立する（ロック 1690=2011：125-126）。そうした契約を有効にしているのが，我々を創造した「神の意向」に基づく法であり，そのためこの法に照らして社会の統治がなされていると判断される限りにおいて，社会は成り立つのだと強調した（ロック 1690=2011：190）。

　このような意味にまで立ち返ってみれば，公共とは，決して政府や行政を意味するものでも，それらによって形成されるものでもなく，むしろその根幹を担っているのは私たち一人ひとりであり，そこではそうした権利を有する者としての自覚と責任が，各人に対して求められていることが分かる。そうだとすれば，私たちの自殺問題への関心と関与の欠如こそが，特定のアクターの伸長を許してきたのだともいえよう。その意味で，本章において論じた自殺対策の政策過程における3つの課題とは，私たち一人ひとりの市民としての自覚と責任の欠如によって生み出された弊害に他ならないのである。そうした中で，今後私たちがすべきことは，政府や行政に公共的課題の解決を任せるといった受け身の姿勢から脱却し，自殺を生まない社会の樹立に向けて，自分のできることを考え実践していくといった具合に，自らの意識と行動を変化させていくことではなかろうか。


### 求められるのは，私たちの主体的な関与

　昨今では，徳島県旧海部町でのフィールド調査に基づく岡・山内（2010；2011；2012）や，イスラーム教徒の自殺抑制因子を考察した小牧（2012）等，自殺の少ない地域や集団への検討を通じて得られた知見をもとに，自殺予防の新たな形を模索する試みが芽生えつつある。岡・山内は，徳島県旧海部町における調査を通じて見出された自殺予防因子として，人々がゆるやかな形で結びつ

き，身内如何にかかわらず互いに助け合う仕組みが存在することや，政治参加への積極性が見られ，現状を変えられる力が自分たちにあると考えられていることなどを挙げている。小牧もまた，シリア・アレッポのムスリム大学生を対象とする調査の結果をもとに，自殺や人間の生死のあり方，死後等に関するイスラームの教えが，彼らの自殺に対する態度や考えに強い影響を及ぼし，自殺への否定的な態度に繋がっていたことを指摘している。それらの議論から見出される自殺の予防因子は，国や自治体等による政策を通じて形成されたものではなく，長年にわたる住民の自治の結果として，また，各学生のイスラームへの信仰に根差す形で，自然に築き上げられ，獲得されてきたものである。そうした自発性に基づいているからこそ，社会状況や時代の変化に見舞われても，彼らの自殺を抑止し得る力として機能してきたのである。このことは，かつては高齢者による自殺が頻発していたものの，高橋らによる介入以降，そうした状況に変化が見られるようになった新潟県旧松之山町の変遷（高橋ほか 1998）を通じても指摘できる。勝又と竹島によれば，当該地域への介入による影響としてなにより大きかったのは，住民が自らの社会のありようを真剣に考え，この問題の解決に向けて自発的・積極的に関わるようになったことだという（勝又・竹島 2009）。

　国による対策が成立する以前から，いのちの電話の活動を通じて自殺の予防のための研究や実践に取り組んだ者たちを見ても，そうした自発性がきわめて重要であったことが指摘できる。彼らのそうした自発性を促していたのは，キリスト教への信仰という動機であった。信仰に照らして，自殺を，温かな人間関係を希求する者の発する魂の叫びだと考えたからこそ，その叫びと真摯に向き合うことが，信仰者としての当然の責務と受け止められてきたのである（稲村 1973）。

　稲村は，心の絆療法について語る中で，この療法を通じて患者が「生をよろこびとし，自分の環境に適応していくこと」によって「生きる目的と目標を見出していく」ことを目指していると語っている（稲村 1981：98, 354-355）。そのためには，患者の話に徹底して耳を傾けることや，治療関係の終結後も継続的なフォローアップを続ける必要があると考え，それを実践していた（稲村

1981：31-37）。こうした対応の結果，面接室の患者からは長年にわたって一人の自殺者も出なかったという（稲村 1981：18）。この療法は，さまざまな面で医療者に多大な負担を強いるものであったが，それでもそうした関わりを継続できたのは，稲村が自身の信仰に照らして，人のために重荷を背負い苦労することが，一人の医師としてのあるべき姿だと確信していたからであった。[10]

医師として，またいのちの電話の理事として，いのちの電話の活動に初期より参加した増田陸郎も，大学時代に救世軍（プロテスタント系）と出会い，キリスト教に入信（第二次世界大戦後，家族と共にカトリックへと転向）している。公衆衛生医として寄生虫や結核の予防に携わってきた増田が，精神医療の問題に関心を寄せたのは，精神疾患患者の人権を守り彼らをケアすることが，信仰に生きる一人の医師としての使命だと考えたからである。[11]いのちの電話の連盟理事を長年にわたって務めた齋藤もまた，宗教とは，人間に対して生きることの意味や価値を提示するものであるとし，それゆえ信仰を持つことが優れた自殺の抑止力になり得ると説く。しかしながら専門家の間では，しばしば宗教をカルト的なものとして捉え，宗教こそが自殺を促進させる要因であると考えるなど，宗教に対する強い偏見があると指摘する。こうした意見に齋藤は，宗教とは，実際には個々人に対して生きる希望を与えるものだと強調し，そのことに誇りを持ちつつ，自身の生き方をもってそれを示していきたいと述べている。[12]

増田や齋藤以外にも，初期の自殺予防活動には数多くのキリスト者が参加していた。彼らは自殺予防の研究や活動における目的を，単なる自殺の防止に留まらず，それを通じて今後の望ましい社会のあり方や，人間としての幸せな生き方を考え，実現していくことだと考えていた。しかし彼らに対する周囲の態度は実に冷ややかであり，行政や学術界等は自殺予防の必要性を訴える彼らの呼びかけに対し，ほとんど耳を傾けなかった。とりわけ稲村の治療態度には，他の医師たちから「泥臭い」「時代遅れ」「古臭い」「しんどい」等の批判が暗に寄せられ，心の絆療法に至っては，精神医学界では理論自体が黙殺されたに等しかった。[13]しかしそうした中でも，自身の信仰に即して，自殺を，企図する当人のみならず，それを取り囲む社会，さらには人間の生き方や生のあり方に関わる問題であると認識していたからこそ，彼らは時代や社会の状況に左右さ

れることなく，自殺予防の必要性を継続的に訴え続けることができたのである[14]。

　基本法の成立に伴い，自殺が行政の取り組むべき課題となったことで，それまでに見られたような，個々人の善意や問題関心に基づく問題への自発的な関与の余地は，むしろ狭められつつある。そうした今だからこそ，我々は，自らの生死のあり方や意味を含めて，自殺の問題についてもう一度考え直すとともに，自殺が効果的に抑制されている社会に目を向け，そこから得られる知見をもとに，私たち一人ひとりが個人のレベルでも行える具体的な方策を考え，それを実践していくことが必要だと考える。自殺を生まない社会とは，行政による対策のみならず，この問題に対する一人ひとりの主体的な関心と関与があってこそ，実現し得るものなのである。

# 補　章
# イスラーム教徒の自殺抑制要因
―― シリア・アレッポ大学生へのアンケート調査から ――

## 1　自殺をしない人々

**日本における自殺の状況**

　日本では1998年から2011年まで，年間の自殺者数が毎年3万人を超えてきたほか，10万人あたりの自殺率は25前後の高い水準にあるなど，深刻な状況が続いてきた。自殺の実態調査や研究が進む中で，自殺の危険因子はかなり明らかにされてきたが（高橋 2009），それらの危険因子を抱え悲惨で困難な状況に置かれているように見える中であっても，自殺をしない人も多いとされる（高橋 2006b）。そのため，危険因子の有無のみで自殺行動を予測することは難しく，自殺行動を抑制させる因子を明らかにすることが必要だといわれている（勝又 2009）。こうした因子についての考察はなされているものの（河西 2009），そこで挙げられている因子とは，危険因子の裏返しにすぎない。そのため自殺を志向しない人とはどのような人であり，自殺を抑制する因子が何であるのかは，これまでほぼ明らかにされてこなかった。

　こうした中で，そもそも自殺をしない人々を特定し，彼らの自殺の抑制因子を明らかにすることができれば，自殺を志向しない方向へと人々の意識を変化させるためにはどうすればよいかといった，新たな自殺対策の方向性を検討することも可能になると考える。

**イスラーム教徒への着目**

　そこで本章では，自殺率がきわめて低いといわれるイスラーム教徒（Bertolote & Fleischmann 2002；高橋 2004）（以下，ムスリム）に着目し，その抑制因子

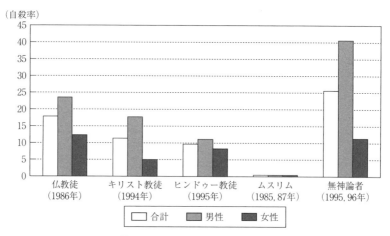

**図補-1** 宗教徒間での自殺率の比較
出所：Bertolote & Fleischmann（2002）より抜粋

の導出を試みることとした。ベルトローテとフライシュマンは，さまざまな宗教徒間で自殺率には差異が見られることを指摘しているが（Bertolote & Fleischmann 2002），それによれば10万人あたりの自殺率は，仏教徒で17.9，キリスト教徒で11.2，ヒンドゥー教徒で9.6，無神論者では25.6である。これに対してムスリムの自殺率は0.1と0にきわめて近く，他教徒と比べても非常に低いと指摘している（図補-1）。

また，シャーとチャンディアはオーストラリア，ブルガリア，カナダ，エジプトなど21カ国の自殺率とムスリム人口の割合との関係について調査を行った結果，両者間にはムスリムの人口割合が高いほど自殺率が低いといった，負の相関が見られると指摘している（Shah & Chandia 2010）。

### なぜイスラーム教徒の自殺率は低いのか

このように自殺率が低いのは，ムスリムの信仰するイスラームの教えにおいて，自殺が強く禁止されているためだとされている。たとえばイネイチェンはマレーシアやシンガポール，英国などにおけるムスリムとヒンドゥー教徒との自殺率を比較したうえで，2つの宗教間には自殺に対する態度の相違が見られ

ることから、このことがそれぞれの信徒に対して影響を及ぼし、自殺率の差を生じさせていると主張した (Ineichen 1998)。カマルとローウェンタールは、このイネイチェンによる報告を踏まえたうえで、宗教間のそうした相違が、個人の信仰や自殺観に対してどのような影響を与えるのかを考察するため、イギリス在住のヒンドゥー教徒とムスリムを対象に質問紙調査を行った。その結果、ムスリムにはヒンドゥー教徒と比べて、生きる理由や意味を明確に見出しており、また生に対する執着が強い点などが、特徴として認められたという。イネイチェンが示唆したように、カマルとローウェンタールもまたそうしたムスリムの特徴を、自殺に対するイスラームの考えを反映していると結論づけた (Kamal & Loewenthal 2002)。

次にレスターとアカンデは、ナイジェリアのヨルバという、ムスリムが圧倒的多数を占めるエスニックグループの大学生とアメリカの大学生を対象に、自殺に対する態度の比較分析を行った。その結果、ヨルバの学生がアメリカ人学生と比較して、自殺に対して否定的な態度を示すことを明らかにしている。ヨルバの学生のそうした態度は、イスラームが殉教の場合を例外として、いかなる状況でも自殺を強く禁じており、自殺に否定的な態度をとっていることと一致すると述べている (Lester & Akande 2001)。

### これまでの研究における課題

このようにムスリムの自殺率が低い背景には、イスラームの教えがあるという指摘はこれまでにもいくつかなされてきた。しかしいずれの調査においても、次の2点が問題として指摘できる。

第1に、イスラームの自殺に対する教えについて、詳細な検討がなされていない点である。そのためイスラームが自殺を禁止事項とするのはなぜなのか、またその背景にはどのような生命観や死生観があるのかといった点は明らかにされていない。

第2に、教えの内容を考慮に入れたうえで、ムスリムを対象とした調査がなされていないため、生に対する執着や肯定、自殺に対する否定的な態度などのムスリムにおいて見られた傾向が、イスラームの教えでどのような意味を持つ

のかが，これまでの研究では明らかにされてこなかった。そのためイスラームの教えが，ムスリムの死生観や自殺に対する態度といかなる関係にあり，またどのような影響を及ぼしているのかが，不明なままとなってきた。

　このように筆者がこれまでの研究をもとに把握した限りでは，ムスリムの自殺率の低さについてはその事実を指摘するか，性別や宗派，居住地域などの社会経済的な枠組みとの関係を明らかにすることで，自殺率の低い理由を説明するに留まっており，ムスリムの自殺を抑制する要因を明らかにするまでには至っていない。そのためには，自殺に関するイスラームの教えを，聖典クルアーンや預言者ムハンマドの言行録であるハディースをもとに検討することで，そうした教えがムスリムの意識や態度とどのように関係しているのかを明らかにする必要がある。

**ムスリムの自殺抑制要因の検討に向けて**
　このような問題意識に基づき本章では，クルアーンやハディースなどを中心に，イスラームの教えにおいて自殺がどのように語られているのかを検討することにくわえて，ムスリムの大学生を対象に質問紙調査を実施し，イスラームの教えとムスリムの自殺率の低さの実態，およびその両者の関係を考察することにより，ムスリムの自殺を抑制する要因について明らかにすることを目的とした。イスラームの教えと自殺に対する意識や態度との関係に着目し調査を行うことにより，大学生という限られた対象ではあるが，ムスリムの自殺を抑制する要因の一端を実証的に明らかにし得ると考える。

## 2　イスラーム教徒の自殺抑制要因を明らかにするには

　本章では次の2つの方法により，ムスリムの自殺抑制要因について検討した。第1に，イスラームの教えと自殺との関係について，聖典クルアーンや預言者ムハンマドの言行録であるハディースを中心とした文献研究を行った。第2に，ムスリムの死生観や自殺に対する態度を明らかにするため，シリア・アラブ共和国国立アレッポ大学(以下，アレッポ大学)に通う学生を対象に，質問紙調査を行った。

## イスラームの教えにおいて自殺はどのように語られてきたのか

イスラームにおいて、自殺はアッラー[2]に対する大罪であるとされ、厳しく禁じられている。自殺の禁止は、イスラームの聖典であるクルアーンにその根拠[3]を求めることができるといわれており、以下の諸節がその根拠として挙げられる（アル＝ジャイユーシュ 出版年不明；アル＝カラダーウィー 1987）。

《だが、自分の手で自らを破滅に陥れてはならない。》（雌牛章第195節）
《またあなたがた自身を、殺し（たり害し）てはならない。…もし敵意や悪意でこれをする者があれば、やがてわれは、かれらを業火に投げ込むであろう。》（婦人章29～30節）

クルアーンにくわえてハディース[4]においても、自殺は明確に禁じられているとされ、以下の諸節がその根拠とされる（カラダーウィー 1987）。

『イスラーム以前（ジャーヒリーヤ時代）に、ある男がいた。その男はナイフを手にとり、自分を切りつけ、死ぬまで血を流し続けた。ジュンダブによると、預言者はこの男について、「傷を負った或る男が自害した。するとアッラーは《この私の僕は彼の命のことでわたしを出し抜いた。だからわたしは彼が天国に入ることを禁じた》と申された」と言った。』
『またハディースにおいて以下のように定められた。"自身を殺害した者は、審判の日に罰せられる"と。』

自殺の禁止はこのように、クルアーンやハディースの中で章や節を変えて何度も言及されている。このことから自殺の禁止は、イスラーム法学者の中でも明白な事実として見解の一致が見られるが（アル＝ジャイユーシュ 出版年不明）、それはイスラームの死生観が深く関係していると眞田は指摘する。すなわち、ムスリムにとって自殺は「自分自身のアイデンティティにかかわる死生観の問題」であり、死生観は現世の生き方だけではなく来世までも含むものである（眞田 2005：95-97）。そのため眞田は、ムスリムにとって自殺とはどのような行

為であるのかを理解するには，来世を含めたイスラームの死生観に対する理解が不可欠であると論じている（眞田 2005）。

こうしたことから本章では，自殺が禁止される理由についてイスラームの死生観を通じて検討することとした。

(1)自殺はアッラーの大権を侵害する行為

イスラームの教えにおいて，自殺が禁止される理由としてまず挙げられるのは，人間の生命がアッラーの大権に属するものである，ということである。イスラームでは生も死もアッラーによって創造されたものであるため，生を与えることもそれを奪うことも，アッラーのみが行使できる権限であると考えられている（眞田 2005）。そのため他者や自分自身に意思をもって死をもたらす行為は，イスラームでは神に成り代わる行為と見なされる（奥田 2007, 2008）。次は，そのことを示すクルアーンの章句である。

《（かれは）死と生を創られた方である。》（大権章2節）
《かれこそは生を授け，また死を授ける方である。》（ガーフィル章68節）
《アッラーの御許しがなくては，誰も死ぬことは出来ない。その定められた時期は，登録されている。》（イムラーン家章145節）

このように，自殺は生命を自ら放棄する行為であるため，アッラーに対する最大の背信行為であり，アッラーの大権を侵害する行為とされる（Azayem & Hedayat-Diba 1994；眞田2005, 2010）。このためイスラームの刑法では，人間が自分を殺害したり傷つけたりすることが禁じられている。この根拠としてアル＝ジャイユーシュは，次のクルアーンの一節を挙げる（アル＝ジャイユーシュ 出版年不明）。

《そのことのためにわれ（アッラー）はイスラエルの子孫に対し，掟を定めた。人を殺した者，地上で悪を働いたという理由もなく人を殺す者は，全人類を殺したのと同じである。人の生命を救う者は，全人類の生命を救ったのと同じである（と定めた）。》（食卓章32節）

イスラームでは、生命が与えられることは祝福と考えられるため、人間にはこうした恩恵に感謝し、与えられた生命を守る努力をすることが求められている（カラダーウィー 1975）。自ら命を絶つ自殺は、アッラーから祝福された生を破壊し、アッラーの大権を侵害する行為であるとされ、厳しく禁止されるのである。

(2)自殺は来世に対する信仰を否定する行為

イスラームの教えにおいて、自殺の禁止は来世についての考えと深く関わっている。イスラームでは、来世に対する信仰は六信のうちの一つとされ、現世は来世に至るまでの試練の宿と位置づけられている（眞田 2005）。こうした来世の存在があるからこそムスリムは、現世がいかに厳しく、辛く、苦難に満ちたものであったとしても、そうした苦難が神からの恩寵であると考え、それを受け止めることができるという（奥田 2010；Ross 2001）。カラダーウィーは、来世の重要性について語られたものとして、次のクルアーンの諸節を引用する（カラダーウィー 1975）。

《言ってやるがいい。「現世の歓楽は些細なものである。来世こそは、（アッラーを）畏れる者にとっては最も優れている。」》（婦人章77節）
《この世の生活は、偽りの快楽に過ぎない。》（イムラーン家章185節）

このようにイスラームでは来世における生が重要視されるが、これによって現世の生が軽視されることはなく、むしろ来世があるからこそ、人間が現世でどのような生活を送るのかが重要になるのだという（井筒 1991；水谷 2010；奥田 2003）。なぜなら来世における処遇は、個人が自由意思に基づき現世でとった言動や行動のすべてが、計算の対象となり決定されるからである（奥田 2007）。

計算の対象には、目に見える行動や言動にくわえて、心や頭の中で考えたことも含まれるが、それらは天使によりすべてが記録され、審判の日において重要な資料として用いられることとなる。クルアーンでは、多くの章句で審判の日についての様子が語られているが、イスラームではこれを畏れ審判の日に向

けて準備を行う者に，奨励が与えられると考えられている（スィラージュ・アッ＝ディーン 1986）。そのため来世で天国に入るには，現世がいかに厳しく苦難に満ちていても，神からの恩寵としてこれを受け止め，苦難を耐え忍び，神の教えに従ってよく生きることが求められる（眞田 2005）。現世におけるそのような忍耐の重要性ついて，ズィービィーは次のクルアーンの章句を根拠として挙げる（アッ＝ズィービィー 1998）。

《よく耐え忍ぶ者は本当に限りない報酬を受ける。》（集団章10節）
《本当に困難と共に，安楽はあり，本当に困難と共に，安楽はある。》（胸を広げる章5-6節）

このように「永遠の生が与えられる来世にこそ真実の生がある」（奥田 2005：100）と信じることは，現世を生きるうえで非常に重要である。来世が前提として存在するからこそ，人間は現世における自らの行いの結果をすぐ求めたり，苦難に絶望したりせず，耐えて気長に結果を待ち，自殺という選択を回避することが可能になる。

イスラームでは，人間は生まれつき弱く，性急で忙しなく，気短につくられていると考えられている。そのため自らの行いの結果をすぐに求めたがり，我慢をすることや結果を気長に待つことが，しばしば困難であるとされる（奥田 2005）。不幸を前に忍耐できず，簡単に絶望してみずからを滅亡へと駆り立てる者は，不信心者や異教徒，信仰の弱い者であると見なされており，こうした者たちについてはクルアーンにおいて，次のように描写されているという（カラダーウィー 1975）。

《だが不幸に見舞われると，落胆し絶望してしまう。》（フッスィラ章49節）
《災厄が襲えば，絶望してしまう。》（夜の旅章83節）
《また人びとの中に偏見をもって，アッラーに仕える者がある。かれらは幸運がくれば，それに満足している。だが試練がかれらに降りかかると，顔を背ける。かれらは現世と来世とを失うものである。これは明白な損失であ

る。》（巡礼章11節）

　イスラームでは最も恐れるべき懲罰とは，来世におけるものであると考えられており（奥田 2010），現世での苦難に耐え切れず自殺を犯してしまった者には，来世で大変な苦痛が待っているとされる（アッ゠ズィービィー 1998）。

　『アブー・フライラの伝えるところによれば，アッラーの御遣いは言われた。「高いところから飛び降りて自身を殺す者は，火獄の中で永遠に高いところから飛び降り続ける。また毒をあおり，自身を殺す者は，火獄の中で永遠に毒を飲み続ける。そしてナイフなどのとがった鉄で自分を刺す者は，火獄の中で永遠に自分の腹を刺し続ける。」と。』（ムスリムによる伝承）

　イスラームでは自殺が大罪とされ厳しく禁じられるが，ここまでの検討結果をまとめると，次の２点がそうした禁止の背景になっていることが明らかになった。
　すなわち第１に，自殺がアッラーの大権を侵害する行為であり，アッラーに対する不信仰を意味する行為だと考えられるからである。
　第２に，自殺が来世に対する不信仰を意味する行為であるためである。来世はイスラームの教えにおいて，ムスリムが守るべき六信の一つとされるが，自殺はこの否定に繋がるものである。
　このようにイスラームでは，自殺の禁止と死生観とが，密接に関係しているといえる。

## 3　イスラーム教徒は自殺をどのように考えているのか

**アレッポ大学に通うムスリム大学生を対象にした調査の実施**
　筆者は，ムスリムの自殺志向と死生観との関係を明らかにするために，アレッポ大学に通う大学生を対象に，質問紙調査を行った。本調査では，主にムスリムの自殺観・死生観と，自殺念慮の有無，将来における自殺の可能性との関

係に着目したため，性別，学部，学年などの個人の属性の結果に基づく分析結果は，今回の報告では省略した。

(1)調査の概要

調査はアレッポ大学に通う大学生を対象に[5]，2006年11月に実施した。具体的には，アレッポ大学機械工学部と教育学部にて，無作為に質問紙を配布・回収したほか，同大学学術交流日本センターで日本語を学ぶ学生に5部ずつ配布し，友人への協力を依頼した。合計300部を配布し，212名から回答を得た。回収率は70.7%であった。ただし，このうち15名がキリスト教徒であったため，分析の対象からは除外し，最終的にはムスリムのみ197名（男性79名，女性118名。平均年齢21.41歳，SD=2.27）を分析対象とした。

なお，調査項目は文献調査の結果などをもとに筆者が作成したが，調査時には現地のアラビヤ語の専門家の協力を得て，対象者の母語であるアラビヤ語に調査票を翻訳し使用した。

(2)調査の項目

質問紙は(1)性別，学部，学年などのフェイスシート，(2)「自殺観・死生観」に関する質問（57項目），(3)調査対象者の自殺念慮の程度について，(4)調査対象者の将来における自殺の可能性について，から構成される。

質問項目の内容は，主にイスラームの教えに関する文献研究と，2006年3月にアレッポ大学で行った事前調査の結果にくわえて，大学生の自殺観と自殺志向との関連性について検討した中村の論考（中村 1996，1997）を参考にしつつ，筆者が作成した。

なおアレッポ大学で2006年3月に行った事前調査では，自殺に対する考えとその理由について聴取したが，その際，調査対象者自身が抱く自殺に対する考えとその理由，および調査対象者の属する社会の人々が一般に抱いていると思われる自殺に対する考えとその理由とを，質問項目を分けてそれぞれ聴取できるように質問紙を設計した。これは，イスラームの教えが調査対象者の自殺に対する考えとその理由にどの程度反映されるのか，またそこでの回答とムスリムの人々が一般に抱いているとされる自殺に対する考えとその理由との間に，なんらかの相違が見られるのかを，検討したいと考えたためである。

しかし調査の結果，両者間の差は認められなかったため，追加で調査を行い，自分にとって人生における心の支えとはなにか，死後についてどのように考えるか，などを自由記述式で聴取した。追加調査では計20名から回答を得た。事前調査を通じて得られたこれらの回答結果は，現地の専門家3名とともに検討を行い，その結果を参考にしながら，最終的に「自殺観・死生観」に関する質問（57項目）を作成した。

(3)分析の方法

まず調査対象者の自殺念慮と，将来における自殺の可能性について単純集計を行った。続いて「自殺観・死生観（全57項目）」について因子分析（主因子法・バリマックス回転）を行った。さらに，因子分析の結果から抽出された9因子（47項目）の因子得点をもとに，「自殺念慮の有無」と「将来における自殺の可能性」との関係について，それぞれ分散分析（2元配置法）を行った。

(4)倫理的配慮

調査は，シリア政府と同大学の許可を得たうえで，アレッポ大学のアル＝マンスール，アフマド准教授（当時）のご協力をいただいて実施した。調査はいずれも無記名で行い，個人が特定できる形では結果を公表しないこと，質問に回答したくない場合は拒否が可能である旨を対象者に伝えた。

**ムスリム大学生に対する調査結果から明らかになったこと**

(1)将来における自殺の可能性への強い否定

まず自殺念慮については，否定的な者が全体の81.7％と大半を占めたものの，これまでに自殺念慮を一度でも抱いたことがある者は，念慮の頻度に差はあるものの「ひんぱんに」「時々」「今までに1〜2回くらい」と回答した者を合計すると，18.3％と全体の2割弱にのぼった（表補-1）。一方で，将来における自殺の可能性については「ある」と回答した者が1名（0.5％），「わからない」と回答した者が23名（11.7％），「ない」と回答した者が173名（87.8％）であり，大半の者がきわめて否定的であった（表補-2）。

表補-1　自殺念慮の有無

| | 実数 | % |
|---|---|---|
| ひんぱんに | 3 | 1.5% |
| 時々 | 21 | 10.7% |
| 今までに1〜2回くらい | 12 | 6.1% |
| 全くない | 161 | 81.7% |
| 合計 | 197 | 100.0% |

表補-2　将来における自殺の可能性の有無

| | 実数 | % |
|---|---|---|
| ある | 1 | 0.5% |
| わからない | 23 | 11.7% |
| ない | 173 | 87.8% |
| 合計 | 197 | 100.0% |

出所：表補-1，2ともに，調査結果をもとに筆者作成。

### (2)自殺念慮や将来における自殺の可能性を否定する集団の特徴
#### ①調査結果の分析手順

筆者の作成した「自殺観・死生観尺度」は，57の質問項目から構成される。各項目は，それぞれ「1　はい」「2　わからない」「3　いいえ」の3件法で回答を求めた。

「自殺観・死生観尺度」の回答結果は，まず57項目につき項目間相関係数行列を算出し，それに基づき因子分析（主因子法・バリマックス回転）を行った。その結果から得られた因子負荷量を見ると，固有値1以上の因子は9個抽出され，第9因子までの累積寄与率は0.444であり，全項目分散のうち約45％の説明率が得られた。ここからは，抽出された9個の因子（47項目）の内容を検討する。[6]

第1因子は「来世における生は，永遠の生である」「私は，来世を信じている」など，来世の存在を肯定する因子（11項目）である。なお，この因子には「自殺をすることは，大きな罪である」などの項目が含まれており，ムスリムにとって自殺をすることは罪だという考えと，来世に対する肯定とが同じ方向性を持つことを示しているといえる。

第2因子は「人間は問題に直面したとき，自殺以外の方法で問題を解決するべきだ（反転項目）」「自殺は，困難な問題を解決する一つの手段である」「自殺は，人間の万能性を示す手段である」など，問題を解決する手段として自殺を容認する因子（5項目）である。

第3因子は「自殺をする人は，忍耐が足りない（反転項目）」「自殺は，勇気ある行為である」など，自殺やそれを行う人を賞賛する因子（6項目）である。

第4因子は「命は大切なものである」「人生は、辛いことばかりであり、生きる価値がない（反転項目）」など、生命や人間の存在を意味あるものとして尊重する因子（7項目）である。

第5因子は「自殺をすることは罪ではない」「人が自殺を考えるのは、自然なことである」など、自殺を罪とはとらえない因子（4項目）である。

第6因子は「自殺は、禁じられた行為である」「人間は、自分の命を勝手に処分できない」など、自殺が人間以外の何者かによる禁止事項であるととらえる因子（6項目）である。

第7因子は「自殺は、道徳的に許容できない行為である」「自殺は、社会において許されない行為である」など、自殺を社会・道徳的に許されないものとして、否定・非難する因子（4項目）である。

第8因子は「自殺をすることは、責任逃れである（反転項目）」「自ら死を選ぶことは、人生からの逃げである（反転項目）」から構成され、自殺を責任や人生からの逃げではないと考える因子（2項目）である。

最後に第9因子は「宗教を信じていても、自殺をする人はいる」「人間は、死ねばすべて終わりである」から構成され、宗教が自殺の防波堤とはならず、また人間は死ねばすべて終わりだと考える因子（2項目）であった。

②自殺念慮「なし」群に見られた特徴

ここでは因子分析の結果から抽出された9個の因子の因子得点をもとに、まず自殺念慮の有無との関係について分散分析を行った。その結果、自殺念慮の有無と9個の因子との間には交互作用が認められた（表補-3）。

**表補-3** 1要因（要因B）において対応のある2元配置法の分散分析結果

|  | 偏差平方和 (SS) | 自由度 (df) | 不偏分散 (MS) | F (分散比) | P (有意確率) |
|---|---|---|---|---|---|
| 主効果A（自殺念慮） | 0.3532 | 1 | 0.3532 | 0.3092 | 0.5788 |
| 主効果B（因子分析） | 25.4421 | 8 | 3.1803 | 2.8653 | 0.0036 |
| 交互作用AB | 63.1833 | 8 | 7.8979 | 7.1157 | 0.0000 |

出所：調査結果をもとに筆者作成。

そこで、自殺念慮の有無が9個の因子の因子得点に与える効果を検討するため、単純主効果の有意差検定を行った。その結果、自殺念慮あり群となし群と

の間では，第1因子，第2因子，第8因子の3因子に対して，個人の因子得点が有意に異なった。すなわち，第1因子に対する個人の因子得点は，自殺念慮あり群となし群とで比較した場合，なし群において低かった。また第2因子と第8因子については，自殺念慮あり群となし群とで比較した場合，なし群において高かった（表補-4）。

**表補-4** 自殺念慮群間における因子別得点の有意差検定の結果

|  | 自殺念慮 あり群 | 自殺念慮 なし群 |  |
|---|---|---|---|
| 第1因子 | 0.8966 | -0.2004 | *** |
| 第2因子 | -0.6400 | 0.1431 | *** |
| 第8因子 | -0.3665 | 0.0819 | * |

*** $p<0.001$  * $p<0.05$
出所：調査結果をもとに筆者作成。

この結果から，自殺念慮なし群はあり群に比べて，次の2つの傾向が認められた。すなわち，第1に，来世の存在を肯定しており，自殺は来世との関係を踏まえ禁じられた行為だと捉えていること，第2に，自殺を問題解決の手段や，自分の責任や人生から逃避する手段として容認しないこと，である。

なお，その他の因子（第3因子，第4因子，第5因子，第6因子，第7因子，第9因子）では，有意差は認められなかった。

③将来における自殺の可能性「なし」郡に見られた特徴

次に，因子分析の結果から抽出された9個の因子の因子得点をもとに，将来における自殺の可能性との関係につき分散分析を行った。その結果，将来における自殺の可能性と9因子との間には交互作用が認められた（表補-5）。

**表補-5** 1要因（要因B）において対応のある2元配置法の分散分析結果

|  | 偏差平方和（SS） | 自由度（df） | 不偏分散（MS） | F（分散比） | P（有意確率） |
|---|---|---|---|---|---|
| 主効果A（自殺の可能性） | 0.3532 | 1 | 0.3532 | 0.3092 | 0.5788 |
| 主効果B（因子分析） | 26.4533 | 8 | 3.3067 | 2.9503 | 0.0028 |
| 交互作用AB | 46.2380 | 8 | 5.7797 | 5.1568 | 0.0000 |

出所：調査結果をもとに筆者作成。

そこで，将来における自殺の可能性が9個の因子の因子得点に与える効果を

検討するため，単純主効果の有意差検定を行った。その結果，将来における自殺の可能性あり群となし群との間では，第1因子，第2因子，第4因子，第7因子に対する個人の因子得点が有意に異なった。具体的には第1因子と第7因子では，将来における自殺の可能性あり群はなし群と比較して因子得点が高い一方で，第2因子と第4因子では，将来における自殺の可能性あり群はなし群と比較して因子得点が低かった（表補-6）。

表補-6　将来における自殺可能性群間における因子別得点の有意差検定の結果

|  | 自殺念慮 |  |  |
| --- | --- | --- | --- |
|  | あり群 | なし群 |  |
| 第1因子 | 0.6380 | −0.0884 | *** |
| 第2因子 | −0.7951 | 0.1103 | *** |
| 第4因子 | −0.3665 | 0.0819 | * |
| 第7因子 | 0.0794 | −0.5727 | *** |

*** $p<0.001$　　* $p<0.05$
出所：調査結果をもとに筆者作成。

　この結果から，将来における自殺の可能性なし群にはあり群に比べて，次の3つの傾向が認められた。すなわち第1に，来世の存在を肯定しており自殺は来世との関係を踏まえ禁じられた行為であると考えていること，第2に自殺を問題の解決手段としては容認せず，社会・道徳的に許されないものであると考えて自殺を否定・非難すること，第3に生命や人間の存在を意味あるものとして尊重すること，である。

　なお，その他の因子（第3因子，第5因子，第6因子，第8因子，第9因子）では，有意差は認められなかった。

## 自殺念慮や将来における自殺の可能性を否定するムスリムの傾向

　筆者はムスリムの自殺率の低さに着目し，その背景要因を明らかにするために，イスラームの教えにおける自殺のとらえ方を踏まえたうえで，アレッポ大学生を対象に質問紙調査を実施した。質問紙調査の結果，自殺念慮や将来における自殺の可能性を肯定する者と比較して，これらを否定する者には，次の3つの傾向が見られた。

第1に，来世の存在を肯定し，自殺を来世との関係を踏まえて禁じられた行為だと捉えていることが明らかになった。イスラームの教えでは，来世の教えと自殺の禁止とが深く関係していることは文献研究の結果からも明らかであるが，このことはアレッポ大学に通うムスリム大学生の，自殺の捉え方においても認められ，イスラームの教えが自殺行動を抑制していることが確認された。
　クルアーンやハディースでは，自殺の禁止に結び付くとされる章句が数多く見られるが，それらの特徴をまとめると，来世の重要性が強調されるとともに，自殺という行為が来世における生のあり方とどのように関係するかが説かれている。眞田が指摘するように，イスラームの教えでは現世はあくまで来世のための「試練の宿」（眞田 2005：96）であり，ムスリムにとって真に恐れるべきは，死の先にある来世で受ける処遇だと考えられている。そのためイスラームにおいては，審判の日に向けて準備することが求められるとともに，その日に向けて準備する者に対しては奨励が与えられると考えられている（スィラージュ・アッ＝ディーン 1986）。このように，来世の教えはムスリムの自殺行動を直接的に抑制するだけではなく，良き来世に至るために現世でどのように生きればよいのか，その生き方をムスリムたちに提示するものである。こうした生き方に関する規範の存在が，結果としてムスリムを自殺から遠ざけているものと考えられる。
　第2に，自殺を社会的・道徳的に許されない行為であると捉えており，問題の解決手段としては容認せず，自殺は一種の逃げであるなどとして非難する傾向が認められた。このことは，些細なことでたやすく絶望し，時に自殺へと走ろうとする者を戒め，困難に対する忍耐の重要性を説くイスラームの教えとも合致する。
　このことについてアザイェムとヒダヤ＝ディバは，忍耐はムスリムの自制心を強化するとともに，ムスリムに楽観的な観念を養わせ，うつ病の予防やその症状の緩和に効果があると述べている。そのうえで，ムスリム社会において自殺率が低い背景には，このような忍耐の重要性を説くイスラームの教えがあることを指摘した（Azayem & Hedayat-Diba 1994）。
　こうした忍耐の姿勢は，うつ病の予防や症状の緩和，自殺の抑制などの実際

的な効用をもたらすだけではない。イスラームの教えでは，信仰する者たちとは試練において最もよく忍耐する者たちとされており，彼らには来世において素晴らしい報酬が与えられると考えられている（カラダーウィー 1975）。つまり忍耐は，ムスリムにとって現世だけでなく，来世における成功にも結び付くものと考えられている。

　第3に，将来における自殺の可能性を否定する者には，これを肯定する者と比較して，生命や人間の存在を意味あるものとして尊重する傾向が認められた。このことは，生命が神からの恩恵であり守るべきものであるとするイスラームの教えをよくあらわしているといえる。

　日本でもこのように生命の尊厳を説くことで，生命を尊重する態度を養い，自殺を容認する社会的風潮を変えていくことが，自殺を予防するうえで必要だとしばしば指摘される（高橋 2006b）。しかし生命の尊厳をいくら説いたとしても，生命が個人の所有物と見なされ自己決定の範疇に置かれるならば，自殺は究極的には個人の自由と考えられ，これを抑制する術がなくなってしまう。これに対してイスラームでは，人間の生命は人間を超越した存在であるアッラーより与えられた恩恵であり，アッラーの大権に属するものと見なされる。そのため人間はこの恩恵に感謝し，与えられた生命を自ら守る努力が求められる。生命の尊厳を説くにあたり前提として必要なのは，生命を個人の所有物とは見なさず，授かりものとして受け止める態度だといわれるが（田宮 2008），こうした態度が自殺行動を抑制するうえで重要となることは，イスラームの教えや質問紙調査の結果を見ても想像に難くない。

### ムスリムの自殺抑制要因のさらなる検討に向けて

　ここまで見てきたように自殺に対するイスラームの教えの内容は，学生の自殺に対する態度や考えに強く影響しており，学生の大半は自殺に対して否定的な態度を示していた。しかし自殺についてのイスラームの教えと，学生の態度との間に認められたそうした関係は，あくまでアレッポ大学のムスリム学生において見られた特徴にすぎない。そのためこうした特徴が，アレッポ大学以外の学生や，ひいては広くムスリム一般に当てはまるものであるのかを明らかに

する必要があり、そのためには地域や対象を広げうえで、さらなる調査が必要といえよう。

また現状で数は少ないものの、自殺を考えたことのあるムスリムも少なからずシリア社会に出現し始めていることが、今回の調査結果から明らかになった。こうした現象はシリアだけでなく、ムスリムが多くを占める他の国々でも同様に認められる。

たとえばパキスタンのSindhという地域では、1987年と比較して1999年の自殺率が4倍になるなど、自殺は近年ムスリムにとっての深刻な問題となりつつあることがうかがえる（Gearing & Lizardi 2009）。こうした状況を踏まえると、自殺を考えたことのあるムスリムが出現しつつあることは、シリア社会のみならずムスリム全体にとっての重要な問題として捉えなおしたうえで、考察を行っていくことが重要だといえる。

本章では、自殺率が一般的にきわめて低いとされるムスリムに着目し、その要因を検討することにより、彼らの自殺抑制要因の導出を試みた。具体的には、クルアーンやハディースを中心に、イスラームの教えにおいて自殺がどのように語られているのかを検討し、その内容を踏まえたうえでシリア・アレッポ大学に通う大学生を対象に質問紙調査を実施し、その結果を分析した。その結果、少なくともアレッポ大学のムスリム学生においては、自殺が禁止された行為だと考えられており、そうした自殺観は彼らの死生観と深く関係することが明らかになった。

文献研究を通して明らかにされたイスラームの教えの内容と、学生の自殺に対する考えや態度とが合致したことから、イスラームの教えは、ムスリムの学生の自殺に対する態度に強く影響し、彼らの自殺行動を抑制していると考えられた。しかし自殺についてのイスラームの教えと、学生の態度との間に認められたそのような関係性は、あくまでアレッポ大学のムスリム学生において認められた傾向にすぎない。このことが他の地域や国の大学生にも共通する傾向であるのか、さらには年代や職業などに限定されたものではなく、広くムスリム一般に当てはまるものであるのかを論じるためには、さらなる調査が必要とさ

れる。
　以上を踏まえて今後の研究課題としては，次の3点を指摘しておきたい。
　第1に，本研究を通じて示唆された，自殺についての教えとムスリムの実態との関係が，ムスリム全般に見られるものであるのかを検討し明らかにすることである。そのためにはアレッポ大学生のみでなく職業や年代，国や地域などの対象を広げたうえで，さらなる調査を行う必要がある。
　第2に，ムスリムの自殺の抑制要因が，日本における自殺対策にとってどれだけ参考になるのか，また参考になるとすればそれをもとに，具体的にはどのような対策が考えられるのかを検討することである。そのためには調査対象をさらに拡大し，ムスリムの自殺の抑制要因をより正確に把握するとともに，ムスリムと日本人の死生観について比較検討を行う必要があるといえよう。
　第3に，アンケート調査の結果から自殺念慮を有する者が，全体の2割程度いることが明らかとなったことを踏まえて，これらの学生が自殺を考えるようになった背景要因や，それでも自殺を思いとどまった理由を明らかにすることである。こうした調査研究を積み重ねることにより，ムスリムの自殺を抑制する要因を，より詳細に解明することに寄与すると考えられる。

別表－1　自殺観・死生観の因子分析結果（9因子（47項目））

| 質問項目 | 因子1 | 因子2 | 因子3 | 因子4 | 因子5 | 因子6 | 因子7 | 因子8 | 因子9 |
|---|---|---|---|---|---|---|---|---|---|
| 私は，来世を信じている。 | 0.893 | -0.077 | -0.164 | 0.155 | 0.131 | 0.135 | 0.016 | -0.067 | -0.018 |
| 私は，死後の世界を信じない。 | -0.887 | 0.095 | 0.169 | -0.185 | -0.201 | -0.136 | -0.005 | 0.025 | 0.056 |
| 死後の世界を信じることは，ばかばかしい。 | -0.872 | -0.007 | 0.208 | -0.122 | -0.232 | -0.131 | 0.028 | 0.097 | 0.116 |
| 来世における生は，永遠の生である。 | 0.773 | -0.023 | 0.014 | 0.061 | -0.32 | 0.105 | 0.054 | 0.051 | -0.029 |
| 来世における生は，現世における生よりも非常に重要である。 | 0.665 | 0.007 | -0.04 | 0.062 | -0.346 | -0.082 | 0.145 | 0.07 | 0.002 |
| 来世における生は，死んだ後，自分の現世における行いを精算される。 | 0.664 | -0.085 | 0.104 | 0.085 | -0.187 | 0.031 | 0.105 | 0.061 | 0.102 |
| 人間は，死んだ後，来世において恐ろしい罰をうける。 | 0.605 | -0.11 | -0.006 | 0.063 | -0.42 | 0.081 | -0.003 | 0.001 | -0.179 |
| 自殺をすることは，大きな罪である。 | 0.573 | -0.304 | 0.086 | 0.035 | -0.461 | 0.01 | 0.21 | -0.158 | -0.031 |
| 自殺をした人は，死んだ後も苦しむことになる。 | 0.501 | -0.075 | -0.04 | 0.078 | -0.195 | 0.13 | 0.127 | 0 | -0.118 |
| 自殺をせずに問題に立ち向かうことは，人間の義務である。 | 0.484 | -0.247 | -0.12 | -0.1 | 0.281 | 0.013 | 0.11 | -0.169 | -0.33 |
| 自殺は，命をかけたジハードであり，称賛されるものである。 | -0.433 | 0.373 | -0.077 | 0.083 | 0.364 | 0.104 | 0.008 | -0.082 | 0.073 |
| 自殺は，困難な問題を解決する一つの手段である。 | -0.164 | 0.626 | 0.124 | -0.208 | 0.19 | 0.053 | -0.123 | 0.053 | 0.302 |
| 人間は問題に直面したとき，自殺以外の方法で問題を解決するべきだ。 | 0.24 | -0.565 | -0.024 | 0.107 | -0.057 | 0.017 | 0.037 | -0.292 | -0.134 |
| 自殺は，人間の万能性を示す手段である。 | -0.015 | 0.512 | 0.05 | -0.138 | 0.061 | -0.229 | -0.007 | -0.122 | -0.055 |
| 生きることは，素晴らしい意味がある。 | 0.093 | -0.46 | -0.168 | 0.397 | 0.022 | 0.213 | 0.024 | 0.074 | -0.063 |
| 自殺をすることは，恐ろしいことである。 | 0.198 | -0.405 | 0.076 | 0.049 | -0.095 | 0.028 | 0.097 | -0.072 | 0.212 |
| 自殺は，勇気ある行為である。 | -0.065 | 0.316 | 0.495 | -0.08 | 0.157 | -0.49 | -0.096 | -0.075 | 0.067 |
| 人間は，生きる義務がある。 | 0.131 | 0 | -0.495 | 0.296 | 0.02 | 0.047 | 0.104 | 0.085 | -0.103 |
| 自殺は，家族や友人を悲しませるので，してはいけない。 | 0.01 | -0.045 | -0.484 | 0.124 | -0.047 | -0.131 | -0.041 | -0.045 | -0.027 |
| 自殺をする人は，弱い人間である。 | 0.074 | -0.389 | -0.468 | 0.019 | -0.097 | 0.002 | 0.198 | -0.092 | 0.001 |
| 自殺をする人は，性急である。 | 0.198 | -0.293 | -0.431 | 0.081 | -0.2 | 0.333 | 0.053 | -0.198 | 0.083 |
| 自殺をする人は，忍耐が足りない。 | 0.038 | -0.17 | -0.408 | 0.07 | -0.03 | -0.11 | 0.216 | 0.127 | 0.173 |
| 人生は，辛いことばかりであり，生きる価値がない。 | -0.164 | 0.213 | 0.064 | -0.676 | -0.032 | -0.056 | -0.117 | 0.089 | 0.232 |
| 私は，生きていることを嬉しく思う。 | -0.012 | -0.155 | -0.044 | 0.638 | -0.067 | 0.156 | -0.008 | 0.045 | -0.021 |

## 補章　イスラーム教徒の自殺抑制要因

|  | | | | | | | | | |
|---|---|---|---|---|---|---|---|---|---|
| 私は、社会において無価値な存在である。 | -0.095 | 0.257 | -0.063 | -0.63 | 0.059 | 0.027 | -0.098 | 0.176 | 0.028 |
| 大きな困難に直面しても、人間は生きるべきである。 | 0.18 | 0.321 | 0.104 | 0.628 | -0.047 | 0.041 | 0.103 | -0.056 | -0.051 |
| 私は、生きることの価値や意味がわからないのである。 | -0.133 | 0.014 | -0.022 | -0.563 | 0.347 | 0.011 | -0.186 | -0.03 | 0.056 |
| 命は大切なものである。 | 0.097 | -0.043 | -0.219 | 0.548 | -0.09 | -0.096 | 0.061 | 0.147 | -0.165 |
| 人間は、誰もがこの社会において重要な存在である。 | -0.049 | -0.26 | -0.184 | 0.454 | -0.085 | 0.071 | 0.015 | -0.036 | 0.15 |
| 自殺をすることは罪ではない。 | -0.155 | 0.331 | -0.061 | -0.138 | 0.628 | -0.206 | -0.077 | -0.032 | -0.106 |
| 自殺をしたい人間は、天国に行くことができない。 | 0.109 | -0.006 | -0.098 | 0.2 | -0.541 | 0.025 | 0.046 | -0.05 | -0.143 |
| 私は、どんな困難な状況にあっても、自殺をしない。 | 0.108 | -0.218 | -0.228 | 0.057 | -0.477 | 0.133 | 0.032 | -0.187 | -0.113 |
| 人が自殺を考えるのは、自然なことである。 | -0.118 | 0.044 | 0.38 | -0.103 | 0.405 | -0.072 | -0.029 | -0.004 | 0.263 |
| 自殺をしたい人は、自殺をしてもよい。 | -0.049 | 0.12 | -0.167 | 0.023 | 0.087 | -0.56 | 0.025 | 0.002 | 0.248 |
| 自殺をすることは、人間の権利である。 | -0.315 | 0.285 | 0.141 | -0.189 | 0.15 | -0.535 | -0.086 | 0.085 | -0.216 |
| 自殺は法律で禁止されていないので、しても構わない。 | -0.11 | -0.109 | -0.259 | 0.059 | 0.016 | -0.498 | -0.028 | 0.047 | 0.091 |
| 自殺をすることは、本人の自由なので、他人がそれを止めることはできない。 | 0.288 | 0.052 | -0.229 | 0.126 | -0.113 | 0.494 | 0.157 | 0.102 | -0.032 |
| 自殺をすることは、道徳的に許容できない行為である。 | 0.004 | 0.184 | -0.188 | -0.105 | 0.036 | -0.452 | -0.077 | 0.08 | 0.236 |
| 人間は、自分の命を勝手に処分できない。 | 0.097 | -0.15 | 0.118 | 0.22 | 0.046 | 0.393 | -0.02 | -0.07 | 0.31 |
| 自殺は、道徳的に許容できない行為である。 | 0.176 | -0.065 | -0.015 | 0.101 | -0.297 | 0.142 | 0.737 | -0.072 | -0.103 |
| 自殺をすることは、社会において許されない行為である。 | 0.022 | 0.097 | -0.006 | 0.021 | -0.084 | -0.01 | 0.69 | -0.073 | -0.07 |
| 自殺は、自分勝手な行動である。 | 0.04 | -0.189 | -0.169 | 0.239 | -0.001 | 0.061 | 0.614 | -0.048 | -0.083 |
| 自殺は、他人に迷惑をかける行為である。 | 0.104 | -0.149 | -0.056 | 0.075 | 0.122 | 0.034 | 0.489 | 0.082 | 0.065 |
| 自殺をすることは、責任逃れである。 | 0.218 | -0.186 | -0.139 | 0.098 | -0.004 | 0.146 | 0.097 | -0.634 | 0.032 |
| 自ら死を選ぶことは、人生からの逃げである。 | -0.023 | 0.226 | -0.009 | -0.035 | -0.122 | 0.06 | -0.075 | -0.634 | 0.068 |
| 宗教を信じていても、自殺をする人はいる。 | -0.118 | 0.115 | 0.049 | -0.041 | 0.143 | -0.073 | -0.003 | -0.129 | 0.399 |
| 人間は、死ねば全て終わりである。 | -0.049 | -0.029 | -0.082 | -0.219 | -0.005 | -0.072 | -0.019 | -0.067 | 0.396 |
| 固有値 | 6.05 | 3.03 | 2.58 | 3.37 | 2.75 | 2.32 | 2.07 | 1.57 | 1.57 |
| 寄与率 | 0.106 | 0.053 | 0.045 | 0.059 | 0.048 | 0.041 | 0.036 | 0.028 | 0.028 |
| 累積寄与率 | 0.106 | 0.159 | 0.205 | 0.264 | 0.312 | 0.353 | 0.389 | 0.416 | 0.444 |

**別表 - 2** 自殺観・死生観の因子分析の結果，抽出されなかった項目

| 質問項目 |
| --- |
| 自殺をする人は，現実から逃避している。 |
| 誰も，自殺を禁止することはできない。 |
| 自殺は，他人を殺すことである。 |
| 自殺をする人は，かわいそうな人である。 |
| 人は，死んだ後，天国か地獄へ送られる。 |
| 自殺は，助けを求めるための手段である。 |
| 自殺はよく起こることである。 |
| 悩みは，悩んでいる本人しかわからない。 |
| 現世において悪いことをした人間は，地獄へ送られる。 |
| 他人を救うためであれば，自殺は許されるものである。 |

# 注

**序章　「自殺対策」という政策課題**

（1） 基本法の全文は，内閣府（2007）より，資料編「資料1　自殺対策基本法（平成18年法律第85号）」を参照。なお基本法は，2015～16年にかけて改正がなされた。本書では，法改正前の基本法については基本法と，2016年に改正された基本法については改正基本法と表記し，区別している。

（2） 大綱の全文は，内閣府（2007）より，資料編「資料3　自殺総合対策大綱（平成19年6月8日閣議決定）」を参照。なお大綱は2007年の策定後，一部改正を経て2012年には1回目の，また2017年には2回目となる全体的な改訂が行われた。本書ではこれ以降，2007年版には頭に「07年版」，2012年版には頭に「12年版」，2017年版には頭に「17年版」とそれぞれつけることで，各々を区別している。

（3） 日本自殺予防学会の理事長を務める精神科医の張賢徳も，この問題に関心を寄せる研究者や活動家はかつてはほとんどいなかったと述べている（内閣府（2007）より「日本自殺予防学会の取組」参照）。

（4） 足立・森脇によれば，人間が日常生活の中で遭遇する種々の問題は，次の3種に大別されるという。すなわち，①個人が対応すべき私的レベルの問題，②特定の集団の関心事でその解決を当該集団に委ね得る問題，③社会全体で議論し対応すべき問題，であり，このうち③が一般的に「公共」問題と呼ばれるもので，「公共政策」とはその対処に向けた行動指針であると論じている（足立・森脇　2003：2）。

（5） シュナイドマンによれば，この言葉は，1651年にウォーター・チャールトンによって最初に用いられたとされる（シュナイドマン　1985=1993：13）。

（6） 近年では，「本能」の語に代えて「欲動」と訳す場合が多く，竹田青嗣・中山元訳の「快感原則の彼岸」でも「欲動」の語で統一されているため，本書でも「欲動」の語を用いている。

（7） なおラスウェルは，政策目標を明確化し完成させるには，「イデオロギー的知識」と「技術的知識」という2種の知識が必要であるとも述べている（ラスウェル　1951=1955：90-91）。

（8） 政策過程という言葉は，各々の研究者の捉え方によって「極めて広範囲な分野をカバーしたり，狭い範囲に止めたりする場合とがあ」るとされる（草野　2012：39）。しかし，その範囲を政策の形成や決定過程に限定するのではなく，その後の政策実施や評価といった段階を含めて政策過程と捉える見方が，アメリカの政治学者であるブレワーとドレオンや，日本の政治学者の大嶽らによって提出されてきた（草野　2012：39-44）。宮川もまた，政

策過程を政策決定,政策実施,政策評価の三段階に分けつつも,各段階は互いに多くの部分で重なり合い,進行していくと指摘している(宮川 1995：169-204)。
(9) 厚生労働省「自殺対策関係予算」を参照。
(10) 会議の開催趣旨については,自殺総合対策会議「自殺対策検証評価会議の開催について」(2013年7月26日決定)参照。
(11) 会議の概要ならびに,議論の内容,報告書等については,いずれも「自殺対策検証評価会議」に関する厚生労働省のウェブサイトを参照。
(12) 問題とは,本来的な存在ではなく,それを捉える個々人や集団の認識や規定に拠るといった主張は,キツセとスペクターを中心に,社会学の領域でも展開されてきた。彼らによれば,社会問題とは,主体がある事柄を問題として規定し,それを他者に喧伝したり,その事柄へのなんらかの対応を求めたりする「クレイム申し立て活動」(キツセ・スペクター1977=1990：116)の結果として,いわば人為的に構築されるのだという。
(13) なお,4つの事例をもとに,近代～現代の日本社会における自殺についての語りの変遷を描き出したものとして,貞包ほか(2016)が挙げられる。ただしそこから導出されるのは,日本社会の自殺に関する語りの特異性であり,自殺対策の政策過程にいかなる影響を与えたかといったことは,ほとんど検討がなされていない。
(14) 調査概要は,内閣府(2013a)「〈COLUMN 1〉民間団体における自殺の実態調査の取組」を参照。
(15) 自殺実態白書の内容ならびに,それに関連する実態調査については,第3章において詳述する。
(16) 地方自治体の政策決定過程を検討した伊藤によれば,ある政策を採用するか否かの決定において自治体は,他の自治体の動向や前例等を参考としつつ,自身の決定を下しているという(伊藤 2002：44-47)。伊藤は,こうした行動を「相互参照」と呼び,採用決定のスピードは,中央政府による介入の有無に大きく依拠すると指摘した(伊藤 2011：55)。
(17) いのちの電話の関係者に対する聴き取り調査に際しては,倫理面での配慮から次のような調査手順を踏んだ。まずいのちの電話の理事会に対し,2013年8月に調査協力を依頼した。次に,慶應義塾大学湘南藤沢キャンパスのSFC実験・調査倫理委員会に対し,調査に関する倫理審査の申請を行った(審査の結果,2013年12月27日付で調査に対する承認を取得)。そのうえで,理事会に対し再度の調査協力依頼を行い,最終的には2014年7月の理事会をもって,実施の承諾を得た。
(18) 自殺予防総合対策センターは,2005年7月の参議院厚生労働委員会で採択された「自殺に関する総合対策の緊急かつ効果的な推進を求める決議」に基づき,「自殺予防に向けての政府の総合的な対策を支援する」ことを目的に,国立精神・神経センター精神保健研究所内に設置された公的機関である。詳細は第3章を参照。

注（第1章）

## 第1章　自殺対策の夜明け前

（1）　コンラッドとシュナイダーによれば，医療化とは「ある問題を医療的な観点から定義するということ，ある問題を医学用語で記述するということ，ある問題を理解するに際して医療的な枠組みを採用すること，ある問題を扱うに際して医療的介入を使用すること」を意味する。そこでは「非医療的問題が通常は病気あるいは障害という観点から医療問題として定義され処理されるようになる過程」について記述される（コンラッド・シュナイダー　1992=2003：1-2）。

（2）　この「自殺をバイオロジカルな問題とする主張」とは，「精神病者は，脳自体がバイオロジカルな病理に侵されているため，正常な『意志』や判断能力さえも失っている存在」であるとし，自殺をその帰結として捉える見方のことを指すと，北中は論じている（北中　2014：44-46）。

（3）　この問題について高橋は，「精神科医になって30年が経ったが，筆者が若い頃は，患者の自殺にどのように対応すべきかといった事柄に関して大きな関心が払われることはまずなかった」と述べ，「自殺をタブーにしてしまっているのは，精神科医療に携わる私たち自身であるのかもしれない」と省察している（高橋編　2009：190-192）。

（4）　ただし木村によれば，誰かが精神的な不調や異常状態に陥った場合，その家族や友人たちは異常性を的確に判断できることが多いという。こうした「『非科学的』な常識的感覚」（木村　1994：5-6）は，多くの精神科医にとっても，患者の正常異常を判定するうえでの拠りどころとなっているのではないかと木村は示唆している。

（5）　医学書院の発行する『週刊医学界新聞』（2808）（2008年12月1日）を参照。

（6）　たとえば法学者の上田は，自殺が違法か否かを決定する要因はその行為によってなんらかの被害が生じたか否かにあるが，自殺とは他者への被害を生じさせるものではないため，「法的に自由な領域」（上田　2002：367，371）といえるとした。

（7）　なお野村によれば，こうして定められた代表的な診断法が，アメリカ精神医学会による『精神障害の診断と統計マニュアル（DSM）』であり，現在は2014年改訂の第5版が最新のものである（野村　2002）。

（8）　大原もまた，山下の言及する"インシュリン・ショック療法"が，当時は「精神分裂病者に対する特殊療法として，日本ではもちろん，諸外国でも盛んに行われていた」と述べている。しかしこの治療法は「過酷な治療にもかかわらず，治癒率は低かった」ため，患者にとっては「生命を賭けた治療だった」という（大原　1991：8-10）。

（9）　内閣府（2007）より「第2章　自殺対策基本法制定以前の取組」を参照。

（10）　心理学的剖検の内容については，勝又・竹島（2010）を参照。

（11）　2014年のレポートでは，高所得国において自殺で亡くなった人のうち，精神疾患のある人は90％に及ぶとの報告もなされている。（World Health Organization 2014=2014）

## 第2章　社会問題としての自殺の誕生

（1）　自死遺児編集委員会・あしなが育英会（2002：74-75）。以降はあしなが育英会と略称する。
（2）　厚生労働省「自殺対策関係予算」のうち，平成27年度の予算案を参照。これは内数を除いた後の値である。
（3）　内閣府（2007）より「第1章 我が国の自殺の現状」を参照。
（4）　秋吉ほか（2015）の第8〜9章を参照。
（5）　2014年5月に都内で行ったインタビューに基づく。なお清水は，あくまで遺児らが社会の批判や偏見によって不当に苦しめられていることが社会問題なのであり，この時点では自殺という死のあり方自体は，当人と家族が納得したうえであれば「ありではないか」と考えていたと述べている。
（6）　この意図を清水は次のように語っている。「顔にモザイクをかけたままで放送し続けると，結果的に，自殺で親を亡くした子どもたちは顔を隠して生きなければならない存在だと伝え続けることにもなる。何も悪いことをしていないのに，そうやって生きざるを得なくなるのを助長するような番組は放送できない。むしろ，彼らが堂々と生きている姿を伝えることで，彼ら自身が社会の中に居場所をかちえていくような放送にしなければならないと感じたのだ。そこで，遺児たちに『顔も名前も出して取材に応じてほしい』と呼びかけた」（清水 2015：26）。
（7）　ただしこの訴えに小泉は，「君達の気持ちは分かる。だけどこれは個人の問題だから」と返答したという（南部節子「自死で家族を亡くした経験から伝えたいこと」を参照）。
（8）　NAOKI SUZUKI OFFICIAL SITE『世界を変える種まき』の「Book」より，『自殺って言えなかった。』を参照。
（9）　たとえば2001年12月4日の，『朝日新聞』（東京朝刊・34面）や『毎日新聞』（東京朝刊・27面）を参照。いずれも遺児たちが，実名と顔を公表して陳情したと報じた。
（10）　「衆議院・国家基本政策委員会合同審査会 議事録（第155回国会（2002年11月6日）（第2号））」を参照。
（11）　NPO法人自殺対策支援センター ライフリンク「自殺"緊急"対策シンポジウム 『自死遺族支援に向けて 遺族会のつながりを！』」（2005年2月20日開催）の案内文を参照。
（12）　『朝日新聞』（東京朝刊・38面）や，『読売新聞』（東京朝刊・39面），『毎日新聞』（東京朝刊・30面）（いずれも2005年2月21日）を参照。
（13）　NPO法人自殺対策支援センター ライフリンク『ライフリンク通信』第4号拡大号（2006年7月28日発行）。
（14）　第156回国会参議院・厚労委員会（2003年6月10日）では，自民党の狩野安・参議院議員（当時）より，中高年層における自殺者数の増加が指摘され，「政府として改めて自殺防止対策に積極的に取り組むべき」との発言がなされた。これに対して松崎朗・厚労省社

注（第2章）

　　　会援護局長（当時）は，提言に言及したうえで同省の取組を説明し，「自殺防止対策というものに積極的に取り組んでいる」と答弁した。詳しくは「参議院・厚生労働委員会　議事録（第156回国会（2003年6月10日）（第21号））」を参照。
(15)　専門家の意見内容は，「参議院・厚生労働委員会　議事録（第162回国会（2005年2月24日）（第1号））」を参照。
(16)　「参議院・厚生労働委員会　議事録（第162回国会（2005年3月31日）（第10号））」を参照。
(17)　「参議院・厚生労働委員会　議事録（第162回国会（2005年4月28日）（第18号））」を参照。
(18)　ライフリンクと「自殺対策を推進する議員の会」による共催シンポジウム「自殺総合対策の更なる推進を求める院内集会」（2015年5月13日開催。於：参議院議員会館）における，尾辻の発言を参照。
(19)　NPO法人自殺対策支援センター　ライフリンク『ライフリンク通信』創刊拡大号（2005年8月11日発行）。
(20)　第2回シンポジウムでは，決議の下地となる『自殺総合対策の実現に向けて』が，ライフリンクを中心とした民間団体より議員に提出された（NPO法人自殺対策支援センター　ライフリンク『ライフリンク通信』創刊拡大号を参照）。
(21)　「参議院・内閣委員会　議事録（第164回国会（2006年3月16日）（第3号））」を参照。
(22)　たとえば本橋は，関係省庁の連絡会議はあくまで「参議院の決議を受けて設置されたもの」に過ぎず，その「法的な位置づけ」が不明確だったと論じている。（本橋編著 2007：71。）
(23)　基本法の成立過程に関する清水の手記「『つながり』の勝利」を参照。
(24)　法案は，参議院・内閣委員会の翌9日に開かれた参議院本会議と，14日の衆議院・内閣委員会で可決された後，最終的に衆議院本会議での可決を以て成立した。
(25)　NPO法人自殺対策支援センター　ライフリンク『ライフリンク通信』第4号拡大号（2006年7月28日発行）。
(26)　第2回シンポジウムのときにも，山本は清水に「清水さんたちが挙げてくれる声を，どうやって具体化し，実現させていくのか。そこをやるのが私たちの仕事です」と述べたという（NPO法人自殺対策支援センター　ライフリンク『ライフリンク通信』創刊拡大号参照）。
(27)　清水の手記「『つながり』の勝利」を参照。
(28)　京セラ名誉会長の稲盛和夫，東大教授の姜尚中，日本自殺予防学会の齋藤友紀雄，作家の重松清など（いずれも肩書きは当時）が名を連ねた（清水康之「『自殺対策の法制化を求める3万人署名』にご参加いただいたみなさまへ」を参照）。
(29)　清水は，基本法制定の推進力として「報道関係者との『つながり』」を指摘し，「志を同じくする記者たちが私たちの活動を継続的に取材して，自殺対策の法制化を社会的なテーマへと押し上げてくれました」と語った（本橋編著 2007：24-26）。

(30) 南部節子「これぞご近所の底力」ならびに，高木美和「大好きなお父さんに報告」を参照。
(31) 清水康之「『3万人署名』から法制化へのご報告」を参照。
(32) 内閣府（2007）より「自殺対策白書の刊行に当たって」を参照。
(33) 内閣府（2007）では，46〜64歳の男性が1998年の年間自殺者数の約4割を占めたことから，自殺者の急増は「中高年男性の自殺者数の増加が主要因である」と指摘されている。
(34) 遺族感情に配慮し，呼称を自殺から自死へと変更する自治体も現れ始めている。しかしその一方で，そうした動きを懸念する声が上がるなど，遺族も一枚岩ではないことがうかがえる（『日本経済新聞』（2014年3月10日東京夕刊・12面））。

## 第3章 自殺対策基本法制定後の政策過程

（1） そのため一般的に基本法は，当該政策の理念や重要性を国が国民にアピールする意味合いが強いとされる（川崎 2006）。
（2） 警察庁のデータに関しては，内閣府自殺対策推進室「『地域における自殺の基礎資料（速報値）』の公表について」（2009年8月5日発表）を参照。
（3） 本検討会は，自殺総合対策大綱案の策定に資するような，民間有識者の意見聴取を目的に開催された。
（4） 本会議は，大綱に基づく施策の実施状況の評価や見直し，改善等に，民間有識者等の意見を反映させることを目的に開催された。
（5） ここでの「アドボカシー活動」は，主に政府に向けた問題の提示とその解決に向けた対策等の要求を指しており，本書で用いる政策提言とほぼ同義である。ただしNPOのアドボカシー活動は，そうした政策策定者への働きかけのみならず，一般市民に対する問題の啓発という側面も有する（Jenkins 2006）。ここでは政策過程におけるNPOの影響力を考察の主題とし，その主たる対象を政策策定者としたため，アドボカシーではなく，より直接的な政策提言という語を用いた。
（6） 柏木もまた，「行政が必要ないしは期待する内容のサービスを提供する」ことにNPOが注力するあまり，本来の目的が蔑ろにされたり，資源の分配等から自主事業の余地が狭まったりする等の危険があると論じている（柏木 2008：164-165）。
（7） CSPの基礎調査は，国立精研内で厚労省の科研費を用いて行われてきた「自殺と防止対策の実態に関する研究」（2002〜03年度）ならびに「自殺の実態に基づく予防対策の推進に関する研究」（2004〜06年度）を引き継ぐ形で実施された。
（8） 2016年9月に行った清水へのインタビューに基づく。
（9） 調査の概要ページならびに，自殺予防総合対策センター「配布資料 自殺予防総合対策センターの業務について」（於：自殺対策ネットワーク協議会）（2007年12月20日開催）を参照。

注（第3章）

(10) 松本ほか（2014）や，厚生労働科学研究こころの健康科学研究事業（2006；2007；2009；2010）を参照。
(11) 2016年9月に行った清水へのインタビューに基づく。
(12) 「自殺総合対策の在り方検討会 議事録（第3回）（2007年1月19日開催）」を参照。
(13) 自殺実態解析プロジェクトチーム編（2008）。白書は2008年に中間報告として出された後，2013年に『自殺実態白書2013（第一版）』が最終報告として出されている。ここでは，大綱制定後の自殺対策の形成過程に本調査が及ぼした影響について検討するため，2008年版を参照した。
(14) 2007年12月〜2013年9月末に収集された既遂99例が，分析データとして用いられている。
(15) これまでは，自殺の危険因子としてうつ病等の精神疾患が指摘され，それが自殺発生の比較的前段階から存在すると考えられてきた（高橋 2006a）。
(16) 内閣府（2007）より「民間団体の取組『自殺実態1000人調査』について」を参照。
(17) 内閣府（2008）より「自死遺族支援全国キャラバン」を参照。
(18) 「自殺未遂者・自殺者親族等のケアに関する検討会 議事録（第2回）（2007年2月13日開催）」を参照。
(19) 厚生労働省（2008）では，多くの遺族が孤立状態にありながら，支援を求められずにいると説明されている。
(20) 「自殺総合対策の在り方検討会 議事録（第3回）（2007年1月19日開催）」と「自殺総合対策の在り方検討会 議事録（第5回）（2007年2月23日開催）」をそれぞれ参照。
(21) 厚生労働省「自殺対策関係予算」を参照。
(22) ただし，ライフリンクの収入額には家賃や光熱費等の施設管理費が含まれるのに対し，CSPへの交付金には含まれないなど，単純な比較ができない点には注意が必要である。なおCSPの開設は基本法制定後の2006年10月のため，2004〜06年度の交付金額はいずれも0となっている。
(23) 各年の民間助成金の内訳（1万円未満切り捨て）は，2007年度が①日本財団7420万円，②J&J社会貢献委員会483万円，③トヨタ財団256万円，2008年度が①日本財団7696万円，②J&J社会貢献委員会366万円，③トヨタ財団319万円，2009年度が①日本財団7000万円，②J&J社会貢献委員会400万円と，いずれも日本財団が大半を占める。なお，収入額に前期の繰越金は含んでいない。
(24) 「自殺総合対策の在り方検討会（第6回）（2007年3月9日開催）」における配布資料「自殺総合対策の在り方検討会の取りまとめ方針（骨子）」を参照。
(25) 「自殺総合対策の在り方検討会 議事録（第6回）（2007年3月9日開催）」を参照。
(26) 内閣府（2008）より「警察庁データからわかること」を参照。
(27) 「自殺対策推進会議 議事録（第5回）（2008年9月9日開催）」を参照。なお自殺統計原票は，基本法の施行に伴い，2007年1月より自殺の原因・動機の項目を中心に見直しが行

われ，新しい書式での運用が開始された（内閣府（2007）より「自殺統計原票の見直し」を参照）。
(28) 都道府県別の自殺者数が公表されたのも，『平成19年中における自殺の概要資料』が初めてであり，より詳細な地域別データの公表は2009年以降であった。なお，警察庁の発表する各年の『自殺の概要資料』は，2013年以前は https://www.mhlw.go.jp/stf/seisakunitsuite/bunya/0000140693.html，2014年以降は https://www.mhlw.go.jp/stf/seisakunitsuite/bunya/hukushi_kaigo/shougaishahukushi/jisatsu//jisatsu_year.html にて，それぞれ閲覧が可能である。
(29) 「自殺対策推進会議 議事録（第1回）(2008年2月12日開催)」を参照。
(30) 自殺予防総合対策センター「各都道府県における自殺の概要（平成16年～平成18年）」を参照。
(31) 「自殺対策推進会議 議事録（第2回）(2008年4月11日開催)」を参照。
(32) 2016年9月に行った清水へのインタビューに基づく。
(33) 「自殺総合対策の在り方検討会（第6回）(2007年3月9日開催) 配布資料「参考2 委員から提出された追加意見」」を参照。
(34) 2016年9月に行った清水へのインタビューに基づく。
(35) 「自殺防止対策を考える議員有志の会」は2008年5月に復活し，後に「自殺対策を推進する議員の会」へと名称変更し，現在に至る。
(36) 2016年9月に行った清水へのインタビューに基づく。
(37) 「参議院・内閣委員会 議事録（第170回国会（2008年11月20日）（第2号））」を参照。
(38) 「自殺対策推進会議（第6回）(2009年2月13日開催) 配布資料「現下の経済情勢を踏まえた自殺対策の推進」(2009年2月13日発表)」を参照。
(39) 自殺対策を考える議員有志の会「自殺緊急対策に関する要望書」を参照。
(40) この会議は，政府による対策の指針としての自殺対策大綱案の作成，対策推進のための関係行政機関の調整，自殺に関する重要事項の審議等を行う。基本法第20条・第21条を設置の根拠とし，内閣官房長官を会長に，関係省庁の大臣を委員として構成される。
(41) 「自殺総合対策会議（第6回）(2008年10月31日開催)」における配布資料「資料2「自殺対策加速化プラン（案）」」ならびに「参考資料2 自殺対策推進会議における主な指摘事項」を参照。
(42) それまでの自殺統計原票では，自殺体の発見地を記載する項目は設けられていたが，生前の居住地については記載がなかった。そのため場所によっては，自殺者数の中に地域住民でない者が多く含まれる可能性の高い自治体もあるなど，地域の自殺実態を正確に把握するうえで困難があった。
(43) 内閣府自殺対策推進室「『地域における自殺の基礎資料（速報値）』の公表について」(2009年8月5日発表) を参照。

注（第3章～第4章）

(44) 鳩山由紀夫・内閣総理大臣『基本方針』全文（2009年9月16日）を参照。
(45) 鳩山由紀夫・内閣総理大臣所信表明演説（2009年10月26日）を参照。
(46) 鳩山由紀夫・内閣総理大臣記者会見（2009年9月16日）ならびに『基本方針』を参照。
(47) 自殺対策緊急戦略チーム「自殺対策100日プラン」（2009年11月27日発表）。
(48) このサービスは，ハローワークの管轄が国（厚労省）であるのに対し，心の健康相談を担う保健所等は自治体，また法律相談に応じる弁護士は日弁連など，それぞれの組織や個人の所属先が異なるため困難とされてきた。詳細は「自殺対策推進会議 議事録（第9回）（2010年1月28日開催）」を参照。
(49) 自殺総合対策会議「自殺対策タスクフォースの設置について」（2010年9月7日決定）を参照。
(50) 清水（2015：44-45）および，2016年9月に行った清水へのインタビューに基づく。
(51) 2016年9月に行った清水へのインタビューに基づく。
(52) 2016年9月に行った清水へのインタビューに基づく。
(53) 「自殺対策推進会議 議事録（第10回）（2010年6月22日開催）」を参照。
(54) ただし，そうした変化が，自殺対策においてのみ確認される特異的な現象なのか，それともある程度の一般性を有するのかまでは現時点で不明である。そのため今後は，別の問題領域等を事例に，政策過程におけるNPOの関与や，そこで与える影響について，さらなる検討を行っていく必要があろう。
(55) たとえば自殺対策検証評価会議（2013）では，社会経済情勢の悪化に伴う地域での緊急事業が，自殺者数の抑制や地域の対策力の向上等にある程度寄与していると指摘されている。

## 第4章 地方自治体における自殺対策の成果と課題

(1) そのため12年版大綱では，「地域レベルの実践的な取組を中心とする自殺対策への転換を図る必要性」が謳われるなど，地域での自殺対策の推進が主たる目標の1つとして明示された。
(2) 「自殺対策官民連携協働会議 議事録（第4回）（2015年2月3日開催）」や，「参議院・厚生労働委員会 議事録（第189回国会（2015年6月2日）（第16号））」での，中山泰・京丹後市長（当時）の発言を参照。
(3) 『朝日新聞』（2016年2月16日東京朝刊・3面）や『毎日新聞』（2016年3月23日東京朝刊・31面）を参照。
(4) 足立区長「区長のあだちな毎日」より「誰（だれ）にも話せないことを話せる場所があります」（2013年9月5日掲載）を参照。
(5) 健康あだち21会議・足立区（2002）『みんなでつくる健康あだち21行動計画』。
(6) 時事通信社発行の『地方行政』（2009年5月28日付）より「特集・自殺対策最前線（下）

多重債務者,救済の動き 東京は都市モデルを模索」を参照。
( 7 ) 「足立区「1999年 第3回 足立区議会定例会」議事録(第3号)(1999年9月24日)」を参照のこと。
( 8 ) 1999年から対策に乗り出す2008年10月までの間,区議会の定例会では,ほぼ毎回のように自殺の問題について言及がなされている。
( 9 ) 足立区長定例記者会見 配布資料「こころといのちの相談支援事業(自殺対策)」(2009年9月15日開催)を参照。
(10) 足立区衛生部衛生管理課・足立保健所健康推進課(2009)。
(11) このことは大綱において,自殺に対する基本認識のひとつとされている。
(12) 馬場は,2010年4月に新設された「こころといのち支援担当」の担当保健師を経て,2011年4月から,こころといのち支援担当課長(副参事)となった。同担当は2014年より係に格上げされ,馬場は当係の所属する「こころとからだの健康づくり課」の課長(参事)となっている。
(13) 足立区長定例記者会見 配布資料「こころといのちの相談支援事業(自殺対策)」(2009年9月15日開催)を参照。
(14) たとえば厚生労働省(2004)では,保健師が地域の対策の中心的役割を担う専門職種の1つと指摘されている。また内閣府(2013b)でも,保健師が"ゲートキーパー"としての役割を果たすよう期待されている。
(15) 足立区「気づくつながるいのちを守る――足立区が取り組む『生きる支援』」事業CMを参照。
(16) 足立区長「区長のあだちな毎日」より「誰(だれ)にも話せないことを話せる場所があります」(2013年9月5日掲載)を参照。
(17) 足立区長「区長のあだちな毎日」より「気づくつながるいのちを守る『ゲートキーパー手帳』」(2010年6月28日掲載)を参照。
(18) たとえばアンケートでは,「保健所だけで自殺対策を推進していくとうつ病対策モデルになってしまう」「働きざかりの50代の自殺が多い現状では保健分野だけの対策では限界がある」等の回答が見られる。
(19) CSPが自治体担当者を対象に行った調査でも,自殺対策を進めるうえでの課題として,「保健部門以外の理解」(北海道滝川市),「庁内や民間との積極的な体制づくりや多分野の職員の自殺対策に関する知識の習得」(福島県南相馬市),「庁内での横断的な取り組み」(埼玉県川口市)等が挙がっている(自殺予防総合対策センター 2013)。
(20) 厚生労働省のウェブサイト「自殺対策」より「『ゲートキーパー』とは?」を参照。
(21) 足立区衛生部衛生管理課・足立保健所健康推進課(2009)。
(22) 本資料は未公刊であり,足立区衛生部こころといのち支援係への情報公開請求を通じて取得した。

注（第4章）

(23) 自殺への偏見が予防の妨げとなることは，渡邉（2008）によっても指摘されている。
(24) 本資料は未刊のため，足立区衛生部こころといのち支援係への情報公開請求を通じて取得した。
(25) 三橋雄彦衛生部長の発言（足立区「2012年 第2回 足立区議会定例会議事録（第3号）（2012年6月14日）」）。
(26) 三橋雄彦衛生部長の発言（足立区「2012年 第1回 足立区議会定例会議事録（第1号）（2012年2月22日）」）。
(27) NHKの番組サイト『自殺と向き合う』より「自治体の自殺対策について考える——東京・足立区の取り組みから」を参照。
(28) 2014年4月に行ったインタビューに基づく。区は2009年3月策定の「定員適正化指針（第二次）」（足立区役所 2009a）に基づき職員数の削減を進めており，2013年時点では区民1000人あたりの職員数が5.3人と，23区中で最も少なくなっている（足立区役所 2013cを参照）。
(29) 2014年3月から4月に実施したインタビューに基づく。
(30) この連絡会は，庁内の部署にくわえて，警察や病院，消防署，鉄道会社など庁外の関係機関から構成される。
(31) 本サービスの提供は，当初，仕事の相談を受けるハローワークの管轄が国（厚労省）であるのに対し，心身の健康相談を担う保健所等は区，法律相談に応じる弁護士は日弁連など，それぞれの組織や個人の所属先が異なる中で困難とされてきた。
(32) 厚生労働省「自殺の統計：地域における自殺の基礎資料」の各年度のデータを参照。
(33) 足立区役所（2010b），足立区役所（2011a），足立区役所（2012a），足立区役所（2013a）参照。なお，事業の連携先やシート発行元の情報等は未刊であり，足立区衛生部こころといのち支援係への情報公開請求を通じて取得・参照した。
(34) 本計画の期間は2005～16年の12年間である。
(35) 『朝日新聞』（2006年1月3日東京朝刊・1面）。
(36) 「足立区「2013年 生活保護・高齢者生きがい対策調査特別委員会」議事録（第1号）（2013年12月18日）」を参照。
(37) 2014年度の予算編成時には「健康」が課題として追記された。
(38) 長谷川勝美・政策経営部長の発言（足立区「2012年 第3回 足立区議会定例会議事録（第2号）（2012年9月24日）」）。
(39) 足立区役所（2009b）と足立区役所（2011b）を参照。本資料は未刊であり，足立区衛生部こころといのち支援係への情報公開請求を通じて取得・参照した。
(40) 行動変化の誘因については，秋吉ほか（2015：94-102）を参照。
(41) 子供の貧困対策では，保護者の状況把握等に「つなぐシート」が活用されている。詳しくは足立区役所「未来へつなぐあだちプロジェクト」のウェブサイトを参照のこと。

(42) このことは複数の区議会議員も指摘している。詳しくは、「足立区「2012年 第2回 足立区議会定例会」議事録（第2号）（2012年6月13日）」や、「足立区「2012年決算特別委員会」議事録（第6号）（2012年10月11日）」等を参照。
(43) 「足立区「2012年 第4回 足立区議会定例会」議事録（第1号）（2012年12月06日）」。
(44) 市区町村職員を対象に調査を行った山本も、今後の自治体運営には「行政ばかりでなく市民も政策形成に参画し、ともに地域社会の在り方を決め、運営していくことが求められている」（山本英弘、2010：167）と述べている。
(45) 足立区・ライフリンク『足立区生きる支援のネットワーク構築（自殺総合対策推進）事業に関する協定書』（2009年5月26日締結）。

## 第5章 自殺予防の意味と実践の変容

（1） 07年版大綱でも、自殺とはさまざまな問題を抱えた末に追い込まれた死であり、その多くが社会的な取組によって防ぐことのできる社会的な問題であるため、その予防には、さまざまな分野の専門家や組織等の連携に基づく包括的な取組が必要であると説明されている。
（2） 内閣府（2007）より「第2章 自殺対策基本法制定以前の取組」を参照。
（3） 東京におけるいのちの電話の正式名称は「いのちの電話」であり、本来は東京の語は入らない。しかし、他地域との区別のため、ここでは「（東京）」と記したうえで、以降は「いのちの電話」とだけ表記する。
（4） 各センターの沿革は、一般社団法人日本いのちの電話連盟の公式ウェブサイトより、次のページを参照。(https://www.inochinodenwa.org/data/about_center.pdf)（2019年2月16日最終アクセス）
（5） 連盟が法人格を取得したのは2009年で、それ以前は任意団体であった。
（6） サマリタンズの概要については団体公式ウェブサイト"Samaritans"を参照。アドレスは巻末参考文献の『ウェブサイト等』に記載。
（7） ライフラインの概要については団体公式ウェブサイト"lifeline"を参照。アドレスは巻末参考文献の『ウェブサイト等』に記載。
（8） 本書籍に関しては、これ以降"いのちの電話編"と略記する。
（9） 2014年10月に行った林義子へのインタビューに基づく。
（10） 『キリスト新聞』2005年5月21日号を参照。
（11） 2014年10月に行った林義子へのインタビューに基づく。
（12） いのちの電話（東京）の公式ウェブサイトより、相談員募集の項目を参照(http://www.indt.jp/info/staff.html)（2019年2月16日最終アクセス）。
（13） 養成研修は当初より行われてきたが、その期間や内容は時代の中で変化を遂げてきた。開設直後の研修期間は半年だったが、1972〜77年は1年、1978〜82年は1年3カ月、1983

注（第5章）

　　　～90年頃は2年となっている。これは研修内容や募集時期の変化等によるものだったと，当時の研修委員であった林は説明している（いのちの電話編 1991：137-161）。
(14)　相談員の募集や選考の方法は，稲村ほか（1981：134-140）にも記載されているが，これは現在に至るまでほとんど変わっていないようである。
(15)　サマリア人の話については聖書の『ルカによる福音書（10：25-37)』を参照。
(16)　2014年10月に行った林義子へのインタビューに基づく。
(17)　社会福祉法人いのちの電話（2011）より，「いのちの電話へのメッセージ」（ヘットカンプ）を参照。
(18)　2014年10月に行った林義子へのインタビューに基づく。
(19)　2013年10月に行った齋藤友紀雄へのインタビューに基づく。
(20)　齋藤は2013年10月のインタビューで，相談員の間では「あなたどこの教会？」といった問いかけがよくなされていたと話している。
(21)　2014年10月に行った林義子へのインタビューに基づく。
(22)　2014年10月に行った林義子へのインタビューに基づく。
(23)　2014年12月に齋藤友紀雄と行った電子メールでのやりとりに基づく。
(24)　面接室は2019年3月9日現在，閉室されている。
(25)　社会福祉法人 いのちの電話『1973年度事業報告』を参照。
(26)　2014年12月に齋藤友紀雄と行った電子メールでのやりとりに基づく。
(27)　なお研究会といのちの電話は2018年度まで毎年，自殺予防シンポジウムを共催している。
(28)　社会福祉法人 いのちの電話『1977年度事業報告』を参照。
(29)　社会福祉法人 いのちの電話『1979年度事業報告』を参照。
(30)　2013年4月に行った齋藤友紀雄へのインタビューに基づく。
(31)　各年度の事業報告を参照しても，1974～79年の全相談に占める自殺問題の割合は0.5～1.5％と，きわめて稀であったことが分かる。
(32)　1972～73, 1980～82, 1989, 1991, 1993～95年度の自殺相談割合は，いずれも不明のため0とした。関係者によれば，前後の年度の値と大差はないとのことである。
(33)　2013年4月に行った齋藤友紀雄へのインタビューに基づく。当時の行政は自殺予防の必要性をまったく認めず，1970年代後半に齋藤と増田，稲村が厚生省や都庁の精神保健担当部署を訪れ，自殺予防の必要性といのちの電話への支援を訴えた際にも，それをまったく聞き入れなかったという。
(34)　『朝日新聞』（1971年7月13日東京朝刊・17面）。
(35)　『朝日新聞』（1971年11月7日東京朝刊・24面）。
(36)　1980年度の事業報告の中で，齋藤は「1980年度には過去10年間上昇を続けてきた日本の自殺率がはじめて低下し，ことに子どもの自殺に至っては戦後最低という激減ぶりである。このような現象について毎日新聞をはじめいくつかのマスコミでは，その原因は必ずしも

明らかでないとしながらも，いのちの電話の活動を高く評価してくれている」と述べている（社会福祉法人 いのちの電話『1980年度事業報告』）。

(37) このため高島平団地からはしばしば危機的な電話が入ることとなり，スタッフはその対応に追われたという。
(38) とくに1986年には，アイドル歌手・岡田有希子の自殺に伴い青少年から多くの相談が寄せられたことが，いのちの電話編（1991：89-90）に記されている。
(39) 社会福祉法人 いのちの電話『1986年度事業報告』を参照。
(40) 社会福祉法人 いのちの電話『1980年度事業報告』を参照。
(41) たとえば活動歴5年未満のある相談員は，この活動の方向性や組織運営につき先輩相談員にたずねた際，これまでは「強い個性とカリスマ性を持った人たちがいて，その人たちが引っ張ってきた」と言われたと語っている（2014年10月に，ある相談員に対して行ったインタビューに基づく）。
(42) いのちの電話編（1991：68-69）ならびに社会福祉法人 いのちの電話『1990年度事業報告』を参照。
(43) 社会福祉法人 いのちの電話『1996年度事業報告』を参照。
(44) 自殺の訴えは，1989年には開設以来最高の770件に上っている。
(45) 2014年12月に行った齋藤友紀雄との電子メールでのやりとりに基づく。
(46) 社会福祉法人 いのちの電話『2000年度事業報告』を参照。
(47) 2014年9月と12月に相談員に対して行ったインタビューに基づく。現在フリーダイヤル事業は厚労省より連盟が受託しているが，当時は連盟が法人格を取得していなかったため，東京が形式的に受託先となる必要があった。そこで東京の相談員の間で対応が検討され，事業を受けるか否かで議論が起きたという。
(48) 2014年12月に行った齋藤友紀雄との電子メールでのやりとりに基づく。
(49) 昨今の議論でも，この活動は自殺予防との関連で論じられることが多い。たとえば村瀬・津川編（2005：13-22, 43-53），末松（2001）等を参照のこと。
(50) 調査は，慶應義塾大学湘南藤沢キャンパスSFC実験・調査倫理委員会の審査を受けたうえで（2013年12月27日承認），いのちの電話理事会の承諾を得て行った。
(51) 関係者間の連携強化と実践的な取り組みを重視するという方針は，2009年に設置された「地域自殺対策緊急強化基金」に基づく事業の方向性にも示されている。
(52) 教育や心理の専門家であり，相談員の訓練担当も務めたことのある福山清蔵は，次のように述べている。「サマリア人は痛みに応える心を持っていただけでなく，ある程度のデナリ（お金）や介抱の術や宿の所在についての知識，そして委託の手続についての配慮など，総合して言えば，必要な知識，技術を備えていたと考えられるのである」（いのちの電話編 1991：169）。
(53) 2014年10月に行った林義子へのインタビューに基づく。

注（第5章～第6章）

(54) 2014年10月に行った林義子へのインタビューに基づく。
(55) たとえばAさんやGさんは，自らの信仰に照らして隣人の意味を理解し，それを実践しようと活動に取り組んでいるという。実際には，隣人として関わることの難しさを感じつつも，活動を通じて目指すべき方向性は，彼らの中で明確であった。

### 第6章　自殺対策基本法の改正過程に見る言説の役割

(1) 政府は07年版大綱で，2005年時点で25.0だった自殺率を2016年までに20％以上減少させるとの数値目標を掲げていたが，2014年にこの値が20.0となりそれが達成された。
(2) 決議の内容は，参議院・厚生労働委員会「自殺総合対策の更なる推進を求める決議」（2015年6月2日採択）を参照。
(3) この業務移管の決定は，「内閣官房及び内閣府の業務の見直しについて」（2015年1月27日閣議決定）ならびに，2015年9月4日成立の「内閣の重要政策に関する総合調整等に関する機能の強化のための国家行政組織法等の一部を改正する法律」に基づき行われたものであり，2016年4月をもって移管が完了している。
(4) 12年版大綱では「地域レベルの実践的な取組を中心とする自殺対策への転換を図る必要性」が謳われるなど，地域での自殺対策の推進が主たる目標の1つとして明示された。
(5) 基金は，地域の自殺対策力の向上を目的に，2009年度からの3カ年間を当初の計画として造成された。基金の詳細は，厚労省「地域自殺対策緊急強化基金」のウェブサイトを参照のこと。アドレスは巻末参考文献の『ウェブサイト等』に記載。
(6) 基金の設置に伴い，財源の乏しい自治体でも，基金の活用によってさまざまな施策を展開できるようになるなど，対策の動きが全国へと広がったことが，竹島（2016）や清水（2016a）によって指摘されている。
(7) ただし，それらの諸段階は，実際には多くの部分で重なり合い，進行していくものと説明されている（草野 2012：39-44；宮川 1995：169-204）。
(8) 小西によると，2001年1月15日の政策評価各省連絡会議で了承された「政策評価に関する標準的ガイドライン」では，①国民への行政による説明責任の徹底，②効率的で質の高い行政の実現，③成果重視の行政への転換，の3点が，政策評価を行う目的として挙げられている（小西 2009：4-5）。
(9) 政策終了に関する理論の再検討を通じて，終了を促す要因の導出を試みた岡本も，合理的判断に基づく結果として政策終了に至るケースはきわめて稀であると指摘し，実際の現象を説明するには，政治的要因や政策環境等に着目する必要があると説いている（岡本 1996：33-39）。
(10) 評価会議は「中立・公正の立場から本大綱に基づく施策の実施状況，目標の達成状況等を検証し，施策の効果等を評価するため」に開催するとされる。詳細は厚生労働省「自殺対策検証評価会議」に関するウェブサイトを参照。

(11) 本チームの会合は，2012年8～10月に開催され，その構成員は複数名の民間有識者よりなる。
(12) ただし報告書では，基金事業以外にも，さまざまな取組が政府や自治体等によって実施されているため，基金事業以外の施策と基金事業とを完全に分離し，自殺者数や自殺率の低減に対して基金事業がいかに寄与したのかという，事業単体での効果を検証・評価するのは困難であると説明されている。
(13) 同会議が設置・開催されるまで，政府による取組については「自殺対策推進会議」にて検討・議論がなされてきた。しかし2012年の大綱改訂に伴い，対策の検証・評価に関する機能を分離させ，中立・公正の立場から施策の実施状況や効果等を検証するための新たな仕組みとして，同会議が設けられたとされる。詳しくは「自殺対策検証評価会議 議事録（第1回）（2013年8月1日開催）」より，杵淵・内閣府自殺対策推進室次長（当時）による発言を参照。
(14) 同会議は自殺対策の業務移管に伴い，2016年4月より内閣府から厚労省へ移管された。
(15) この発言は「自殺対策検証評価会議（第1回）（2013年8月1日開催）」において，内閣府自殺対策推進室の片山参事官によりなされた。それは基金を用いた事業が，当初は2009年より3カ年の実施を予定していたものの，社会状況や自殺実態の変化等に鑑み，その後も毎年，補正予算の段階での積み増しがなされ，継続実施に至っていたことによる。
(16) 「自殺対策検証評価会議 議事録（第1回）（2013年8月1日開催）」を参照。
(17) 同会議は民間有識者を構成員とし，オブザーバーとして関係省庁の担当者が加わる。なお自殺対策の業務移管に伴い，2016年4月より内閣府から厚労省へ移管された。
(18) 「自殺対策官民連携協働会議 議事録（第1回）（2013年9月3日開催）」を参照。
(19) 「自殺対策官民連携協働会議 議事録（第3回）（2014年6月30日開催）」を参照。
(20) 「自殺対策官民連携協働会議 議事録（第4回）（2015年2月3日開催）」を参照。
(21) 「自殺対策官民連携協働会議 議事録（第2回）（2014年2月4日開催）」を参照。
(22) 自殺総合対策会議「自殺対策加速化プラン」（2008年10月31日決定）参照。
(23) 「自殺対策官民連携協働会議 議事録（第2回）（2014年2月4日開催）」を参照。
(24) 「自殺対策官民連携協働会議 議事録（第4回）（2015年2月3日開催）」を参照。
(25) 第4回の官民連携会議でも，中山は，対策計画の策定義務づけは「ある意味でほかの首長さん方には，何を言っているんだと言われる向きもあるとは思いますけれども，にもかかわらずここは重要だと思います」と発言している。詳しくは同会議の議事録を参照。
(26) 同会は，自治体間で自殺対策に関する情報共有や意見交換を行うことで，各自治体の施策の発展を図り，自殺を生まない社会を構築していくことを目的に設立された。
(27) 中山は，院内集会の中で，2012年11月に採択された全国市長会の『自殺総合対策の抜本的充実を求める決議』でも，地域での実践的・具体的な取組の推進にあたり政府が適切な措置を講ずるよう要請しているとし，地域での強い要望があることを強調している。

注（第6章）

(28) 院内集会での清水の発言にくわえて，ライフリンクが作成し同集会内で配布した「配布資料2 日本の自殺対策に，今なぜ改革が必要か」を参照。
(29) 本ネットワークは，全国各地で自殺予防活動に取り組む民間団体により構成され，現場での活動を通じた政策提言等を行っている。事務局はライフリンクが務める。
(30) 「参議院・厚生労働委員会 議事録（第189回国会（2015年6月2日）（第16号））」を参照。なお同会では，自民党所属の武見敬三・参議院議員も，自殺を「人間の安全保障」に関わる課題であるとして，その対策の必要性を訴えている。
(31) 2016年9月に行った清水へのインタビューに基づく。
(32) 川崎に関する以下の記述は，改正フォーラムでの川崎の発言ならびに当日の配布資料「自殺対策基本法の改正について～その主なポイント～」に基づく。
(33) 2016年9月に行った清水へのインタビューに基づく。
(34) 2016年9月に行った清水へのインタビューに基づく。
(35) 清水（2016c）はこの決議について，「『要望書』の中身を『決議』に書式変換したような内容」だと発言している。
(36) たとえば新潟県松之山町（現十日町市）や岩手県浄法寺町（現二戸市），秋田県由利町（現由利本荘市）などでは，高橋らによる地域介入の成果（高橋ほか 1998）を踏まえて，住民への自殺やうつ病等の普及・啓発活動にくわえて，高齢者に対するスクリーニング調査と介入等を行ってきた。なお各自治体の取組の詳細については，大山編著（2003）を参照。
(37) 地域予防センターの設置に関する経緯と体制・役割等については，2009年7月24日にCSPで開催された「自殺対策ネットワーク協議会」において，厚労省の提出した資料「厚生労働省における自殺対策の動向」を参照。
(38) 「参議院・内閣委員会 議事録（第171回国会（2009年3月24日）（第3号））」を参照。なお柳澤は，第173回国会の参議院・内閣委員会でも，CSPの統廃合と業務縮小を提案している。推進室が内閣府に設置された今，警察庁の自殺統計原票の分析に際しても，CSPではなく，民間団体等をくわえた特別チームを内閣府内につくり，そこで行うべきだと論じた。詳細は「参議院・内閣委員会 議事録（第173回国会（2009年11月19日）（第2号））」を参照。
(39) 検討会の趣旨や構成員等については，厚生労働省「自殺予防総合対策センターの業務の在り方等に関する検討チーム 開催要綱」を参照。
(40) 「自殺予防総合対策センターの業務の在り方等に関する検討会（第1回）（2015年5月8日開催）」における「配布資料 検討の視点（案）」を参照。
(41) 「自殺予防総合対策センターの業務の在り方等に関する検討会 議事録（第1回）（2015年5月8日開催）」を参照。
(42) 「自殺予防総合対策センターの業務の在り方等に関する検討会 議事録（第1回）（2015

年5月8日開催)」を参照。
(43) 「自殺予防総合対策センターの業務の在り方等に関する検討会 議事録 (第2回) (2015年5月27日開催)」を参照。
(44) 「自殺予防総合対策センターの業務の在り方等に関する検討会 議事録 (第3回) (2015年6月9日開催)」を参照。
(45) 詳しくは，検討チームより報告された「自殺予防総合対策センターの今後の業務の在り方について」(2015年6月30日発表) を参照。
(46) アクター間でそうした役割分担と協働が行われていることは，木寺 (2012) も示す通りである。
(47) 2016年9月に実施した清水へのインタビューに基づく。
(48) いじめ防止対策推進法の第12条では，各地域においてそれぞれの実情を踏まえたいじめ防止対策が立案・実施されるよう，すべての自治体に"いじめ防止基本方針"を定めるよう義務づけられている。しかし実際には，自治体名を差し替えただけの「コピペ計画」が横行するなど，計画策定の義務づけによる本来の目的が見失われかねない状況があったという (2019年5月に実施した清水へのインタビューに基づく)。
(49) 2019年5月に実施した清水へのインタビューに基づく。
(50) 2019年5月に実施した清水へのインタビューに基づく。

## 第7章　自殺対策の限界性

(1) たとえば森田は，審議会が「客観性を装って役所の考え方をオーソライズする『隠れ蓑』としての性質をもっている」(森田 2006：10) と指摘している。
(2) フランツ (Frantz 1992) の研究からも，それらの要因の影響が確認されている。
(3) 自殺総合対策会議「自殺対策検証評価会議の開催について」(2013年7月26日決定) を参照。
(4) 2014年5月に清水に行ったインタビューに基づく。
(5) コーラーとは，相談の電話をかけてきた相談者のことを指す。
(6) 改正基本法の第17条第3項では，学校が児童生徒等に対し，「各人がかけがえのない個人として共に尊重し合いながら生きていくことについての意識の涵養等に資する教育又は啓発，困難な事態，強い心理的負担を受けた場合等における対処の仕方を身につける等のための教育又は啓発その他」を行うよう努めるものと明記されている。
(7) 「参議院・厚生労働委員会 議事録 (第190回国会 (2016年2月18日) (第1号))」を参照。
(8) 改正フォーラムにおける「配布資料　自殺対策改革の全体設計」や，院内集会で配布された資料「配布資料2　日本の自殺対策に，今なぜ改革が必要か」(ともにNPO法人自殺対策支援センター ライフリンク) 等を参照。
(9) 松本によれば，自殺リスクの高い子供は，他者の話を「自分の問題」として聞くことの

できない心理状態にあるという。そのため，いのちは大切であるとか，あなたは歓迎されてこの世に生まれてきた等の話は，そうした子供をかえって死にたい気持ちにさせる危険性も高いと警告した（松本 2009：230-231）。
(10)　2013年10月に齋藤友紀雄に行ったインタビューに基づく。
(11)　2015年9月に齋藤友紀雄に行ったインタビューに基づく。
(12)　2013年4月に齋藤友紀雄に行ったインタビューに基づく。
(13)　2013年10月に齋藤友紀雄に行ったインタビューに基づく。
(14)　たとえば稲村は，自殺の防止活動について次のように述べている。「自殺の防止活動は，（中略）生に対する一つの明確な態度表明にもなる。（中略）それは，比喩的に言えば，現代社会という砂漠にオアシスを見出す試みであり，その活動に加わるすべての人に活力と希望が与えられる。（中略）これにより，従来の病院治療とは別の，より広義な治療体制ができあがり，両者の有機的連繫によって人々の健康と福祉に飛躍が期待できるのである」（稲村 1977：362）。

## 補章　イスラーム教徒の自殺抑制要因

(1)　なお，図には男女別の自殺率の値も掲載されているが，該当論文で言及されていたのは全体値のみであったため，本書でも全体値のみに言及している。
(2)　ユダヤ教，キリスト教，イスラームと続く一神教における唯一神を指す。
(3)　いわゆるコーランのこと。本文中に引用する聖クルアーンの章句の日本語訳は，「日亜対訳・注解　聖クルアーン」の第7版に拠って，《》で示した。
(4)　イスラームの聖預言者であるムハンマドの言行録を指し，この言葉の引用には『』を用いた。
(5)　調査を実施した当時まで，シリアのアレッポはイスラームがよく保たれ，実践されている社会だといわれてきた。筆者はイスラームの教えとの関係を踏まえて，ムスリムの自殺に対する態度を検討・考察するにあたって最適な場所だ考えて，アレッポを調査対象地とした。
(6)　抽出された9個の因子（47項目）の内容，および抽出されなかった10項目は，それぞれ別表1，別表2として巻末に付記した。
(7)　自殺念慮は「ひんぱん（レベル1）」「時々（レベル2）」「今までに1～2回くらい（レベル3）」と回答した者が非常に少なかったため，レベル1から3の集団を「念慮あり群」，レベル4（自殺を考えたことが「ない」）を「念慮なし群」として2グループに分類した。
(8)　将来における自殺の可能性は「ある（レベル1）」「わからない（レベル2）」と回答した者が非常に少なかったため，レベル1と2の集団を「可能性あり群」，レベル3（将来における自殺の可能性が「ない」）を「可能性なし群」として2グループに分類した。

# 参考文献

**書 籍**

上里一郎編（1980）『シンポジアム青年期2　自殺行動の心理と指導』ナカニシヤ出版。
秋吉貴雄・伊藤修一郎・北山俊哉（2015）『公共政策学の基礎』有斐閣。
足立幸男（1991）『政策と価値――現代の政治哲学』ミネルヴァ書房。
足立幸男（2009）『公共政策学とは何か』ミネルヴァ書房。
足立幸男・森脇俊雅（2003）『公共政策学』ミネルヴァ書房。
石濱照子（2017）『現代の自殺――追いつめられた死：社会病理学的研究』東信堂。
磯村健太郎（2011）『ルポ仏教，貧困・自殺に挑む』岩波書店。
井筒俊彦（1991）『イスラーム文化――その根底にあるもの』岩波文庫。
伊藤修一郎（2002）『自治体政策過程の動態――政策イノベーションと波及』慶應義塾大学出版会。
伊藤修一郎（2011）『政策リサーチ入門――仮説検証による問題解決の技法』東京大学出版会。
稲村博（1977）『自殺学――その治療と予防のために』東京大学出版会。
稲村博（1978）『自殺防止――再生への歩み』創元社。
稲村博（1981）『心の絆療法』誠信書房。
稲村博・林義子・齋藤友紀雄（1981）『眠らぬダイヤル――いのちの電話』新曜社。
ウェクスタイン，L.／大原健士郎監訳（1981）『自殺学ハンドブック』星和書店（Wekstein, L. (1979) *Handbook of suicidology: principles, problems, and practice.* Brunner/Mazel）。
上田健二（2002）『生命の刑法学――中絶・安楽死・自死の権利と法理論』ミネルヴァ書房。
上田紀行（2005）『生きる意味』岩波新書。
大野裕監修（2008）『メンタルヘルスとソーシャルワークによる自殺対策』相川書房。
大原健士郎（1965a）『日本の自殺――孤独と不安の解明』誠信書房。
大原健士郎（1991）『生と死の心模様』岩波新書。
大原健士郎（1996）『「心の病」，その精神病理』講談社。
大山博史編著（2003）『医療・保健・福祉の連携による高齢者自殺予防マニュアル』診断と治療社。
奥田敦（2005）『イスラームの人権――法における神と人』慶應義塾大学出版会。

小野耕二（2001）『比較政治（社会科学の理論とモデル11）』東京大学出版会。
小野耕二編著（2009）『構成主義的政治理論と比較政治』ミネルヴァ書房。
柏木宏（2008）『NPOと政治——アドボカシーと社会変革の新たな担い手のために』明石書店。
加藤正明（1954）『異常心理学講座第1巻』みすず書房。
加藤正明（1976）『社会と精神病理』弘文堂。
河西千秋（2009）『自殺予防学』新潮選書。
川人博（1998）『過労自殺』岩波新書。
北中淳子（2014）『うつの医療人類学』日本評論社。
キツセ，J. I. & スペクター，M. ／村上直之・中河伸俊・鮎川潤・森俊太訳（1990）『社会問題の構築——ラベリング理論をこえて』マルジュ社（Kitsuse, J. I. & Spector, M. (1977) *Constructing social problems*. Menlo Park, CA: Cummings Publishing Company）。
木寺元（2012）『地方分権改革の政治学——制度・アイディア・官僚制』有斐閣。
木村敏（1973）『異常の構造』講談社現代新書。
木村敏（1994）『心の病理を考える』岩波新書。
キングダン，J. W. ／笠京子訳（2017）『アジェンダ・選択肢・公共政策——政策はどのように決まるのか』勁草書房（Kingdon, J. W. (1984=2011) *Agendas, Alternatives, and Public Policies, update edition, with an epilogue health care*, 2nd Edition. Boston: Little Brown）。
草野厚（2012）『政策過程分析入門 第2版』東京大学出版会。
クラッチフィールド，L. R. & グラント，H. M. ／服部優子訳（2012）『世界を変える偉大なNPOの条件——圧倒的な影響力を発揮している組織が実践する6つの原則』ダイヤモンド社（Crutchfield, L. R. & Grant, H. M. (2007) *Forces for Good: The Six Practices of High-Impact Nonprofits*. Jossey Bass）。
小島廣光（2003）『政策形成とNPO法——問題，政策，そして政治』有斐閣。
小島廣光・平本健太編著（2011）『戦略的協働の本質——NPO，政府，企業の価値創造』有斐閣。
コンラッド，P. & シュナイダー，J. W. ／進藤雄三・杉田聡・近藤正英訳（2003）『逸脱と医療化——悪から病いへ』ミネルヴァ書房（Conrad, P. & Schneider, J. W. (1992) *Deviance and medicalization: from badness to sickness*, Expanded ed. Temple University Press）。
齋藤友紀雄編（1996）『現代のエスプリ10月号（危機カウンセリング）』至文堂。
齋藤友紀雄・林義子（1981）『電話相談と危機介入』聖文舎。

# 参考文献

貞包英之・元森絵里子・野上元（2016）『自殺の歴史社会学――「意志」のゆくえ』青弓社。

佐藤誠・高塚雄介・福山清蔵（2010）『電話相談の実際』双文社。

佐野亘（2010）『公共政策規範』ミネルヴァ書房。

サラモン, L. M.／江上哲監訳（2007）『NPOと公共サービス――政府と民間のパートナーシップ』ミネルヴァ書房（Salamon, L. M. (1995) *Partners in public service*, Johns Hopkins University Press）。

澤田康幸・上田路子・松林哲也編著（2013）『自殺のない社会へ――経済学・政治学からのエビデンスに基づくアプローチ』有斐閣。

シア, S.／松本俊彦監訳（2012）『自殺リスクの理解と対応――「死にたい」気持ちにどう向き合うか』金剛出版（Shea, S. C. (1999) *The practical art of suicide assessment*. Hoboken: John Wiley）。

自死遺児編集委員会・あしなが育英会（2002）『自殺って言えなかった。』サンマーク出版。

シュナイドマン, E. S.／白井徳満・白井幸子訳（1993）『自殺とは何か』誠信書房（Shneidman, E. S. (1985) *Definition of suicide*. Wiley）。

シュナイドマン, E. S.／白井徳満・白井幸子訳（2001）『自殺者のこころ――そして生きのびる道』誠信書房（Shneidman, E. S. (1996) *The suicidal mind*. Oxford University Press）。

シュナイドマン, E. S.／高橋祥友訳（2005）『シュナイドマンの自殺学――自己破壊行動に対する臨床的アプローチ』金剛出版（Shneidman, E. S. (1993) *Suicide as psychache*. Aronson）。

シュナイドマン, E. S. & ファーブロウ, N.／大原健士郎監訳（1968）『自殺に関する十八章』誠信書房（Shneidman, E. S. & Farberow, N. (1963) *Clues to suicide*. Mcgraw-Hill）。

ショーター, E.／木村定訳（1999）『精神医学の歴史――隔離の時代から薬物治療の時代まで』青土社（Shorter, E. (1997) *A history of psychiatry: from the era of the asylum to the age of Prozac*. John Wiley & Sons）。

砂原康介（2011）『地方政府の民主主義――財政資源の制約と地方政府の政策選択』有斐閣。

高橋祥友（1992）『自殺の危険――臨床的評価と危機介入』金剛出版。

高橋祥友（2006a）『自殺の危険――臨床的評価と危機介入　新訂増補』金剛出版。

高橋祥友（2006b）『自殺予防』岩波新書。

高橋祥友（2007）『あなたの「死にたい，でも生きたい」を助けたい』講談社＋α新書。

高橋祥友編（2009）『セラピストのための自殺予防ガイド』金剛出版。
武川正吾（2012）『政策志向の社会学――福祉国家と市民社会』有斐閣。
田中弥生（2006）『NPOが自立する日――行政の下請け化に未来はない』日本評論社。
張賢徳（2006）『人はなぜ自殺するのか――心理学的剖検から見えてくるもの』勉誠出版。
張賢徳（2010）『うつ病新時代――その理解とトータルケアのために』平凡社新書。
辻中豊・伊藤修一郎（2010）『ローカル・ガバナンス――地方政府と市民社会』木鐸社。
辻中豊・坂本治也・山本英弘編著（2012）『現代日本のNPO政治――市民社会の新局面』木鐸社。
デュルケーム，E.／宮島喬訳（1985）『自殺論』中公文庫（Durkheim, E. (1960) Le Suicide: étude de sociologie, nouvelle édition, 3° trimestre, Presses Universitaires de France）。
中村信也編著（2010）『公衆衛生学第二版』同文書院。
西尾勝（2007）『地方分権改革』東京大学出版会。
野村総一郎（2002）『精神科にできること』講談社現代新書。
初谷勇（2001）『NPO政策の理論と展開』大阪大学出版会。
早川純貴・内海麻利・田丸大・大山礼子（2004）『政策過程論――「政策科学」への招待』学陽書房。
パンゲ，M.／竹内信夫訳（1992）『自死の日本史』ちくま学芸文庫（Pinguet, M. (1984) La mort volontaire au Japon. Gallimard）。
樋口輝彦編（2003）『自殺企図――その病理と予防・管理』永井書店。
ピッケン，S. D. B／堀たお子訳（1979）『日本人の自殺』サイマル出版会（Picken S. D. B. (1979) Suicide: Japan and the West a comparative study.）。
平山正実（1991）『死生学とはなにか』日本評論社。
平山正実（2009）『自死遺族を支える』エム・シー・ミューズ。
ベラー，R. N.／中村圭志訳（2000）『善い社会――道徳的エコロジーの制度論』みすず書房（Bellah, R. N. (1990) The good society. New York: Alfred A. Knopf）。
ヘンディン，H.／高橋祥友訳（2006）『アメリカの自殺――予防のための心理社会的アプローチ』明石書店（Hendin, H. (1995) Suicide in America. new and expanded ed. Norton）。
堀口良一（2000）『生と死の社会史――生きる義務と死ぬ義務』春風社。
ボリス，E. T. & スターリ，C. E.／上野真城子・山内直人訳（2007）『NPOと政府』ミネルヴァ書房（Boris, E. T. & Steuerle, C. E. (1999) Nonprofits and Government: Collaboration and Conflict, Urban Institute Press）。

松本俊彦（2009）『自傷行為の理解と援助——「故意に自分の健康を害する」若者たち』日本評論社。

松本俊彦（2011）『アディクションとしての自傷』星和書店。

松本俊彦（2014）『自傷・自殺する子どもたち』合同出版。

真渕勝（2009）『行政学』有斐閣。

真山達志（2001）『政策形成の本質——現代自治体の政策形成能力』成文堂。

マヨーネ，G.／今村都南雄訳（1998）『政策過程論の視座——政策分析と議論』三嶺書房（Majone, G. (1989) *Evidence, Argument, and Persuasion in the Policy Process*. Yale University Press）。

宮川公男（1994）『政策科学の基礎』東洋経済新報社。

宮川公男（1995）『政策科学入門』東洋経済新報社。

村瀬嘉代子・津川律子編（2005）『電話相談の考え方とその実践』金剛出版。

本橋豊（2006a）『自殺が減ったまち——秋田県の挑戦』岩波書店。

本橋豊編著（2007）『自殺対策ハンドブック Q&A』ぎょうせい。

本橋豊編著（2015）『よくわかる自殺対策——多分野連携と現場力で「いのち」を守る』ぎょうせい。

本橋豊ほか（2006）『STOP！自殺』海鳴社。

本橋豊・渡邉直樹編（2005）『自殺は予防できる——ヘルスプロモーションとしての行動計画と心の健康づくり活動』すぴか書房。

森田朗（2006）『会議の政治学』慈学社。

森田朗（2014）『会議の政治学Ⅱ』慈学社。

森山花鈴（2018）『自殺対策の政治学』晃洋書房。

森脇俊雅（2010）『政策過程』ミネルヴァ書房。

山谷清志（2012a）『政策評価』ミネルヴァ書房。

山本ゆき（2010）『兄のランドセル——いのちの政治家山本孝史物語』朝日新聞出版。

ラスウェル，H. D.／加藤正泰訳（1955）『人間と政治』岩崎書店（Lasswell, H. D. (1951) *The Analysis of Political Behavior, An Empirical Approach*. 3rd ed. Routledge and Kegan Paul Ltd.）。

リンド，R. S.／小野修三訳（1979）『何のための知識か——危機に立つ社会科学』三一書房（Lynd, R. S. (1939) *Knowledge for What?: The Place of Social Science in American Culture*. Princeton: Princeton University Press）。

ロック，J.／角田安正訳（2011）『市民政府論』光文社古典新訳文庫（Locke, J. (1690) *An Essay concerning the True Original, Extent, and End of Civil Government*. (1998=2008) Two Treatises of Government, edited with an introduction and notes by Peter Laslett (Student Edition), Cambridge University Press.）。

ワイナー，K.／高橋祥友訳（2011）『患者の自殺――セラピストはどう向き合うべきか』金剛出版（Weiner, K.（2005）*Therapeutic and legal issues for therapists who have survived a client suicide.* Haworth Press）。

渡辺光子（2012）『NPOと自治体の協働論』日本評論社。

日亜対訳・注解『聖クルアーン』第7版（2002）日本ムスリム協会。

イブン・カイイム・アルジャウズィーヤ／水谷周訳著（2010）『イスラームの天国』国書刊行会。

アッ＝ズィービィー，マフドゥーフ（1998）『自殺　性別と哲学および信仰を通じて』ラシード社，ダマスカス（1998, الزوبي " الانتحار : بين المتعة و الفلسفة و المعتقدات " دمشق : دار الرشيد ,مدوح）。

カラダーウィー，ユースフ（1975）『信仰と生活』ワフバ社，カイロ，pp.167-181 (("الإيمان و الحياة " (167-181) القاهرة:مكتبة وهبة, 1975. يوسف قرضاوي)。

カラダーウィー，ユースフ（1987）『行いについて』アル＝キタ―ブ社，ベイルート，pp.456-459（1987, يوسف قرضاوي " فقر السنّة " (456-459) بيروت:مكتبة الكتاب）。

アル＝ジャイユ―シュ，ナージー（出版年不明）『自殺――自殺行動に対する心理学的・社会学的考察』出版社不明（" الانتحار : دراسة نفسيّة-اجتماعية الانتحاري " ناجي الجيوش）。

スィラージュ・アッ＝ディーン，アブド＝ッラー（1986）『信仰心――来世およびその状態に関する知識に基づいて』アル・ファラーフ社，アレッポ，pp.315-320 ((315-320))。" الإيمان : بعوالم الآخرة و مواقفها " عبد الله سراج الدّين ,1986. حلب : مكتبة و السر الفلاح)。

**論文・報告書等**

秋吉貴雄（2006）「政策変容の様態とアイディア――わが国の航空輸送産業における規制改革を事例として」『年報行政研究』41，pp. 110-130。

浅井邦彦（1998）「病院精神医療――歴史と現況そして将来」『最新精神医学』3(5)，pp. 411-423。

浅野昌彦（2007）「政策形成過程におけるNPO参加の意義の考察――政策実施過程から政策形成過程へ」『The Nonprofit Review』7(1)，pp. 25-34。

飛鳥井望（1994）「自殺の危険因子としての精神障害――生命的危険度の高い企図手段を用いた自殺失敗者の診断学的検討」『精神神経雑誌』96，pp. 415-443。

荒井稔（1991）「就業者における自殺の後方視的研究とその予防対策――うつ病の事例を中心に」『臨床精神病理』12(2)，pp. 119-131。

医学書院「医学生のための自殺予防教育」『週刊医学界新聞』(2808)（2008年12月1日発行）。

## 参考文献

石井敏弘(2003)「自殺に関する研究の現状――国内」『保健医療科学』52(4), pp. 261-271。

石田一宏(1985)「働き盛りの自殺」『労働法律旬報』(1118), pp. 19-24。

稲村博(1973)「自殺の予防」『精神医学』15(11), pp. 1136-1157。

植松稔ほか(1959)「自殺の疫学的研究 第1報」『日本衛生学雑誌』14(2), pp. 95-97。

NPO法人 自殺対策支援センター ライフリンク『ライフリンク通信』創刊拡大号(2005年8月11日発行)。

NPO法人 自殺対策支援センター ライフリンク『ライフリンク通信』第4号拡大号(2006年7月28日発行)。

NPO法人 自殺対策支援センター ライフリンク(2004)『事業報告書等』。

NPO法人 自殺対策支援センター ライフリンク(2005)『事業報告書等』。

NPO法人 自殺対策支援センター ライフリンク(2006)『事業報告書等』。

NPO法人 自殺対策支援センター ライフリンク(2007)『事業報告書等』。

NPO法人 自殺対策支援センター ライフリンク(2008)『事業報告書等』。

NPO法人 自殺対策支援センター ライフリンク(2009)『事業報告書等』。

NPO法人 自殺対策支援センター ライフリンク(2010)『事業報告書等』。

NPO法人 自殺対策支援センター ライフリンク(2011)『事業報告書等』。

NPO法人 自殺対策支援センター ライフリンク(2012)『事業報告書等』。

NPO法人 自殺対策支援センター ライフリンク(2013)『事業報告書等』。

NPO法人 自殺対策支援センター ライフリンク(2013)『自殺実態白書2013［第一版］』。

大阪ボランティア協会(2007)「『自殺対策基本法』をつくった市民たち」『市民活動総合情報誌 Volo(ウォロ)』(431), pp. 6-17。

大嶽秀夫(1993)「自由主義的改革の時代(10)国鉄改革にみる『アイディアの政治』」『選挙』46(12), pp. 28-33。

大原健士郎(1960)「鎌倉市に於ける自殺の研究」『東京慈恵会医科大学雑誌』75(1), pp. 174-179。

大原健士郎(1961)「自殺の要因に関する研究」『精神神経学雑誌』63(2), pp. 107-166。

大原健士郎(1963)「児童の自殺について」『精神医学』5(5), pp. 375-379。

大原健士郎(1965b)「青年の自殺」『教育と医学』13(10), pp. 910-915。

大原健士郎(1987)「なぜ死に急ぐ中高年――自殺者急増の背景を探る」『公明』306, pp. 164-171。

岡檀・山内慶太(2010)「高齢者自殺希少地域における自殺予防因子の探索――徳島県旧海部町の地域特性から」『日本社会精神医学会雑誌』19(2・3), pp. 199-209。

岡檀・山内慶太(2011)「自殺希少地域における自殺予防因子の探索――徳島県旧海部

町の住民意識調査から」『日本社会精神医学会雑誌』20(3)，pp. 213-223。

岡檀・山内慶太（2012）「自殺希少地域のコミュニティ特性から抽出された『自殺予防因子』の検証──自殺希少地域および自殺多発地域における調査結果の比較から」『日本社会精神医学会雑誌』21(2)，pp. 167-180。

岡崎文規（1958）「自殺の実証的研究（1）」『人口問題研究』（74），pp. 1-36。

岡崎文規（1959）「自殺の実証的研究（2）」『人口問題研究』（75），pp. 1-26。

小笠原將之・井上洋一・武田雅俊（2012）「『人の絆』を超えるもの──コミュニティモデル・メディカルモデルの限界について」『自殺予防と危機介入』32(1)，pp. 25-33。

岡本哲和（1996）「政策終了理論に関する考察」『関西大学総合情報学部紀要』（5），pp. 17-40。

岡本洋子（2007）「『自殺対策基本法』の施行と社会全体で取り組む自殺対策について」『社会関係研究』13(1)，pp. 1-41。

奥田敦（2003）「イスラームの信仰とスークの経済」加藤哲実編『市場の法文化』国際書院，pp. 149-174。

奥田敦（2007）「イスラームの教えにおける自由と正義に関する断片的考察」『法学新報（眞田芳憲先生古稀記念論文集）』133(11・12)，pp. 45-76。

奥田敦（2008）「『われわれ』にとってのジハード」『沖縄法政研究』（11），pp.15-44。

奥田敦（2010）「シャリーアの包括性について」眞田芳憲編『生と死の法文化』国際書院，pp. 43-78。

小野耕二（2009）「『構成主義的政治理論』の意義」小野耕二編著『構成主義的政治理論と比較政治』ミネルヴァ書房，pp. 1-29。

影山隆之・名嘉幸一（1997）「自殺予防活動としての『いのちの電話』の新しい評価方法」『こころの健康』12(2)，pp. 23-32。

笠原洋勇（1987）「壮年期の自殺」『医学のあゆみ』140（12），pp. 876-878。

勝田美穂（2012）「自殺対策基本法の制定過程──『市民立法』の観点から」『日本地域政策学会』（10），pp. 35-44。

勝俣暎史（2006）「自殺防止と電話相談──電話で生きる希望と力を起こせるか」『電話相談学研究』17(2)，pp. 62-69。

勝又陽太郎（2009）「心理学的剖検」高橋祥友・竹島正編著『自殺予防の実際』永井書店，pp. 34-41。

勝又陽太郎（2016）「自殺対策について」金子和夫監修・津川律子・元永拓郎編『心の専門家が出会う法律──臨床実践のために［新版］』誠信書房，pp. 16-23。

勝又陽太郎・竹島正（2009）「新潟県松之山町における自殺予防活動」『こころの健康』

24(2), pp. 82-87。
勝又陽太郎・竹島正（2010）「心理学的剖検」『臨床精神医学』39(11), pp. 1425-1429。
加藤正明・森三郎（1954）「自殺の社会精神医学的研究」『社会事業』37(2), pp. 80-91。
上遠野葉子（2014）「『お互いさま』のまちづくり」『国民生活』2014年5月号, pp. 8-9。
亀田進久（2007）「自殺と法——自殺対策基本法の成立を中心に」『レファレンス』57(6), pp. 7-29。
川上憲人（2003）「わが国における自殺の現状と課題」『保健医療科学』52(4), pp. 254-260。
川崎政司（2006）「基本法再考（3）基本法の意義・機能・問題性」『自治研究』82(1), pp. 65-91。
北中淳子（2007）「『意志的な死』を診断する——自殺をめぐる精神医療の人類学」芹沢一也編『時代がつくる「狂気」——精神医療と社会』朝日選書, pp. 223-262。
京都大学経済研究所附属先端政策分析研究センター（2006）『平成17年度内閣府経済社会総合研究所委託調査　自殺の経済社会的要因に関する調査研究報告書』。
『キリスト新聞』2005年5月21日号。
小泉毅ほか（1990）「老年期の精神保健活動——老人自殺多発地域における老年期うつ病の疫学調査と自殺防止活動」『臨床精神医学』19(1), pp. 53-61。
河野久（2010）「議員立法と内閣立法の相違に関する一考察」『青山法務研究論集』(1), pp. 35-41。
小西敦（2009）「国の政策評価」伊多波良雄編著『公共政策のための政策評価手法』中央経済社, pp. 1-28。
小西秀樹（2006）「利益団体」森本哲郎編著『現代日本の政治と政策』法律文化社, pp. 55-92。
小牧奈津子（2012）「イスラーム教徒の自殺抑制因子に関する実証的研究——シリア・アレッポ大学生へのアンケート調査の分析を中心に」『自殺予防と危機介入』32(1), pp. 41-52。
近藤康史（2006）「比較政治学における『アイディアの政治』——政治変化と構成主義」『年報政治学』57(2), pp. 36-59。
近藤やよい（2007）「『マニフェスト』が日本を変える」『経済界』(855), pp. 58-60。
近藤やよい（2011）「未来に夢を描く，足立区の街づくり」『財界人』24(1), pp. 25-29。
齋藤友紀雄（2004）「いのちの電話における自殺防止」『臨床精神医学』33(12), pp. 1549-1554。
坂本治也（2010）「市民社会組織のもう1つの顔——ソーシャル・キャピタル論からの

分析」辻中豊・森裕城編著『現代社会集団の政治機能——利益団体と市民社会』木鐸社，pp. 287-302。

坂本治也（2012a）「政治過程におけるNPO」辻中豊・坂本治也・山本英弘編著『現代日本のNPO政治——市民社会の新局面』木鐸社，pp. 109-147。

坂本治也（2012b）「NPOの政治的影響力とその源泉」辻中豊・坂本治也・山本英弘編著『現代日本のNPO政治——市民社会の新局面』木鐸社，pp. 149-182。

坂本治也（2012c）「NPOの形成局面」辻中豊・坂本治也・山本英弘編著『現代日本のNPO政治——市民社会の新局面』木鐸社，pp. 49-78。

坂本治也・辻中豊（2012）「NPO政治の分析視角」辻中豊・坂本治也・山本英弘編著『現代日本のNPO政治——市民社会の新局面』木鐸社，pp. 23-48。

櫻井光政（2009）「多重債務と自殺」高橋祥友・竹島正編著『自殺予防の実際』永井書店，pp. 262-268。

佐々木宏一（2003）「高齢者自殺予防と精神保健福祉行政——青森県の施策にみる都道府県の広域・補完的役割」大山博史編著『医療・保健・福祉の連携による高齢者自殺予防マニュアル』診断と治療社，pp. 143-155。

佐々木久長ほか（2008）「自殺対策の課題と展望」大野裕監修『メンタルヘルスとソーシャルワークによる自殺対策』相川書房，pp. 253-283。

佐藤寧子（1957）「自殺の統計的観察」『人口問題研究所年報』（2），pp. 41-44。

佐藤寧子（1958）「自殺傾向について」『人口問題研究』（71），pp. 24-33。

眞田芳憲（2005）「イスラームと自殺」『平和と宗教』（24），pp. 83-97。

眞田芳憲（2010）「自殺の比較文化論——イスラーム法を基軸として」眞田芳憲編『生と死の法文化』国際書院，pp. 79-130。

重松一義（1978a）「青少年自殺の誘因性とその対策（上）」『警察学論集』31(4)，pp. 59-101。

重松一義（1978b）「青少年自殺の誘因性とその対策（下）」『警察学論集』31(6)，pp. 74-108。

自殺実態解析プロジェクトチーム編（2008）『自殺実態白書2008』自殺対策支援センター ライフリンク。

時事通信社（2009）「特集・自殺対策最前線（下）——多重債務者，救済の動き 東京は都市モデルを模索」『地方行政』2009年5月28日号。

清水康之（2007）「自殺を個人の問題から社会の問題に。」『The BIG ISSUE JAPAN』(66)，pp. 12-15。

清水康之（2009a）「『自殺させない地域社会』をつくるために」『月刊福祉』92(5)，pp. 12-17。

清水康之（2009b）「自殺対策は『政治の責務』」『世界と議会』(538)，pp. 14-21。
清水康之（2010）「自殺のない『生き心地の良い地域』を創るために——自治体にとっての自殺対策とは」『年報自治体学』(23)，pp. 118-127。
清水康之（2015）「自殺対策のためのロビイング」明智カイト『誰でもできるロビイング入門——社会を変える技術』光文社新書，pp. 13-50。
清水康之（2016a）「地域における自殺対策の評価と今後の課題」精神保健医療福祉白書編集委員会編『精神保健福祉医療白書』中央法規出版，p. 40。
清水康之（2016b）「自殺対策基本法の改正」『ガバナンス』2016年4月号，p. 89。
清水康之（2016c）「自殺対策改革の舞台裏②」『ガバナンス』2016年6月号，p. 104。
社会福祉法人 いのちの電話『1973年度事業報告』。
社会福祉法人 いのちの電話『1975年度事業報告』。
社会福祉法人 いのちの電話『1977年度事業報告』。
社会福祉法人 いのちの電話『1978年度事業報告』。
社会福祉法人 いのちの電話『1979年度事業報告』。
社会福祉法人 いのちの電話『1980年度事業報告』。
社会福祉法人 いのちの電話『1986年度事業報告』。
社会福祉法人 いのちの電話『1990年度事業報告』。
社会福祉法人 いのちの電話『1996年度事業報告』。
社会福祉法人 いのちの電話『2000年度事業報告』。
社会福祉法人 いのちの電話（2011）『40周年記念誌』。
社会福祉法人 いのちの電話二十年史編集委員会編（1991）『いのちの共振れ』。
シュミット，V.／加藤雅俊訳（2009）「アイデアおよび言説を真摯に受け止める」小野耕二編著『構成主義的政治理論と比較政治』ミネルヴァ書房，pp. 75-110。
城山英明（2008）「技術変化と政策革新」城山英明・大串和雄編『政策革新の理論』東京大学出版会，pp. 67-90。
城山英明・前田健太郎（2008）「先進国の政治変容と政策革新」城山英明・大串和雄編『政策革新の理論』東京大学出版会，pp. 9-35。
末松渉（2001）「いのちの電話——組織と運営」山本和郎編『臨床心理学的地域援助の展開——コミュニティ心理学の実践と今日的課題』培風社，pp. 54-66。
杉本典子（2010）「いのちの電話相談員の死に対する態度と自尊感情に関する研究」『龍谷大学大学院文学研究科紀要』32，pp. 140-155。
世界保健機関／独立行政法人国立精神・神経医療研究センター精神保健研究所自殺予防総合対策センター訳（2014）『自殺を予防する——世界の優先課題』。
宗前清貞（2001）「政策評価と政策類型——地方政府の政治過程における評価機能」『公

共政策研究』1, pp. 127-140。
高橋祥友（2004）「世界と日本の自殺」『臨床精神薬理』7 (7), pp. 1099-1110。
高橋祥友（2009）「自殺の危険因子」高橋祥友・竹島正編著『自殺予防の実際』永井書店, pp. 24-33。
高橋祥友（2011）「世界の自殺と日本の自殺予防対策」『精神神経学雑誌』113(1), pp. 74-80。
高橋祥友（2014）「世界の自殺対策と日本の自殺対策」『公衆衛生』78(4), pp. 241-246。
高橋邦明ほか（1998）「新潟県東頸城郡松之山町における老人自殺予防活動——老年期うつ病を中心に」『精神神経学雑誌』100(7), pp. 469-485。
高原正興（2006）「自殺の分析からみた病める『関係性』と今後の対策」『公衆衛生』70(1), pp. 33-36。
高谷友希・智田文徳・大塚耕太郎ほか（2006）「岩手県における自殺の地域集積性とその背景要因に関する検討」『岩手医学雑誌』58(3), pp. 205-216。
高柳功（1998）「精神保健福祉法の歴史と今次改正作業について」『日本精神病院協会雑誌』17 (12), pp. 18-22。
竹島正（2008）「わが国の自殺対策」『学術の動向』13(3), pp. 15-19。
竹島正（2011）「わが国の自殺対策・自殺学の方向——大原先生の業績を振り返って」『日本社会精神医学会雑誌』20(2), pp. 138-143。
竹島正（2015）「自殺対策の推移と現状」『精神医学』57(7), pp. 499-505。
竹島正（2016）「わが国の自殺対策の現状と課題」精神保健医療福祉白書編集委員会編『精神保健医療福祉白書』中央法規出版, p. 39。
竹中星郎（2008）「精神医療の歴史——医療・医学の技術思想をたどる（38）日本の精神医療（2）」『精神科看護』35(11), pp. 79-83。
竹端寛（2011）「NPOのアドボカシー機能の『小さな制度』化とその課題——精神医療分野のNPOの事例分析をもとに」『The Nonprofit Review』11(1), pp. 33-43。
田宮仁（2008）「『いのち教育』の前提となるもの」得丸定子編『「いのち教育」をひもとく——日本と世界』現代図書, pp. 3-11。
田村健二（1985）「昭和58年度・新潟県東頸城郡における老人自殺の研究調査1」『東洋大学社会学部紀要』22(2), pp. 47-128。
田村健二ほか（1975）「新潟県における老人自殺1——過疎地域における老人自殺の（高率地域・低率地域および自殺者家族の）比較調査と対策」『東洋大学社会学部紀要』11・12, pp. 1-128。
田村健二・高林孝志（1977）「老人自殺の事例的研究」『東洋大学社会学部紀要』14, pp. 1-14。

参考文献

田村健二・大橋慶子（1977）「新潟県における老人自殺の実態」『東洋大学社会学研究所年報』10, pp. 1-20。
近沢敬一（1954a）「自殺と婚姻関係」『教育と医学』2(1), pp. 445-451。
近沢敬一（1954b）「自殺と年齢」『山口大学文学会誌』5(1), pp. 66-83。
近沢敬一（1955）「自殺率の季節的変動について」『山口大学文学会誌』6(1), pp. 24-36。
張賢徳（2011）「自殺予防の理念と基本戦略」張賢徳編『自殺予防の基本戦略』中山書店, pp. 36-45。
塚本一郎（2005）「NPO・自治体の協働の制度化・システム化の現状と課題——『戦略的協働』の可能性（上）」『経営論集』53(1・2), pp. 57-84。
津川律子（2009）「自殺対策について」佐藤進監修『心の専門家が出会う法律 第3版——臨床実践のために』誠信書房, pp. 14-20。
東京都立中部総合精神保健福祉センター（2008）『相談の進め方——自殺にまつわる相談をめぐって』。
独立行政法人 国立精神・神経医療研究センター（2010）『財務諸表等』。
独立行政法人 国立精神・神経医療研究センター（2011）『財務諸表等』。
独立行政法人 国立精神・神経医療研究センター（2012）『財務諸表等』。
独立行政法人 国立精神・神経医療研究センター（2013）『財務諸表等』。
中村真（1996）「青年の自殺に関する研究Ⅰ 大学生の自殺観と自殺志向との関連性」『臨床心理学研究』33(3), pp. 18-25。
中村真（1997）「青年の自殺に関する研究Ⅱ 自殺志向に及ぼす人生観の影響」『臨床心理学研究』35(1), pp. 40-48。
新潟県自殺予防対策検討会（2011）『新潟県自殺予防対策検討会報告書——新潟県の自殺者数減少に向けた取組について』。
西岡晋（2007a）「政策アイディア論・言説分析」懸公一郎・藤井浩司編『コレーク政策研究』成文堂, pp. 143-168。
西岡晋（2007b）「福祉レジーム再編の政治学——経路依存性モデルを超えて」『早稲田政治公法研究』84, pp. 207-241。
西岡晋（2011）「政策過程論の『構成主義的転回』」『金沢法学』53(2), pp. 97-140。
西岡晋（2012）「シュミットの言説的制度論」岩崎正洋編著『政策過程の理論分析』三和書籍, pp. 133-148。
馬場優子（2011a）「FRONT RUNNER——馬場優子さん（足立区）」『月刊地域保健』42(5), pp. 1-9。
馬場優子（2011b）「保健・福祉の枠を超えてつながる——足立区『生きる支援』の取

り組み」『都市問題』10(2)，pp. 67-76。
馬場優子（2012）「東京都足立区『生きる支援』の取り組み」『救急医学』36(7)，pp. 763-766。
日高正宏（2001）「電話相談員研修の特質――"自分への気づき"の体験学習についての考察」『電話相談学研究』12(1)，pp. 27-35。
平井正三郎（2008）「いのちの電話相談員のバーンアウトを規定する諸要因について」『電話相談学研究』19(1)，pp. 10-19。
平井正三郎（2010）「いのちの電話相談員のメンタルヘルスを規定する諸要因について」『電話相談学研究』20(1)，pp. 13-24。
平井正三郎（2011）「いのちの電話相談員の『感情労働』がメンタルヘルスに及ぼす影響について」『電話相談学研究』20(2)，pp. 1-10。
藤村コノヱ（2009）「立法過程における NPO の参加の現状と市民立法の課題――環境教育推進法とフロン回収・破壊法の事例から」『The Nonprofit Review』9 (1・2)，pp. 27-37。
古川俊一（2002）「公共部門における評価の理論・類型・制度」『公共政策研究』2，pp. 12-25。
フロイト，S.／中山元訳（2008）「喪とメランコリー」『人はなぜ戦争をするのか――エロスとタナトス』光文社古典新訳文庫（Freud, S. (1917) Trauer und Melancholie, (1940 ; 1946 ; 1950) *Gesammelte Werke, chronologisch geordnet,* Imago Publishing Co., Ltd.）。
フロイト，S.／竹田青嗣・中山元訳（1996）「快感原則の彼岸」『自我論集』ちくま学芸文庫（Freud, S. (1920) *Jenseits des Lustprinzips.* (1940) *Gesammelte Werke,* Imago Publishing Co., Ltd.）。
松本俊彦（2010）「自殺問題から明らかになる精神科医療・精神医学の課題」『公衆衛生』74(4)，pp. 325-329。
松本俊彦ほか（2014）「心理学的剖検研究と今後の方向」『精神保健研究』60，pp. 89-96。
丸谷美紀ほか（2016）「自殺対策における保健師の NPO 等支援団体との協働方法」『日本公衆衛生雑誌』63(1)，pp. 26-35。
三海厚（2010）「"地域"というセーフティネット――東京都足立区　いのちを守る"地域"での『生きる支援』求められる自治体現場の自殺対策」『ガバナンス』(108)，pp. 102-104。
本橋豊（2003）「公衆衛生と自殺――予防のアプローチ」『公衆衛生』67(9)，pp. 659-663。

本橋豊（2006b）「自殺予防対策とうつ病への対応——秋田県の取組み」『医学のあゆみ』219(13)，pp. 1087-1092。

森裕城（2010）「団体——行政関係の諸相」辻中豊・森裕城編著『現代社会集団の政治機能——利益団体と市民社会』木鐸社，pp. 135-155。

森山花鈴（2016）「自殺対策における官民学の役割」『アカデミア』(11)，pp. 59-87。

柳至（2012）「自治体病院事業はどのようにして廃止されたか」『公共政策研究』12，pp. 48-60。

山下格（2004）「わが国の精神医学・医療の歴史と今後の展望——臨床精神医学の立場から」『精神神経学雑誌』106(9)，pp. 1130-1134。

山田光彦・稲垣正俊（2010）「わが国における自殺予防に関する政策」『臨床精神医学』39(11)，pp. 1387-1393。

山本英弘（2010）「市区町村職員のガバナンス意識」辻中豊・伊藤修一郎編著『ローカル・ガバナンス——地方政府と市民社会』木鐸社，pp. 167-187。

山元公平（2006）「自殺を生み出す社会——統計からみえる現実」山元公平・高原正興・佐々木嬉代三編著『社会病理のリアリティ』学文社，pp. 35-61。

山谷清志（2012b）「政策終了と政策評価制度」『公共政策研究』(12)，pp. 61-73。

山谷清志（2012c）「政策過程における府省『審議会』の役割」『評価クオータリー』(20)，pp. 2-17。

吉川武彦（1989）「いわゆる中年自殺の動向とこれからの地域精神保健活動」『こころの健康』4(2)，pp. 53-66。

吉川武彦（2005）「わが国における自殺学の，いま」『こころの健康』20(2)，pp. 18-21。

若尾信也（2003）「ガバナンス時代におけるNGO・NPO」岩崎正洋ほか編著『政策とガバナンス』東海大学出版会，pp. 145-162。

渡辺富雄（1959）「自殺行動に関する研究——監察医務より見た自殺の種々相」『日本法医学雑誌』13(1)，pp. 1-33。

渡邉直樹ほか（2003）「高齢者自殺予防への介入——秋田県由利町の活動にみる地域診断と活動計画」大山博史編著『医療・保健・福祉の連携による高齢者自殺予防マニュアル』診断と治療社，pp. 130-142。

渡邉直樹（2008）「自治体による自殺対策の取り組み——青森県における先駆的事例より」大野裕監修『メンタルヘルスとソーシャルワークによる自殺対策』相川書房，pp. 85-96。

Azayem, G.A. & Hedayat-Diba, Z. (1994) "The Psychological Aspects of Islam；Basic Principles of Islam and Their Psychological Corollary," *The International Journal for the Psychology of Religion*, Vol. 4, No. 1, pp. 41-50.

Bardach, E. (1976) "Policy Termination as a Political Process," *Policy Sciences*, Vol. 7, No. 2, pp. 123-131.

Bertolote, J. M. & Fleischmann, A. (2002) "A global perspective in the epidemiology of suicide," *Suicidologi*, Oslo, Vol. 7, No. 2, pp. 6-8.

Child, C. D. & Gronbjerg, K. A. (2007) "Nonprofit Advocacy Organizations: Their Characteristics and Activities," *Social Science Quarterly*, Vol. 88, No. 1, pp. 259-281.

DeLeon, P. (1978) "Public Policy Termination: An End and a Beginning," *Policy Analysis*, Vol. 4, No. 3, pp. 369-392.

DeLeon, P. (1983) "Policy Evaluation and Program Termination," *Policy Studies Review*, Vol. 2, No. 4, pp. 631-647.

Frantz, J. E. (1992) "Reviving and revising a termination model," *Policy Sciences*, 25, pp. 175-189.

Gearing, R. E. & Lizardi, D. (2009) "Religion and Suicide," *J Relig Health*, No. 48, pp. 332-341.

Ineichen, B. (1998) "The influence of religion on the suicide rate; Islam and Hinduism compared," *Mental Health, Religion & Culture*, Vol. 1, No. 1, pp. 31-36.

Jenkins, C. J. (2006) "Nonprofit Organizations and Political Advocacy," Powell, W. W. and Steinberg, R. *The Nonprofit Sector: A Research Handbook, 2nd ed.* Yale University Press, pp. 307-332.

Kamal, Z. & Loewenthal, K.M. (2002) "Suicide beliefs and behavior among young Muslims and Hindus in the UK," *Mental Health, Religion & Culture*, Vol. 5, No. 2, pp. 111-118.

Kitanaka, J. (2008) "Diagnosing Suicides of Resolve: Psychiatric Practice in Contemporary Japan," *Cult Med Psychiatry*, 32, pp. 152-176.

Lasswell, H. D. (1970) "The Emerging Conception of the Policy Sciences," *Policy Sciences*, Vol. 1, No. 1, pp. 3-14.

Lester, D. (2006) "Suicide and Islam," *Archives of Suicide Research*, Vol. 10, No. 1, pp. 77-97.

Lester, D. & Akande, A. (2001) "Attitudes About Suicide Among the Yoruba of Nigeria," *The Journal of Social Psychology*, Vol. 134, No. 6, pp. 851-853.

Ross, H. M. (2001) "Islamic Tradition at The End of Life," *MEDSURG Nursing*, Vol. 10, No. 2, pp. 83-87.

Shah, A. & Chandia, M. (2010) "The relationship between suicide and Islam ; a cross-

national study," *Injury&Violence*, Vol.2, No.2, pp. 93-97.
Vaughan, S. K. & Arsneault. S. (2008) "Not-for-profit Advocacy: Challenging Policy Images and Pursuing Policy Change," *Review of Policy Research*, Vol. 25, No. 5, pp. 411-428.
Verschuere, B. & Corte, J. D. (2015) "Nonprofit Advocacy Under a Third-Party Government Regime: Cooperation or Conflict?," *Voluntas*, 26, pp. 222-241.
World Health Organization (1993) *Guidelines for the primary prevention of mental, neurological and psychosocial disorders*, WHO Press.
World Health Organization (2006) *Preventing Suicide: A Resource For Counsellors*, Geneve; WHO Press.
Yoshioka, T. (2014) "Representational Roles of Nonprofit Advocacy Organizations in the United States," *Voluntas*, Vol. 25, pp. 1062-1090.

### 政府文書・報告書等

「自殺総合対策大綱」
2007年版（https://www.mhlw.go.jp/file/06-Seisakujouhou-12200000-Shakaiengokyoku shougaihokenfukushibu/H190608taikou.pdf）（2019年2月16日最終アクセス）。
2012年版（http://www.mhlw.go.jp/file/06-Seisakujouhou-12200000-Shakaiengokyokushougaihokenfukushibu/honbun.pdf）（2019年2月16日最終アクセス）。
2017年版（https://www.mhlw.go.jp/file/06-Seisakujouhou-12200000-Shakaiengokyoku shougaihokenfukushibu/0000172329.pdf）（2019年2月16日最終アクセス）。

「自殺対策基本法」
初版（内閣府（2007）より，資料編「資料1　自殺対策基本法（平成18年法律第85号）」参照）。
改正版（http://www.mhlw.go.jp/file/06-Seisakujouhou-12200000-Shakaiengokyokushougaihokenfukushibu/0000122062.pdf）（2019年2月16日最終アクセス）。

「内閣の重要政策に関する総合調整等に関する機能の強化のための国家行政組織法等の一部を改正する法律」（http://www.sangiin.go.jp/japanese/joho1/kousei/gian/189/pdf/s031890541890.pdf）（2019年2月16日最終アクセス）。

警察庁「自殺の概要資料」
（2013年以前：https://www.mhlw.go.jp/stf/seisakunitsuite/bunya/0000140693.html）
（2014年以降：https://www.mhlw.go.jp/stf/seisakunitsuite/bunya/hukushi_kaigo/shougaishahukushi/jisatsu//jisatsu_year.html）（いずれも2019年2月16日最終アクセス）。

厚生労働省（2004）『行政担当者のための自殺予防対策マニュアル』。
厚生労働省（2008）『自殺未遂者・自殺者親族等のケアに関する検討会報告書』。
厚生労働省（2016）『平成28年版自殺対策白書』。
厚生労働省（2017）『平成29年版自殺対策白書』。
厚生労働省（2018）『平成30年版自殺対策白書』。
厚生労働科学研究こころの健康科学研究事業（2006）『自殺の実態に基づく予防対策の推進に関する研究報告書（平成18年度）』。
厚生労働科学研究こころの健康科学研究事業（2007）『心理学的剖検データベースを活用した自殺の原因分析に関する研究報告書（平成19年度）』
厚生労働科学研究こころの健康科学研究事業（2009）『心理学的剖検データベースを活用した自殺の原因分析に関する研究報告書（平成21年度）』。
厚生労働科学研究こころの健康科学研究事業（2010）『自殺の原因分析に基づく効果的な自殺防止対策の確立に関する研究報告書（平成22年度）』。
参議院・厚生労働委員会「自殺に関する総合対策の緊急かつ効果的な推進を求める決議」（2005年7月19日 採択）（https://jssc.ncnp. go.jp/archive/old_csp/measures/ketsugi.html）（2019年2月16日最終アクセス）。
参議院・厚生労働委員会「自殺総合対策の更なる推進を求める決議」（2015年6月2日 採択）（http://www.sangiin.go.jp/japanese/gianjoho/ketsugi/189/i069_060201.pdf）（2019年2月16日最終アクセス）。
自殺総合対策会議（第6回）（2008年10月31日開催）配布資料「資料2 自殺対策加速化プラン（案）」（https://www.mhlw.go.jp/file/06-Seisakujouhou-12200000-Shakaiengokyokushougaihokenfukushibu/S-2_1.pdf）（2019年2月16日最終アクセス）。
自殺総合対策会議（第6回）（2008年10月31日開催）配布資料「参考資料2 自殺対策推進会議における主な指摘事項」（http://www.mhlw.go.jp/file/06-Seisakujouhou-12200000-Shakaiengokyokushougaihokenfukushibu/ss-2.pdf）（2019年2月16日 最終アクセス）。
自殺総合対策会議「いのちを守る自殺対策緊急プラン」（2010年2月5日決定）（https://www.mhlw.go.jp/file/06-Seisakujouhou-12200000-Shakaiengokyokushougaihokenfukushibu/hontai_1.pdf）（2019年2月16日最終アクセス）。
自殺総合対策会議「自殺対策タスクフォースの設置について」（2010年9月7日決定）（https://www.mhlw.go.jp/file/06-Seisakujouhou-12200000-Shakaiengokyokushougaihokenfukushibu/s3_2.pdf）（2019年2月16日最終アクセス）。
自殺総合対策会議「自殺対策検証評価会議の開催について」（2013年7月26日決定）（http://www.mhlw.go.jp/file/06-Seisakujouhou-12200000-Shakaiengokyokushougai

hokenfukushibu/s1_49.pdf）（2019年2月16日最終アクセス）
自殺総合対策の在り方検討会（2007）『総合的な自殺対策の推進に関する提言』。
自殺対策検証評価会議（2013）『平成25年度自殺対策検証評価会議報告書——地域自殺対策緊急強化基金・緊急強化事業』。
自殺対策検証評価会議（2015）『平成26年度自殺対策検証評価会議報告書——地域自殺対策緊急強化事業の検証を通じての国の支援の在り方』。
自殺防止対策有識者懇談会（2002）『自殺予防に向けての提言』。
自殺予防総合対策センター（2013）『都道府県・政令指定都市および市区町村における自殺対策の取組状況に関する調査報告書（平成25年度）』。
自殺予防総合対策センター（2015）『都道府県・政令指定都市および市区町村における自殺対策の取組状況に関する調査報告書（平成27年度）』。
総務省行政評価局（2005）『自殺予防に関する調査結果報告書』。
総務省行政評価局（2012a）『自殺予防対策に関する行政評価・監視結果報告書』。
総務省行政評価局（2012b）『自殺予防対策に関する行政評価・監視〈結果に基づく勧告〉』。
地域自殺対策緊急強化基金検証・評価チーム（2012）『地域自殺対策緊急強化基金検証・評価報告書』。
内閣府（2007）『平成19年版自殺対策白書』。
内閣府（2008）『平成20年版自殺対策白書』。
内閣府（2009）『平成21年版自殺対策白書』。
内閣府（2010）『平成22年版自殺対策白書』。
内閣府（2011）『平成23年版自殺対策白書』。
内閣府（2012）『平成24年版自殺対策白書』。
内閣府（2013a）『平成25年版自殺対策白書』。
内閣府（2013b）『ゲートキーパー養成研修用テキスト（第3版）』。
内閣府（2014）『平成26年版自殺対策白書』。
内閣府（2015）『平成27年版自殺対策白書』。
内閣府自殺対策推進室「現下の経済情勢を踏まえた自殺対策の推進」（2009年2月13日発表）（https://www.mhlw.go.jp/file/06-Seisakujouhou-12200000-Shakaiengokyokushougaihokenfukushibu/s5_16.pdf）（2019年2月16日最終アクセス）。
内閣府自殺対策推進室「『地域における自殺の基礎資料（速報値）』の公表について」（2009年8月5日発表）（http://warp.da.ndl.go.jp/info:ndljp/pid/9929094/www8.cao.go.jp/jisatsutaisaku/basic_data/pdf/s1.pdf）（2019年2月16日最終アクセス）。
内閣府自殺対策推進室「平成27年度自殺対策関係予算額」（2015年3月発表）（http://

www.mhlw.go.jp/file/06-Seisakujouhou-12200000-Shakaiengokyokushougaihokenfukushibu/h27-yosan_3.pdf）（2019年2月16日最終アクセス）。

鳩山由紀夫・内閣総理大臣記者会見（2009年9月16日）（http://warp.ndl.go.jp/info:ndljp/pid/1042913/www.kantei.go.jp/jp/hatoyama/statement/200909/16kaiken.html）（2019年3月9日最終アクセス）。

鳩山由紀夫・内閣総理大臣『基本方針』全文（2009年9月16日）（http://www.kantei.go.jp/jp/tyokan/hatoyama/2009/0916siryou1.pdf）（2019年2月16日最終アクセス）。

鳩山由紀夫・内閣総理大臣所信表明演説（2009年10月26日）（http://warp.ndl.go.jp/info:ndljp/pid/1042913/www.kantei.go.jp/jp/hatoyama/statement/200910/26syosin.html）（2019年3月9日最終アクセス）。

文部科学省・児童生徒の自殺予防に関する調査研究協力者会議（2014）『子供に伝えたい自殺予防――学校における自殺予防教育導入の手引』。

### 会議議事録・資料等

足立区「1999年第3回足立区議会定例会」議事録（第3号）（1999年9月24日）。
足立区「2012年第1回足立区議会定例会」議事録（第1号）（2012年2月22日）。
足立区「2012年第2回足立区議会定例会」議事録（第2号）（2012年6月13日）。
足立区「2012年第2回足立区議会定例会」議事録（第3号）（2012年6月14日）。
足立区「2012年第3回足立区議会定例会」議事録（第2号）（2012年9月24日）。
足立区「2012年第4回足立区議会定例会」議事録（第1号）（2012年12月6日）。
足立区「2012年決算特別委員会」議事録（06号）（2012年10月11日）。
足立区「2013年生活保護・高齢者生きがい対策調査特別委員会」議事録（第1号）（2013年12月18日）。
足立区「ゲートキーパー手帳（第3版）」（http://www.city.adachi.tokyo.jp/kokoro/fukushi-kenko/kenko/documents/gktechou.pdf）（2019年2月16日最終アクセス）。
足立区「つなぐシート（改訂版）」（https://www.city.adachi.tokyo.jp/kokoro/fukushi-kenko/kenko/documents/tsunagu.pdf）（2019年2月16日最終アクセス）。
足立区・ライフリンク『足立区生きる支援のネットワーク構築（自殺総合対策推進）事業に関する協定書』（2009年5月26日締結）。
足立区衛生部衛生管理課・足立保健所健康推進課（2009）『平成21年度 足立区こころといのちの相談支援事業 取組報告書』。
足立区長定例記者会見 配布資料「こころといのちの相談支援事業（自殺対策）」（2009年9月15日 開催）（http://www.city.adachi.tokyo.jp/hisho/ku/kucho/documents/090915_interview.pdf）（2019年2月16日最終アクセス）。

参考文献

足立区役所（2004）『足立区基本構想』。
足立区役所（2009a）『定員適正化指針（第二次）』。
足立区役所（2009b）「こころといのち相談支援ネットワーク連絡会（第1回）」（2009年10月1日開催）配布資料（情報公開請求に基づき取得。未公刊）。
足立区役所（2010a）「〈事例紹介13〉足立区の『徴収嘱託員向けゲートキーパー研修』」内閣府『平成22年版　自殺対策白書』。
足立区役所（2010b）『平成22年足立区こころといのちの相談支援事業実績報告書』。
足立区役所（2011a）『平成23年足立区こころといのちの相談支援事業実績報告書』。
足立区役所（2011b）「こころといのち相談支援ネットワーク会議（第1回）」（2011年8月2日開催）配布資料（情報公開請求に基づき取得。未公刊）。
足立区役所（2012a）『平成24年足立区こころといのちの相談支援事業実績報告書』。
足立区役所（2012b）「職員向けゲートキーパー研修」配布資料，参加職員へのアンケート結果（情報公開請求に基づき取得。未公刊）。
足立区役所（2013a）『平成25年足立区こころといのちの相談支援事業実績報告書』。
足立区役所（2013b）『確かな明日のために――今，さらなる挑戦（平成25年度予算編成のあらまし）』。
足立区役所（2013c）『あだち広報』第1675号（2013年12月25日発行）。
足立区役所（2013d）「職員向けゲートキーパー研修」配布資料，参加職員へのアンケート結果（情報公開請求に基づき取得。未公刊）。
足立区役所・衛生部『事業概要』（1992～2012各年分）。
NPO法人 自殺対策支援センター ライフリンク「自殺"緊急"対策シンポジウム『自死遺族支援に向けて――遺族会のつながりを！』」案内文（2005年2月20日開催）（http://www.lifelink.or.jp/hp/Library/news20050207.html）（2019年2月16日 最終アクセス）。
NPO法人 自殺対策支援センター ライフリンク「配布資料2　日本の自殺対策に，今なぜ改革が必要か」（於：自殺総合対策の更なる推進を求める院内集会）（2015年5月13日開催）。
NPO法人 自殺対策支援センター ライフリンク「配布資料　自殺対策改革の全体設計」（於：日本自殺総合対策学会フォーラム2016　緊急検証　自殺対策基本法の改正で何が変わるか）（2016年3月19日開催）。
川崎政司「配布資料　自殺対策基本法の改正について――その主なポイント」（於：日本自殺総合対策学会フォーラム2016　緊急検証　自殺対策基本法の改正で何が変わるか）（2016年3月19日開催）。
健康あだち21会議・足立区（2002）『みんなでつくる健康あだち21行動計画』。

厚生労働省「厚生労働省における自殺対策の動向」(2009年7月24日提出)(https://jssc.ncnp. go.jp/archive/old_csp/090724/02.pdf) (2019年2月16日最終アクセス)。

厚生労働省「自殺予防総合対策センターの業務の在り方等に関する検討チーム　開催要綱」(http://www.mhlw.go.jp/file/05-Shingikai-12201000-Shakaiengokyokushougai hokenfukushibu-Kikakuka/0000086205.pdf) (2019年2月16日最終アクセス)。

参議院・厚生労働委員会　議事録（第156回国会（2003年6月10日）（第21号））。
参議院・厚生労働委員会　議事録（第162回国会（2005年2月24日）（第1号））。
参議院・厚生労働委員会　議事録（第162回国会（2005年3月31日）（第10号））。
参議院・厚生労働委員会　議事録（第162回国会（2005年4月28日）（第18号））。
参議院・厚生労働委員会　議事録（第162回国会（2005年7月19日）（第31号））。
参議院・厚生労働委員会　議事録（第189回国会（2015年6月2日）（第16号））。
参議院・厚生労働委員会　議事録（第190回国会（2016年2月18日）（第1号））。
参議院・内閣委員会　議事録（第164回国会（2006年3月16日）（第3号））。
参議院・内閣委員会　議事録（第170回国会（2008年11月20日）（第2号））。
参議院・内閣委員会　議事録（第171回国会（2009年3月24日）（第3号））。
参議院・内閣委員会　議事録（第173回国会（2009年11月19日）（第2号））。

自殺総合対策の在り方検討会（第6回）(2007年3月9日開催) 配布資料「参考2　委員から提出された追加意見」(https://www.mhlw.go.jp/file/06-Seisakujouhou-12200000-Shakaiengokyokushougaihokenfukushibu/sn-2_2.pdf) (2019年2月16日最終アクセス)。

自殺総合対策の在り方検討会（第6回）(2007年3月9日開催) 配布資料「自殺総合対策の在り方検討会の取りまとめ方針（骨子）」(https://www.mhlw.go.jp/file/06-Seisakujouhou-12200000-Shakaiengokyokushougaihokenfukushibu/s-3_7.pdf) (2019年2月16日最終アクセス)。

自殺総合対策の在り方検討会　議事録（第1回）(2006年11月28日開催) (https://www.mhlw.go.jp/file/06-Seisakujouhou-12200000-Shakaiengokyokushougaihokenfukushibu/gi1_5.pdf) (2019年2月16日最終アクセス)。

自殺総合対策の在り方検討会　議事録（第3回）(2007年1月19日開催) (https://www.mhlw.go.jp/file/06-Seisakujouhou-12200000-Shakaiengokyokushougaihokenfukushibu/gi3_5.pdf) (2019年2月16日最終アクセス)。

自殺総合対策の在り方検討会　議事録（第5回）(2007年2月23日開催) (https://www.mhlw.go.jp/file/06-Seisakujouhou-12200000-Shakaiengokyokushougaihokenfukushibu/gi5_5.pdf) (2019年2月16日最終アクセス)。

自殺総合対策の在り方検討会　議事録（第6回）(2007年3月9日開催) (https://

参考文献

www.mhlw.go.jp/file/06-Seisakujouhou-12200000-Shakaiengokyokushougaihokenfukushibu/gi6_5.pdf）（2019年2月16日最終アクセス）。

自殺対策関係省庁連絡会議「自殺予防に向けての政府の総合的な対策について」（2005年12月26日公表）（https://www.mhlw.go.jp/file/06-Seisakujouhou-12200000-Shakaiengokyokushougaihokenfukushibu/sn1-1.pdf）（2019年2月16日最終アクセス）。

自殺対策官民連携協働会議　議事録（第1回）（2013年9月3日開催）（http://www.mhlw.go.jp/file/06-Seisakujouhou-12200000-Shakaiengokyokushougaihokenfukushibu/gijiroku_26.pdf）（2019年2月16日最終アクセス）。

自殺対策官民連携協働会議　議事録（第2回）（2014年2月4日開催）（http://www.mhlw.go.jp/file/06-Seisakujouhou-12200000-Shakaiengokyokushougaihokenfukushibu/gijiroku_25.pdf）（2019年2月16日最終アクセス）。

自殺対策官民連携協働会議　議事録（第3回）（2014年6月30日開催）（http://www.mhlw.go.jp/file/06-Seisakujouhou-12200000-Shakaiengokyokushougaihokenfukushibu/gijiroku_24.pdf）（2019年2月16日最終アクセス）。

自殺対策官民連携協働会議　議事録（第4回）（2015年2月3日開催）（http://www.mhlw.go.jp/file/06-Seisakujouhou-12200000-Shakaiengokyokushougaihokenfukushibu/gijiroku_23.pdf）（2019年2月16日最終アクセス）。

自殺対策緊急戦略チーム「自殺対策100日プラン」（2009年11月27日発表）（https://www.mhlw.go.jp/file/06-Seisakujouhou-12200000-Shakaiengokyokushougaihokenfukushibu/p1_3.pdf）（2019年2月16日最終アクセス）。

自殺対策検証評価会議　議事録（第1回）（2013年8月1日開催）（http://www.mhlw.go.jp/file/06-Seisakujouhou-12200000-Shakaiengokyokushougaihokenfukushibu/gijiroku_33.pdf）（2019年2月16日最終アクセス）。

自殺対策推進会議　議事録（第1回）（2008年2月12日開催）（https://www.mhlw.go.jp/file/06-Seisakujouhou-12200000-Shakaiengokyokushougaihokenfukushibu/gi1_3.pdf）（2019年2月16日最終アクセス）。

自殺対策推進会議　議事録（第2回）（2008年4月11日開催）（https://www.mhlw.go.jp/file/06-Seisakujouhou-12200000-Shakaiengokyokushougaihokenfukushibu/gi2_3.pdf）（2019年2月16日最終アクセス）。

自殺対策推進会議　議事録（第5回）（2008年9月9日開催）（https://www.mhlw.go.jp/file/06-Seisakujouhou-12200000-Shakaiengokyokushougaihokenfukushibu/gi5_3.pdf）（2019年2月16日最終アクセス）。

自殺対策推進会議　議事録（第9回）（2010年1月28日開催）（https://www.mhlw.go.jp/file/06-Seisakujouhou-12200000-Shakaiengokyokushougaihokenfukushibu/

gi9_1.pdf）（2019年2月16日最終アクセス）。

自殺対策推進会議　議事録（第10回）（2010年6月22日開催）（https://www.mhlw.go.jp/file/06-Seisakujouhou-12200000-Shakaiengokyokushougaihokenfukushibu/gi10_1.pdf）（2019年2月16日最終アクセス）。

自殺対策全国民間ネットワーク・自殺のない社会づくり市区町村会「自殺総合対策の更なる推進を求める要望書」（2015年5月13日提出）（http://www.lifelink.or.jp/hp/Library/150513_1.pdf）（2019年2月16日最終アクセス）。

自殺対策を考える議員有志の会「自殺緊急対策に関する要望書」（2008年12月18日提出）（http://www.lifelink.or.jp/hp/Library/081218_demand.pdf）（2019年2月16日最終アクセス）。

自殺未遂者・自殺者親族等のケアに関する検討会　議事録（第2回）（2007年2月13日開催）（http://www.mhlw.go.jp/shingi/2007/02/txt/s0213-1.txt）（2019年2月16日最終アクセス）。

自殺予防総合対策センター「配布資料　自殺予防総合対策センターの業務について」（於：自殺対策ネットワーク協議会）（2007年12月20日開催）（https://jssc.ncnp.go.jp/archive/old_csp/071220/05.pdf）（2019年2月16日最終アクセス）。

自殺予防総合対策センター「各都道府県における自殺の概要（平成16年～平成18年）」（https://jssc.ncnp. go.jp/archive/old_csp/toukei1618.html）（2019年2月16日最終アクセス）。

自殺予防総合対策センターの在り方等に関する検討チーム「自殺予防総合対策センターの今後の業務の在り方について」（2015年6月30日発表）（http://www.mhlw.go.jp/file/05-Shingikai-12201000-Shakaiengokyokushougaihokenfukushibu-Kikakuka/0000091404.pdf）（2019年2月16日最終アクセス）。

自殺予防総合対策センターの業務の在り方等に関する検討会（第1回）（2015年5月8日開催）「配布資料　検討の視点（案）」（http://www.mhlw.go.jp/file/05-Shingikai-12201000-Shakaiengokyokushougaihokenfukushibu-Kikakuka/0000086206.pdf）（2019年2月16日最終アクセス）。

自殺予防総合対策センターの業務の在り方等に関する検討会　議事録（第1回）（2015年5月8日開催）（http://www.mhlw.go.jp/file/05-Shingikai-12201000-Shakaiengokyokushougaihokenfukushibu-Kikakuka/0000089455.pdf）（2019年2月16日最終アクセス）。

自殺予防総合対策センターの業務の在り方等に関する検討会　議事録（第2回）（2015年5月27日開催）（http://www.mhlw.go.jp/file/05-Shingikai-12201000-Shakaiengokyokushougaihokenfukushibu-Kikakuka/0000090113.pdf）（2019年2月16日最終ア

クセス)。
自殺予防総合対策センターの業務の在り方等に関する検討会　議事録（第3回）（2015年6月9日開催）(http://www.mhlw.go.jp/file/05-Shingikai-12201000-Shakaiengokyokushougaihokenfukushibu-Kikakuka/0000090116.pdf)（2019年2月16日最終アクセス）。
衆議院・国家基本政策委員会合同審査会　議事録（第155回国会（2002年11月6日）（第2号））。
東京都福祉保健局（2013）『平成24年度年報』(http://www.fukushihoken.metro.tokyo.jp/kiban/chosa_tokei/nenpou/2012.files/24fukushi06.pdf)（2019年2月16日最終アクセス）。
「内閣官房及び内閣府の業務の見直しについて」（2015年1月27日閣議決定）(http://www.kantei.go.jp/jp/kakugikettei/2015/__icsFiles/afieldfile/2015/01/27/minaoshi.pdf)（2019年2月16日最終アクセス）。

## ウェブサイト等

足立区「気づくつながるいのちを守る——足立区が取り組む『生きる支援』」（事業CM）(https://www.youtube.com/embed/k3UHXT9kzDs)（2019年2月16日最終アクセス）。
足立区長『区長のあだちな毎日』（ブログ）(https://www.city.adachi.tokyo.jp/ku/kucho/mainichi/index.html)（2019年2月16日最終アクセス）。
足立区役所「こころの健康・自殺対策」(https://www.city.adachi.tokyo.jp/kokoro/fukushi-kenko/kenko/kokoro.html)（2019年2月16日最終アクセス）。
足立区役所「未来へつなぐあだちプロジェクト」(https://www.city.adachi.tokyo.jp/sesaku/miraihetunaguadachipurojekuto.html)（2019年2月16日最終アクセス）。
一般社団法人 日本いのちの電話連盟 (https://www.inochinodenwa.org/index.html)（2019年2月16日最終アクセス）。
一般財団法人 日本聖書協会「聖書本文検索」(http://www.bible.or.jp/read/vers_search.html)（2019年2月16日最終アクセス）。
NHK『自殺と向き合う』「自治体の自殺対策について考える——東京・足立区の取り組みから」(http://www.nhk.or.jp/heart-net/mukiau/shirou11.html)（2014年4月2日最終アクセス。2019年2月16日現在リンク切れ）。
NPO法人 自殺対策支援センター ライフリンク (http://www.lifelink.or.jp/hp/top.html)（2019年2月16日最終アクセス）。
健康日本21 (http://www.kenkounippon21.gr.jp)（2019年2月16日最終アクセス）。

厚生労働省「『ゲートキーパー』とは？」（https://www.mhlw.go.jp/stf/seisakunitsuite/bunya/0000128768.html）（2019年2月16日最終アクセス）

厚生労働省「自殺対策関係予算」（http://www.mhlw.go.jp/stf/seisakunitsuite/bunya/0000133838.html）（2019年2月16日最終アクセス）。

厚生労働省「自殺対策検証評価会議」（http://www.mhlw.go.jp/stf/seisakunitsuite/bunya/0000134162.html）（2019年2月16日最終アクセス）。

厚生労働省「自殺の統計：地域における自殺の基礎資料」（https://www.mhlw.go.jp/stf/seisakunitsuite/bunya/0000140901.html）（2019年2月16日最終アクセス）。

厚生労働省「地域自殺対策緊急強化基金」（https://www.mhlw.go.jp/stf/seisakunitsuite/bunya/0000134741.html）（2019年2月16日最終アクセス）。

Samaritans（http://www.samaritans.org）（2019年2月16日最終アクセス）。

自殺総合対策会議（http://www.kantei.go.jp/jp/singi/jisatu）（2019年2月16日最終アクセス）。

自殺対策全国民間ネットワーク（http://network.suicideprevention.jp）（2019年2月16日最終アクセス）。

自殺対策を推進する議員の会（http://www.suicidepreventiongiren.com）（2019年2月16日最終アクセス）。

自殺のない社会づくり市区町村会（http://localgov.lifelink.or.jp/index.html）（2019年2月16日最終アクセス）。

自殺予防総合対策センター（https://jssc.ncnp.go.jp/archive/old_csp/old_index.html）（2019年2月16日最終アクセス）。

自殺予防総合対策センター「自殺予防と遺族支援のための基礎調査」（https://jssc.ncnp.go.jp/archive/old_csp/kisochousa/seika.html）（2019年2月16日最終アクセス）。

清水康之「『自殺対策の法制化を求める3万人署名』にご参加いただいたみなさまへ」（http://www.lifelink.or.jp/hp/syomei.html#0603）（2019年2月16日最終アクセス）。

清水康之「『3万人署名』から法制化へのご報告」（http://www.lifelink.or.jp/hp/syomei.html#0621）（2019年2月16日最終アクセス）。

清水康之「『つながり』の勝利」（http://www.lifelink.or.jp/hp/syomei_omou.html#tsunagari）（2019年2月16日最終アクセス）。

社会福祉法人　いのちの電話（http://www.indt.jp/index.html）（2019年2月16日最終アクセス）。

全国自死遺族総合支援センター（http://www.izoku-center.or.jp/index.html）（2019年2月16日最終アクセス）。

高木美和「大好きなお父さんに報告」(http://www.lifelink.or.jp/hp/syomei_omou.html#takagi)（2019年2月16日最終アクセス）。
NAOKI SUZUKI OFFICIAL SITE『世界を変える種まき』(http://nanatsukaze.jp)（2019年2月16日最終アクセス）。
南部節子「自死で家族を亡くした経験から伝えたいこと」（NPO法人　自殺防止ネットワーク風「自死遺族支援のためのシンポジウム――支援のための提言（2013年11月9日開催）」(http://www.soudannet-kaze.jp/sympo2/8.htm)（2019年2月16日最終アクセス）。
南部節子「これぞご近所の底力」(http://www.lifelink.or.jp/hp/syomei_furikaeri.html#chikara)（2019年2月16日最終アクセス）。
Lifeline（https://www.lifeline.org.au）（2019年2月16日最終アクセス）。

### 新聞記事

朝日新聞「孤独なあなたの話相手にいのちの電話――東京ルーテルセンター」（1971年7月13日東京朝刊・17面）。
朝日新聞「多い自殺者　美濃部さん"都会の孤独"を救って　新しい都市問題　行政の配慮望む　『いのちを守る』2団体が援助申入　男女問題・ノイローゼ　夫婦・家族のこじれも」（1971年11月7日東京朝刊・24面）。
朝日新聞「自殺で親を失った大学生ら，小泉首相に自殺防止対策訴え」（2001年12月4日東京朝刊・34面）。
朝日新聞「自殺者遺族ら，支援・連携訴え　東京でシンポジウム」（2005年02月21日東京朝刊・38面）。
朝日新聞「学用品や給食費の就学援助，4年で4割増――東京・大阪，4人に1人」（2006年1月3日東京朝刊・1面）。
朝日新聞「自殺減，データ分析から――先進地・足立区，『総合相談会』が効果」（2016年2月16日東京朝刊・3面）。
日本経済新聞「『自殺』→『自死』，言い換え相次ぐ，自治体，遺族感情に配慮，『現実隠す』懸念も。」（2014年3月10日東京夕刊・12面）。
毎日新聞「父親が自殺した悲しみ，私たちを最後に――小泉首相に防止策訴え，7人が実名会見」（2001年12月4日東京朝刊・27面）。
毎日新聞「自殺：対策『緊急』シンポジウム開催――都内」（2005年2月21日東京朝刊・30面）。
毎日新聞「自殺対策：改正法成立――自治体に計画義務付け　地域データを分析」（2016年3月23日東京朝刊・31面）。

読売新聞「自殺者遺族,支え合う輪『独りぼっちじゃない』」(2005年2月21日東京朝刊・39面)。

# あとがき

「なぜ，自殺の問題について研究しようと思ったのですか？」

　いままでにさまざまな人から，幾度となく投げかけられた問いである。自殺問題をテーマに筆者が本格的に研究を始めたのは，修士課程に進学した2000年代半ばのことであるが，当初からこの問題に対して強い関心を抱いていたわけでは決してなかった。筆者にとっての関心は，よく生きるとはどういうことか，よく生きるためにはどうすればよいのか，ということであり，この疑問は筆者にとって，気づけばいつもとなりにある身近なものだった。しかし，これでは問いとしてあまりに漠然としており，この問いを社会科学の研究として成立させるのはきわめて困難であろうことが，容易に想像できた。そこで指導教授からの勧めもあり，自殺問題を研究テーマに選択したのであるが，正直にいうと，その当時は一生をかけて取り組んでいくテーマになるとは想像もしていなかった。しかし「はしがき」でも書いた通り，いまではこの問題は，人としての生き方や社会のあり方を考えるうえでの，きわめて重要なテーマであり，かつ，絶好の切り口だと感じている。

　もちろん，このような考えに至るまでには，いろいろな紆余曲折があった。修士課程に進学した頃の具体的な課題は，その当時から自殺率がきわめて低いことで知られていたイスラーム教徒を対象に調査等を行い，彼らの自殺の抑制要因を明らかにすることで，効果的な自殺予防策を考えるというものであった。イスラーム教徒の自殺抑制要因については，補章においても論じたように，その一端は明らかにできたと考えているが，それをもとに効果的な予防策を考えるというところまでは到底至らなかった。そのため修士課程修了後に3年間勤めていた会社を辞めて，2011年春に日本の自殺問題とその対策について本格的に研究をしようと博士課程へと戻ってきたのであるが，そこでの最初の難関は調査先の開拓であった。そもそも誰に何を調査すればよいのか。調査に協力し

てくれる団体や関係者は本当にいるのか。折しも東日本大震災が発生し，先の見えない不安を抱えながら，まさに手探りの状態で博士課程での研究生活をスタートさせたことを覚えている。

　そんな不安な気持ちを抱えて弱気になっていた筆者を，温かく叱咤激励し，日本の自殺対策の現場へと送り出してくださったのが，学部生の頃から長きにわたって指導をいただいてきた奥田敦先生であった。現場へと足を運び，問題の実相を捉えることの大切さを説く奥田先生がいなければ，筆者の研究がこうした形で日の目を見ることは決してなかっただろう。自殺対策のさまざまな現場に通い，現場での活動に多くの時間を割く中で，さまざまなアクターとの関係構築は少しずつ進んでいったが，肝心の研究は遅々として進まなかった。それは，現場で活動している人々の思いを知れば知るほど，どこまで何を書けばよいのかという迷いが浮かんできて（というのを半ば言い訳に），筆がなかなか進まなかったからである。ご迷惑とご心配をおかけし通しの，どうしようもない学生だったと思う。しかし奥田先生は，筆者のそうした思いを温かく受け止めてくださり，そのうえで研究のよい面を引き出そうと，常に深い愛情をもって熱心に指導してくださった。条件付きの形ではなくありのままの相手と向き合い，受け入れ，尊重し，愛情を注ぐ。そのように自分を受け止めてくれる相手がいることが，つらい時や苦しい時，なによりも生きるうえでの支えとなることを，自殺対策の研究と活動をしている筆者に，奥田先生は身をもって教えてくださった。奥田先生にそのように指導をいただけたからこそ，このような形で研究を進めることも，またイスラームを自分の人生の指針にするという選択もできたのだと思う。奥田先生より，学部時代から教えていただいたすべてのことを，これからは筆者自身が少しずつでも実践していけるよう，日々努力していきたい。

　また，博士論文の副査を引き受けてくださった濱田庸子先生，渡辺利夫先生，清水唯一朗先生にも，心から御礼を申し上げたい。濱田庸子先生は，実際に自殺の危険と日々向き合う臨床家として，豊富なご経験をもとに，筆者の研究を指導してくださった。博士課程に入学後，筆者自身が電話相談を受ける中で精神的に苦しい時期もあったが，それでも活動や研究をこうして続けられている

のは，ひとえに濱田先生のおかげである．研究面のみならず，そうした苦しい気持ちを受け止めてくださる濱田先生の存在は，筆者にとっての大きな支えであった．

　日々の雑事に追われ研究が停滞しがちであった筆者を，常に気にかけてくださったのは渡辺利夫先生である．折々で研究の進捗状況をたずねられるたびに，かんばしいご報告ができずに心苦しく感じることも多かったが，そうした中でも常に笑顔で，筆者の研究の行方を見守ってくださった．公聴会の実施直前，極度の緊張状態にあった時も，渡辺先生は笑顔で大丈夫だと励ましてくださった．あの発表にはいまでも反省しかなく，思い出すと顔から火が出るほど恥ずかしいが，それでもなんとか合格できたのは，渡辺先生の励ましで幾分かリラックスして発表に臨めたからだと強く思う．

　自殺対策の公共政策の研究をしているにもかかわらず，博士課程も3年を過ぎた段階になって，ようやく公共政策や政治学等の文献を読み始めるという非常識で向こう見ずな学生だった筆者を，それでも辛抱強く熱心に指導してくださったのが清水唯一朗先生である．恥ずかしながら政治や政策に関する知識がほぼ皆無だった中で，筆者がこの研究を最終的になんとか完成できたのは，清水先生が政策研究の基礎の基礎から丁寧に教えてくださったからにほかならない．清水先生にご指導いただけたからこそ，筆者は政治を，永田町や霞ヶ関におけるやりとりに限ったものとしてでなく，私たちの日々の生活と不可分なものとして捉えることができるようになったのである．そもそも清水先生が筆者の学位論文を出版社に紹介し推薦してくださらなければ，こうして書籍化して世に送り出すことも不可能だった．このような貴重な機会をいただけたことに，あらためて心から感謝申し上げたい．

　本書は，自殺対策の現場で日々活動に取り組む皆さんの，温かいご協力とご厚意なくしては完成し得なかった．とくにNPO法人自殺対策支援センターライフリンクの清水康之代表には，心より御礼を申し上げたい．国の会議や対策業務等で常にご多用であるにもかかわらず，快くインタビューに応じてくださり，いろいろな情報を惜しみなく提供してくださった．そのご厚意を仇で返す

かのような議論を，時に本書の中で展開してきたことには申し訳ない気持ちもあるが，それでも清水さんは，事実の細かな確認まで含め丁寧に論文を読んでくださり，有益なご指摘を多々くださった。本当に頭が上がらない。これからは対策の現場で，その器の大きさも含めてさまざまなことを学ばせていただくと共に，より良い社会をつくっていけるように努力したい。

足立区でも，さまざまな方に本当にお世話になった。とくに馬場優子課長には，貴重なお話を直接うかがう機会を何度もいただいた。それまで自殺対策といわれると，どこか生の人間くささを感じられない冷たい印象を抱いていたが，その印象が大きく変わったのは，足立区で業務にたずさわった経験が大きい。自殺の危機を抱えた人たちは当然ながら地域で暮らしており，その地域をいかに良くしていくかが重要であることを，足立区の職員の皆さんにはさまざまな場面で教えていただいた。そのことは足立区の取組について論じるうえではもちろんのこと，国による対策全体を検討する際にも，大変に大きな示唆を与えてくれた。

いのちの電話の関係者の方々からも，調査に対して大変なご配慮と温かいご協力をいただいた。とくに齋藤友紀雄先生と林義子シスターには，団体設立当初のお話を幾度となく聞かせていただくなど，たいへん貴重な機会をいただいた。お二人の，神に対する深い愛と確かな信仰に裏打ちされた，強い問題意識や献身的な活動のお話を伺うたびに，信仰とはまさに実践であると感じ，信仰を持つ人間として，筆者は毎回襟を正される思いであった。そうした機会をいただけたことは，研究者としてのみならず，信仰者としてもたいへん幸運なことであったと強く思う。

他にも対策の現場で出会ったさまざまな方々に，惜しみない協力をいただいた。紙面の都合上，ここですべての方のお名前を上げられないことが，心苦しい限りである。皆さんに教えていただいたことを大切にしながら，今後も引き続き研究と活動に真摯に取り組んでいきたい。

また，博士課程の同期の友人や同じ研究室の仲間たちにも，さまざまな形でお世話になった。とくに研究室の仲間である植村さおりさんには，筆者が精神的につらい時，その笑顔とやさしさで何度も支えてもらった。彼女がいなけれ

あとがき

ば，恐らく大学院での研究生活を無事に終えることはできなかったと思う。その意味でも，この研究が形になったのは彼女がいてくれたからだと，心から感謝している。

　本書の出版に際しては，ミネルヴァ書房の田引勝二さんをはじめ編集部の皆さんに本当にお世話になった。初めてのことばかりで右も左もわからず，多々ご迷惑をおかけしたことと思うが，いつもたいへん丁寧で有益なご示唆をいただいた。そのおかげで，本書をなんとか世に送り出すことができたのだと強く思う。記して心より感謝申し上げたい。

　また，出版に際しては慶應義塾大学湘南藤沢学会より，「博士論文出版助成」を通じて多大なるご支援をいただいた。記して感謝申し上げたい。

　このように本書の出版に際しては，さまざまな方から多くの温かいご指導やご支援をいただいてきたが，本書の未熟な部分や議論の詰めの甘い部分についての責は，当然ながらすべて筆者にある。

　最後に，筆者のすべての選択を受け入れ，信じて，応援してくれた父と母，そしてだれよりも夫と息子に対し，心からの愛と感謝とともに本書を捧げたい。仕事が休みの週末も執筆にかかりきりで，妻としても母としてもその役割をなかなか果たせず，申し訳なく思う時もあった。しかし二人がいてくれたからこそ，私たちの生きるこの社会をよりよいものにしたいという強い思いを原動力として，迷うことなく執筆に力を注ぐことができた。まだいまは言葉もほとんど話せない幼い息子であるが，彼が成長した時に，なかなかよい社会だなと感じてもらえる社会を築いていけるよう，これからも研究と活動を続けていきたい。

　なお，本書は慶應義塾大学大学院政策・メディア研究科に提出した博士学位論文をもとに，加筆・修正を行ったものである。また，各章には既刊論文を手直しした内容が含まれている。各論文を査読していただいた多くの先生方に，記して心から感謝申し上げたい。

　第3章「自殺対策基本法制定後の政策過程──ライフリンクによる政策提言
　　が与えた影響とその源泉」(『ノンプロフィット・レビュー』第17巻第1号，

pp. 11-22, 2017年)

第4章「地方自治体における自殺対策の成果と課題――東京都足立区を事例に」(『自治体学』第30巻第1号, pp. 58-63, 2016年)

補章「イスラーム教徒の自殺抑制要因――シリア・アレッポ大学生へのアンケート調査から」(『自殺予防と危機介入』第32巻第1号, pp.41-52, 2012年)

2019年8月21日

小牧奈津子

# 人名索引

## あ 行

アカンデ，A. 183
秋吉貴雄 16, 59, 143
アザイェム，G. A. 196
東加奈子 69
足立幸男 16, 96, 161, 163, 169, 176
アッ゠ズィービィー，マフドゥーフ 188
安倍晋三 71
アル゠ジャイユーシュ，ナージー 186
アル゠マンスール，アフマド 191
石濱照子 170
稲村博 38, 39, 122, 124, 127, 133, 178, 179
イネイチェン，B. 182
井上秀喜 55, 63
ウェクスタイン，L. 173
扇千景 73
大嶽秀夫 60
大原健士朗 4, 5, 32, 35, 38, 44
小笠原將之 169, 170, 173
岡朋史 146, 147
岡本哲和 167
岡本洋子 56
尾辻秀久 69, 70, 91, 92, 149
小野耕二 16, 59

## か 行

片山朗 144
勝田美穂 56
加藤正明 32, 37, 42
カマル，Z. 183
亀田進久 56
カラダウィー，ユースフ 187
川崎政司 149
河西千秋 5, 39, 50, 172
岸田文雄 74, 88, 90, 91

北中淳子 30
木寺元 60, 142
木村敏 37, 42
キングダン，J. W. 16, 56
久保井康典 62
クラッチフィールド，L. R. 81
グラント，H. M. 81
ケンジ 65
小泉純一郎 62, 64, 67
小林秀行 63
近藤弥生 104, 112-114

## さ 行

斉藤勇輝 63
齋藤友紀雄 120, 122, 124, 126, 133, 179
阪中順子 174
坂本治也 80, 164
佐藤久男 169
眞田芳憲 185, 196
サラモン，L. M. 79
シア，S. 39, 40, 49
ジェンキンス，C. J. 81
清水康之 9, 19, 61, 62, 64, 65, 69-74, 78, 79, 83, 84, 88-92, 95, 103, 104, 107, 108, 113, 145, 146, 148-151, 153, 154, 158, 169, 172, 174
シャー，A. 182
シュナイドマン，E. S. 3, 4, 6, 21, 35, 48
シュミット，V. 17, 57, 58, 141, 142, 154, 159, 168
城山英明 59
鈴木七沖 61, 62, 65, 83
スターリ，C. E. 79, 80, 163

## た 行

高橋邦明 5, 7, 45, 46, 49
高橋祥友 5, 9, 10, 30, 33, 38-40, 68, 88, 152

| | | | |
|---|---|---|---|
| 武見敬三 | 68, 72, 91, 149 | ベルトローテ, J. M. | 182 |
| 田中弥生 | 80 | ボリス, E. T. | 79, 80, 163 |
| 田邊靖夫 | 146 | | |

### ま 行

| | | | |
|---|---|---|---|
| 玉井義臣 | 66, 67, 70 | 増田陸郎 | 122, 179 |
| 田村健二 | 7, 41, 46 | 松田敏明 | 90 |
| チャンディア, M. | 182 | 松本俊彦 | 6, 50, 84, 151, 170 |
| 張賢德 | 5, 9, 29, 30, 49 | 真渕勝 | 160 |
| デュルケーム, E. | 3, 6 | マヨーネ, G. | 17, 161 |
| ドレオン, P. | 140, 141, 155, 165-167 | 三橋雄彦 | 109 |
| | | 宮川公男 | 11, 141 |

### な 行

| | | | |
|---|---|---|---|
| ナオユキ | 65 | 本橋豊 | 9, 29, 47, 50, 114, 123, 152, 153, 168, 171 |
| 中村真 | 190 | 森田朗 | 96, 160, 161 |
| 中山泰 | 145-149, 152-154, 158, 159 | 森裕城 | 162 |
| 西岡晋 | 16, 58 | 森山花鈴 | 12-14, 57 |
| 西田正弘 | 61, 64, 65, 83 | | |

### や 行

| | | | |
|---|---|---|---|
| 野田聖子 | 92 | 柳至 | 142 |

### は 行

| | | | |
|---|---|---|---|
| バーダック, E. | 165, 167 | 柳澤光美 | 68, 91, 151 |
| 鳩山由紀夫 | 64, 67, 92 | 山口和浩 | 63 |
| 馬場優子 | 103, 104, 106, 110, 112, 113 | 山谷清志 | 160 |
| 林義子 | 119-122, 124, 127, 133, 135 | 山本孝史 | 51, 66-73 |
| 樋口輝彦 | 89 | | |

### ら・わ 行

| | | | |
|---|---|---|---|
| ヒダヤ=ディバ, Z. | 196 | ラスウェル, H. D. | 11 |
| 平山正実 | 172 | リンド, R. S. | 11 |
| 福島瑞穂 | 92 | レスター, D. | 183 |
| フライシュマン, A. | 182 | ローウェンタール, K. M. | 183 |
| フロイト, S. | 3, 4 | ロック, J. | 176 |
| ヘットカンプ, R. | 119-121, 127 | 渡辺光子 | 162 |
| ベラー, R. N. | 176 | | |

# 事項索引

## あ行

アイディア　10, 15-18, 57, 58, 60, 61, 75, 141-143, 157, 158
アクター　10, 17-19, 22, 56-61, 73, 75, 143, 166
あしなが育英会　61, 63, 66, 67
足立区　19, 20, 100, 101, 105, 158
アレッポ大学　184, 189, 190
生きる支援　106, 107
いのちの電話　19-21, 117-119, 122, 133, 136, 159, 178, 179
うつ病対策　5, 47, 48, 50, 51, 67, 68, 70, 74, 100, 108, 150

## か行

ガバナンス　99, 114, 115
議員立法　71, 72, 149
危機介入　124, 130
行政による対策　159, 165
キリスト者　120, 122, 136, 173, 179
クルアーン　184-188
計画策定　147, 155
警察庁　89, 90
ゲートキーパー　103, 106, 114
結果の予測性　33, 36, 48
言説　15-18, 22, 57, 58, 60, 61, 74, 75, 141, 142, 154, 157-159, 166, 168
言説的制度論　58, 142
恒久財源化　145, 146, 148, 150, 153
公共　176, 177
公共政策　16, 55, 56, 77
構成主義　57
厚生労働委員会　51, 68, 70, 137, 150
「声なき声に耳を傾ける　自殺実態1000人調査」　84, 85, 94
心の絆　124, 133, 178

## さ行

個人の問題　16, 29, 51, 56, 60, 64, 74, 100
子供の自殺　36, 44
コミュニティ・モデル　8, 9

## さ行

資金　79, 82, 86, 88, 164
自殺実態調査　105, 108
『自殺実態白書2008』　84, 85, 91, 92, 95
自殺総合対策推進センター　137, 152, 155
自殺総合対策大綱　1, 2, 88
自殺総合対策の在り方検討会　79, 88
自殺総合対策の更なる推進を求める決議　137, 150
自殺対策加速化プラン　92, 146
自殺対策官民連携協働会議　143, 145, 147, 155, 166
自殺対策基本法　1, 12, 51, 55, 71, 72, 74, 75, 78, 137-139, 147-150, 153-155, 158, 159, 166, 174
　──の一部を改正する法律案　150
自殺対策計画　148-150, 153, 154
自殺対策検証評価会議　15, 143, 144
自殺対策推進会議　79, 89, 90
「自殺対策の法制化を求める3万人書名」運動　73
自殺対策白書　138
自殺対策100日プラン　93
自殺対策を推進する議員の会　147-149
『自殺って言えなかった。』　62, 64
自殺統計原票　89, 90
自殺に関する総合対策の緊急かつ効果的な推進を求める決議　51, 66, 70, 78
自殺の定義　32, 36
自殺防止対策有識者懇談会　47, 64
自殺防止対策を考える議員有志の会　71-74, 91, 92
自殺予防　122, 124, 127, 129, 130, 133, 136

259

自殺予防因子　177, 178
自殺予防総合対策センター（CSP）　70, 78, 82-84, 137, 150-153
　——の業務の在り方等に関する検討チーム（CSPの在り方検討会）　143, 151, 152
自殺予防に向けての提言　47, 64
自殺率　137, 181, 182
自死遺児　61-67, 70, 73-75, 77, 83, 158
自死遺族　65, 66, 70, 73, 74, 83, 86, 94, 107, 158, 159
自治体　146, 152
死の意思　33, 36, 48
市民　75, 119, 158-164, 176
社会の問題　16, 17, 51, 55, 56, 60, 62-64, 66-68, 70, 73, 74, 77, 83, 159
情報　82, 91, 94
審議会等　160, 162
信仰　120, 179
心理学的剖検　4, 48, 83
政権交代　92, 95
政策課題化　2, 10, 56, 57, 70
政策過程　10, 12, 15-18, 21, 22, 57, 59, 60, 75, 77, 83, 92, 142, 162, 163, 177
政策志向　11
政策終了　165, 167
政策知識　153, 158
政策提言　77, 79, 83, 165
政策転換　60, 61, 75, 92, 94
政策評価　139-141, 155, 166
政策連合　150
政治的エリート　60, 75, 154, 159
精神疾患患者の自殺　36, 45, 48, 49
制度　10, 15, 16, 57

### た　行

対策格差　146, 148, 153
縦割り　90, 111, 113

他人事　108, 113
地域自殺対策緊急強化基金　15, 138
地方分権化　147, 148, 150, 153, 155
当事者　64, 73, 107-109

### な　行

内閣府　90, 137
内閣府本府参与　92, 93
ナショナル・ミニマム　148-150, 153, 154, 158, 159, 167

### は　行

ハディース　184, 185
フレーム　57, 59-61, 64, 66, 70, 74, 75, 158
偏見　38-42, 44, 45, 62, 82, 172
法制化　71-75, 78, 159

### ま　行

民間団体　19-21, 51, 73, 77, 117, 119, 159
民主的手続き　160, 161
メディカル・モデル　8, 9

### ら・わ　行

ライフリンク　9, 19, 51, 61, 65, 66, 69, 70, 73-75, 77-79, 82, 83, 85, 88, 92, 95, 104, 105, 113, 147, 150, 154, 158-160, 164, 165, 168
利益　15, 16, 57
隣人　120, 121, 128, 133-136
連携　94, 99, 105, 110-114
ワンストップサービス　93, 95, 159

### 欧　文

CSP　→　自殺予防総合対策センター
inの知識　11, 12
NPO　57, 60, 77, 79, 80, 82, 154, 162-165
ofの知識　11, 12

《著者紹介》

小牧奈津子（こまき・なつこ）
1981年　神奈川県生まれ。
2014年　慶應義塾大学大学院政策・メディア研究科後期博士課程中退。博士（政策・メディア）。
現　在　慶應義塾大学SFC研究所上席所員。
著　作　「イスラーム教徒の自殺抑制因子に関する実証的研究——シリア・アレッポ大学生へのアンケート調査の分析を中心に」『自殺予防と危機介入』32（1），2012年。
　　　　「地域の課題解決に向けた協働型取組の現状と課題——東京都足立区における自殺対策を事例に」『自治体学』30（1），2016年。
　　　　「自殺対策基本法制定後の政策過程——NPOによる政策提言が与えた影響とその源泉」『ノンプロフィット・レビュー』17（1），2017年。


MINERVA人文・社会科学叢書㉓
「自殺対策」の政策学
——個人の問題から政策課題へ——

2019年12月30日　初版第1刷発行　　　　　〈検印省略〉

定価はカバーに
表示しています

著　者　小　牧　奈津子
発行者　杉　田　啓　三
印刷者　中　村　勝　弘

発行所　株式会社　ミネルヴァ書房
607-8494　京都市山科区日ノ岡堤谷町1
電話代表　(075)581-5191
振替口座　01020-0-8076

© 小牧奈津子, 2019　　　　　中村印刷・新生製本

ISBN978-4-623-08694-8
Printed in Japan

中沢卓実・結城康博 編著
孤独死を防ぐ
四六判・258頁
本体1800円

木原活信・引土絵未 編著
自殺をケアするということ
Ａ５判・216頁
本体2500円

藤本健太郎 編著
ソーシャルデザインで社会的孤立を防ぐ
Ａ５判・272頁
本体3200円

藤本健太郎 著
孤立社会からつながる社会へ
Ａ５判・240頁
本体3200円

大橋謙策 編著
ケアとコミュニティ
Ａ５判・378頁
本体3500円

Ｅ・Ｔ・ボリス，Ｃ・Ｅ・スターリ 編著／上野真城子・山内直人 訳
ＮＰＯと政府
Ａ５判・362頁
本体5500円

Ｌ・Ｍ・サラモン 著／
江上哲 監訳／大野哲明・森康博・上田健作・吉村純一 訳
ＮＰＯと公共サービス
Ａ５判・328頁
本体5500円

山谷清志著
政策評価
Ａ５判・272頁
本体3500円

真山達志 編著
政策実施の理論と実像
Ａ５判・312頁
本体3500円

小野耕二 編著
構成主義的政治理論と比較政治
Ａ５判・296頁
本体5500円

―― ミネルヴァ書房 ――
http://www.minervashobo.co.jp/